Der Jüngste Tag

Die Bücherei einer Epoche

Band 6
Büchergilde Gutenberg

Herausgegeben
und mit einem dokumentarischen Anhang versehen von
Heinz Schöffler

Frankfurt am Main 1982

Faksimile-Ausgabe

Nach den Erstausgaben wiedergegeben mit Erlaubnis
der Deutschen Bücherei Leipzig

Nachdruck der 1970 im Verlag Heinrich Scheffler
erschienenen Ausgabe

Alle Rechte vorbehalten · Societäts-Verlag
© 1981 Frankfurter Societäts-Druckerei GmbH
Druck: Paul Robert Wilk, Friedrichsdorf-Seulberg
Printed in Germany 1982
ISBN 3 7632 2639 7

Inhalt

Band 6

Oskar Schürer	Versöhnung	2773
Julius Maria Becker	Gedichte	2815
Adolf Knoblauch	Dada	2861
Hans Siemsen	Auch ich. Auch du	2935
Bohuslav Kokoschka	Adelina oder Der Abschied vom neunzehnten Lebensjahr	2957
Alfred Brust	Der ewige Mensch	3043
Walther Georg Hartmann	Wir Menschen	3089
Béla Révész	Beethoven	3135
Ludwig Berger	Spielgeist	3165
Johannes R. Becher	Zion	3195
Ruth Schaumann	Die Kathedrale	3221
Ernst Toller	Gedichte der Gefangenen	3265
Ferdinand Hardekopf	Privatgedichte	3293
Rudolf Kayser	Moses Tod	3327

Oskar Schürer
Versöhnung

Gesänge und Psalmen

Kurt Wolff Verlag · Leipzig
1919

Bücherei „Der jüngste Tag", Band 71
Gedruckt bei Poeschel & Trepte, Leipzig

Copyright by Kurt Wolff Verlag, Leipzig 1919

Armes Wort

So steig ich wieder auf, heimlich erhobene Schale!
Schon schüttet ewiger Sinn sich in mich schwer.
Wird mich nicht überreicher Drang zermahlen?
Gesang quält wieder auf und bettelt sehr.
Doch immer spür ich Scheu, hinaufzublicken:
Geahnter! Du wirst Wert und Wort der Stunde knicken.

Sieh, meine Hände sich wie Ringer keuchend um dich falten!
Wie halten — o wie retten dich in mein Erkalten?
Du läßt dich in mein armes Schaun, wie schwank ich wild!
Berührten, die ich pflückte, Erdenharmonien dein ewig Bild?
So schlürft ich nie, Verzehrender! so ward ich nie verschleudert!
Hinrasend Meer! Aufblühe, Mensch! noch Tierblick sich ins Ahnen läutert!

O lösch mich aus, Gewalt! so trüb dort unten spült der Tag.
Schmilzt hin vor dir und höhnt, der so an deinem Busen lag.
Schon gleit ich nieder. Täler brüllen auf, da ich sie fülle in Drang und Trotz. Sie werden über mir zusammenschlagen.

Ein Schluchzen nur in armer Hand werb ich in meine
Hütte tragen,
Ein Schluchzen, drin ich mich in lauter Scham verhülle.

Doch immer hart getürmt auf mein Verzagen ragt Gebot:
„Ich hab mich dir gezeigt. Du wieder sollst mich zeigen!
Ich bin der Sinn und Form ist meine Not."
Dann werde ich mich neigen, großer Rufer! tiefer neigen.
Dein Bild zu wagen, taste ich nach Körnern warmer
Erde:
Ach wie ich greife, wird es Asche werden.

Winterritt mit weißen Hunden

Weicher Hufschlag kost die weißen Flächen,
lichtumspülte Berge wandern mit.
Selig Jagen, daß die Fernen brechen,
wilde Nähe dampft von meinem Ritt.

Schneegewölke stiebt um unsre Lenden,
Sonne schauert auf in weißem Gischt.
Meine Hunde schießen vor und wenden,
Wellenlust, die sich dem Schäumen mischt.

Froh umbellt und königlich getragen,
Gold blitzt auf dem wildgeworfnen Huf.
Bläh' die Nüstern, Brauner! Friß dein Jagen,
spür auch du den Drang, der dich erschuf.

Tag schreit auf und selig kreist die Sonne,
trunkner Bräutigam umkniet die Braut.
Ich bin Tag und Hund und Pferd und bin die Wonne,
die in Taumeln ihren Gott erschaut.

Nacht im Februar 1917

So ritt ich durch die armen Fetzen Ewigkeit.
In stummem Zwange lag die Nacht geknebelt
und lohte hungernd, wie ein ausgeweintes Leben
nach einem Schmerzensschrei, der sie erlöste.

Erbarmungsloses Mondlicht drängte alle Sterne
in freudenlose Firmamente roh hinauf,
mit kalten Hieben warf es unsre Erde
— das weiße Schneeland, das um Sonne trauert —
wie einen Toten in den fahlen Grund.

Gespenstisch fror das kalte Dämmern auf dem Leichnam,
den ich mit grauem Schauder überritt.

Aus ihrer Schattenbläue sprangen dunkle Bäume
wie rasende Fontänen schwarzen Blutes auf,
im lodernden Geäste sich verspritzend.
Rauchende Dolden tobten wild ins Graun.

Und harter Mondschein starrte alle Brunnen Blutes,
und fror gespenstisch auf der Leiche Welt,
in die mein Pferd die scharfen Hufe bohrte.

Solang ich ritt, umgraute mich der Leichnam
und Wunden sprangen blutend, wo ich ritt.
Da half mir niemand solche Wehschau zu ertragen.

Du arme Welt, wer hat dich so geschlagen?
O Menschenerde, wie du dich verklagst!
Ich schrei den Bußeruf, den du nicht wagst.

Märzpsalm

Erbarmender! daß ich hier liege
niedergeworfen in deine keimenden Schollen!
Höre mein Schrein!
Wer warf uns in solche Geschicke?
Raserei über uns! ewig urfremdes Sterben!
Sterben in Frühen und Abend und duldenden Nächten.
Leben uns ausspie;
in Erden müssen wir kauern, ach! hassen die dumpfen
                Tage!
Immer geduckt unter drohenden Fäusten,
brechendem Hohn.
O wer hat uns so unterjocht?

Empörung lauert in allen töblichen Schlachten,
da aus der Not sich erkannte
Opfer und Mord.
Wohin, ihr Alten, stelltet ihr eure Söhne,
daß sie euch hassen müssen
jungguten Erkennens!
Denn euer Tun müssen wir büßen —
Was fehlten wir?
Euern verirrten Begierden
was bluten wir noch?

Säulen von Vätern lasten
schwer auf uns.

Wir wollen sie vertoben,
verspritzen,
in Tage baun, uns zu erfüllen!
Es wartet ein Tun in den Welten: ich möchte es wagen!
Es jagt ein rotheißes Geblüt in den Adern der Erde:
ich möchte es küssen!
Geschöpf sein und leben!

Ging ich, mein Vater, nicht,
ein Schwankender,
unter den Lasten deiner Gesichte!
Lagerten sich nicht schwer
auf meine Tage
all deiner Schöpfungen blitzende Momente
Schicht um Schicht!
Daß auferstand aus Gebirgen Fühlens,
— zu reifen in unendlichen Jubel —
Gütiger, dein Bild!
dein Lächeln, mein Vater!

Jetzt schütten aus grausamen Stunden
Aschen nieder die Tage
und tiefer immer versinkt mir
dein erhabenes Gesicht.
Halte mich, Vater!
O, dich zu halten aus dem schwingenden Lachen der
Stürme
sandtest du diesen Tag!

Sandtest Geläute der Himmel,
daß ich dich greife,
aus den verzückenden Sonnen dich, Rufender, zwinge
in mein empörendes, in mein
demütiges Lied.

Seht, wie Tod bereite Schale hebt

Immer glüht der Tod um unsre Glieder.
Schaut sein Flammen armen Leib umlohn!
Tage schmelzen uns und Stunden nieder.
Schon auf toten Vätern schreit der Sohn.

Alles Tun rinnt ab von unserm Wollen.
Seht, wie Tod bereite Schale hebt!
Alles Schlürfen ist Verrat am Vollen!
In sein Sterben reift, was immer lebt.

Wessen Schwur sich reißt vom Mutterschoße,
sinkt schon hin in tödlicher Magie,
brennt sich ab nach dem erzwungnen Lose,
bis ihn letzte Stufe niederzieh.

Wort, das in das große Lauschen hallte,
schlägt sich ein in Wellenmeer und stirbt.
Tod ist Freundschaft, die hinüberwallte.
Liebesblick, erloschner, nie mehr wirbt.

Schritt, den ich getan, ist Raub des Todes,
da ihn furchtbar großer Raum verschlingt.
Liebes Gestern, grausam hin verloht es.
Melodie ins Nichtmehrsein verklingt.

Wir sind Wälder nur dem Tod zu pflücken
— Sonne winkt vergeblich blau und rot —
Tropfen nur, die sich im Fall verzücken.
Schwankend unten füllt sich Schale Tod.

Einer doch wandelt...

Einer doch wandelt
unter allen Menschen
und noch einer wohl,
der trägt und trachtet
Leid und Last seiner Welt.
Hat sein Erbarmen gestachelt ein voriges Schicksal,
Blutet er unterm Erinnern des lächelnden Gotts?
Plötzlicher Schreck dolcht sein Lachen und trinken nimmer in Frieden
kann er der gütenden Nächte Beruhigung,
denn ewig rafft ihn der Schrei:
Grausames Mißtun der Erde!
Notverkrampfte Arme zucken nach Sonnen hin
und Mutterhände, fiebernd gefaltete, würgen sein Träumen.
Heiß überm Lärmen umgellt ihn die Klage der Väter,
wenn sie am Abend gehn, siech um den Märtyrer Sohn.
So wandelt der eine durch schreiende Tage und Länder.
Tief in sein Aug ist gekerbt alles Leiden der Welt.
Frierender Kinder und stinkender muß er erbarmen.
Hunger der Vielen durchschüttelt ihn und noch der Huren
anklagend Geheul reißt sein teilendes Herz in Zerrüttung.
Silbernes Lachen der Mädchen kann ihn nicht trösten.
Jubellust Gieriger stampft unter Füße sein blutendes Menschsein.

Wild aus Erinnern und Vorschaun auftobt ihm Ver=
zweiflung.
Dann wird er Mensch sein!
Aufstemmt ihn rasende Lust
zu tragen, zu leiden,
der Tiefste zu tauchen in ausgeschüttete Qualen der Welt.
Nottrank der Nächte schlürft er, bitteren Balsam dem
Wunden der Tage.
O, Phalangen Schwerterglut pflückt er mit selig er=
wachender Brust!
Aus Krämpfen und Krümmung der schreienden Glieder
dann
— Tobe du Seliger —
Aufblüht sein siegender Tanz.

Ein Menschentag

I.

Frühe spaltet die Mauer, die Mauer Nacht.
Flammender Riß in der Ewigkeit: Tag erwacht.
Nachttiefen schleudern schon schwanke blaugoldne Gefilde
an meine rasenden Fenster. Dämongebilde.
Höhlen und Hallen aufdämmern, draus donnert ein Ur=
gesang.
Schaukelnde Wände noch stauen den schütternden Morgen=
drang.

Ewigkeit schäumt über Deine Erden und Welten,
Schöpfer Du, trunkene Deines erhabenen Gesichts,
nun die geschäftigen Menschen in Hütten und Zelten
verkrochen noch harren des deutenden flachenden Lichts.
Teile mit mir, Deinem Einsamen, göttliche Stunde!
Jauchzenden Urbeginn pflück ich aus Deinem Munde.

Einziger Quell ich im Weiten! Jetzt finde ich rauschenden
Chor
in Deiner stummen Geschöpfe ewigem Hymnen.
Erdschollen schwer aus der Finsternis rollen hervor,
Wälder schon gischtend im Morgenschaum jubelnd er=
glimmen.
Türme, ein königlich Bruderpaar, stürmen herein,
Edelwild, kühn aus den Träumen von schlafenden
Städten.

Flammenden Himmel sie tragen auf goldnen Geweihn
zum Strome und huldigend beugen sich Hügelketten.

Rasender Schnellzug! Mein zischender Pfeil durch die
Nacht,
splitterst du? Schmilzst an des Morgens glühenden
Rändern?
Schreit ein Getöse auf. Plötzlich ein Ungetüm lacht,
reißt alle Sichten zu tanzenden jagenden Bändern.
Hetzt alle Bilder gegen mich an, fordert Gestalt.
Werdenden Tages Begehren aus blauer Frühe!
Alles Lebendige hat sich in mich verkrallt,
fordert Leben und Sinn. O marternde Mühe!

Taumel der Schöpfung in mir! Fieber des Werdens!
Schädel ist nicht mehr Schädel! durchrissene Schau.
Rauschend zerstiebt mein Gehirn, zertümmelt von wüten=
den Herden,
brandende Morgennot taumelt um neues Vertraun.
Schlürfe ich — werd ich geschlürft von rasenden
Schwingen?
Stürzendes Einfallstor unausgedachtem Verlauf!
Ungeheueres, werdender Tag, wirst Du bringen!
Läutet, ihr Berge, aufdampfende Meere! Menschen, wacht
auf!

II.

Hoher Tag schwingt in Kristallen auf mich zu.
Reife Stunde ruft: o du! o du!

An mir vorüber wild jagen
Bilder aus vorigen Tagen.
Gebirge vor mir her
Mein Wünschen rast.
Doch über allem donnerschwer
wuchtet Gesang dieses Tags:
Mensch, o daß du dem Rhythmus der Welten genast,
ertrag's! Ertrag's!

Stunde ist geladen mit brechender Magie:
Rühr mich nicht an!
Aufspritzender See seine Wogen spie,
Sphären saugen wie Vampyrn sich an.
Schicksale schreien wild sich entgegen,
Fernen sich aufgetan regen
von unerhörten Tumulten des werbenden Tags.
Geheimnis aller Symbole stob hin
entsetzt solchen Taumeln. Gedanke, Gedanke muß fliehn.
Ertrag's! Ertrag's!

Jetzt preß' ich nackte Welt an nackte Brust.
O rasender Pulse Ineinanderhämmern.
Wirf einen Haß, eine Liebe, Raserei in diese Brust,
mich in die Endlichkeiten einzudämmern!
Wie trag ich solches? Furchtbar schwillt mein Tanz,
Kampf mit Unendlichem, den ich wage!
Götter, herunter zerr ich euern Kranz.
Ich Träger des Lebens!

des Heute und seiner ewigen Lust!
Mein ist der Tag!

III.

Von unermessenen Küsten,
Ozean,
schütte dich nieder!
O, daß dein Wogengetürme
sternenauf wüchse
furchtbaren Falls dich zu schleudern
Wider die Erde,
wider unseligsten Stern!

Schlürfe doch, o schlürfe meinen brüllenden Stein!
Was hält er mich noch?
Stemmt ihn mein lastender Fuß
in solches Trotzen?
Raub ihn! Verschlinge ihn!
Siehe, ich stoß ihn dir zu!
Du Gewaltiger, den ich doch höhne,
du zauberst?
Lock ich noch immer nicht deine tobende Rache?
Ha, du verschmähst mich,
den Winzigen,
verächtlichen Gaukler!

So stürz nieder, Sonne,
lügendes Gestirn,

polternd schon bricht ja dein Taggesäul,
das du verraten.
Nieder stürz, anderen Welten
flamme den heuchelnden Glanz!
Andere Welten
locke zu Tanzen und Singen,
locke zum Preise des Gottes
tückische Täuschung.

Uns ward der Glanz trüb.
Uns warf sein tödlich Gepränge
der Sternentag hin,
da wir nun wissen,
daß nur zu ruchlosen Freveln sich
Todreigen schlinge,
daß sich Geschöpftes zerrase
in ewigem Kampf.

Teilsein ist Menschenlos.
Weinend um seine Begierden mengt sich die Zwei.
Du aber lächelst uns
einstens und immer
Güte und einendes Sein.

Verhülle dich, Erde!
Verhüll deine ewige Täuschung, du Ungeheuer!
Dem stürzenden Meere zum Fraß
wirf deine Sonne hin!

Zerschmetter' dich endlich am Hohn deines Nichts.
O, vergehe in Dunkel und laß uns
mit dir vergehn!

IV.

Daß solches Nachten wieder auf uns taut
und warme Sterne müden Scheitel netzen!
So darfst du dich am hohen Sinne letzen,
dem sich dein Leben wieder anvertraut.

Bis endlich sich dein voller Tag erbaut.
O Drang der Frühe, Taglust und Entsetzen
des Abends mußten in dich stürzen — Fetzen
des schweren Segels, das sich rauschend staut

in diesen ewigen Hauch. Jetzt spann dich weit,
zu saugen aus dem All, was dich begüte.
Quellender Blutmast Mensch, sollst Träger sein!

Du Schiffer zwischen Horizonten Ewigkeit!
Toter und Ungeborener flüchtige Blüte,
schöpf' aus der Nacht Gedulden und Gedeihn.

Flucht und Zuflucht

I.

Mein Vater, wandeln Deine Sterne nimmer?
So müder Himmel meine Schulter drückt,
ach, hämmert solch Geschrei aus meinem Wimmern:
Wer hat mich frech aus Deiner Hand gepflückt?
Brautgarten, drin Dein Lächeln mich umkoste,
mir blaue Stürme kündeten Dein Nahn,
was läßt Du mich verwelken, Deine Blüte?
Dein Schwert, das Dich aus allen Steinen sprühte,
zürnend der Scharten, hast Du's abgetan?
Im armen Winkel läßt Du es verrosten.

Wie starb ich von Dir ab? o müdes Sinken,
kaum such ich mehr nach Brücken oder Weg
und trage doppelt Sterben, nun Dein Winken
aus vorigen Tagen dunkelt im Geheg.
Als Du ein Ahnen, dem ich mich vertraut,
zu Domen über meinem Tag erbaut!
Ich Meer, gestürzt in bodenlose Tiefe!
Aufschossen Ufer, Feld, ragende Wand,
dran Wellenträume setzen, die Dich riefen.
Jetzt bin ich hohler Sumpf und Modersand.

Nur manchmal bröckelt Sturm in meine Nächte.
Dann schreck ich auf, von Himmeln ganz erdrückt,
und grabe müder armem Tag die Schächte,

der mich von Deinem Flammenstrauch geknickt.
O, ward ich überwachsen von den Bäumen,
die ich, versuchend frech Dein hohes Dulden,
in Deine Gunst zu pflanzen mich getraut!
O durft ich mich an Ding und Ding versäumen,
an lautem Tun mich lästernd so verschulden,
da noch aus Dickichten Dein Strahl mir taut!

II.

Schau her, mein Vater, wie ich mich zerbreche.
Mein arges Tun, ich schlepp es keuchend her,
hier steht er nackt, des Gottes trunkner Zecher!
Ach, seine Schalen sind von Dir so leer.
Sein Mund: noch grinst Verrat an seinem Rande.
Dies Auge: kaum verdeckt es seine Gier.
Die Hände immer tastend nach der Schande
und Leib und Bein so träg, so stumpf, so Tier.

Schau, welke Blumen reiß ich mir vom Scheitel!
In wildes Schreien trotzt jetzt meine Scham.
Ach, wo ich gut mich nannte, war ich eitel,
und Falschheit gab ich, wo Vertrauen nahm.
In wüstem Heute meine Tänze stöhnen.
Jetzt büße, daß Du mich so klein erschuffst.
Gestrüpp von Fluch und Kniefall, Betteln und Verhöhnen.
Zertritt mich doch — ich trag's nicht, daß Du rufst.

Und doch ist Lauschen noch in meiner Seele.
Barmherziger! Jetzt stürzst Du groß zu Tal.

O bist Du süßeste Frucht aus allem Fehle?
Ringt sich zu Dir nur alle Sündenqual?
Brauch ich mein Lästern reiner Dich zu quellen,
ras' ich durch Buße tief in Deinen Schoß?
Soll ich an jedem lauten Tag zerschellen?
Nur Abtakt Deines Reigens ewig groß!

III.

Darf ich noch flehn, so fleh ich Not und Fehle.
Noch scheiden tausend Freuden mich von Dir.
Verrat nur lauert, wo ich tastend wähle.
So sei im Leiden Du mein einzig Hier!
Ein Mädchen ging so arm an mir vorüber,
hinkenden Fußes, schwarz, im Trauerkleid.
Was barg ihr noch die Erde: Gram und Fieber,
doch fühlt ich tief: Dir war sie ganz bereit.

Ich aber hänge noch an vielen Lichtern.
Der Schelle Segen hält mich und ihr Fluch.
Mir gaukelt Welt in lockenden Gesichtern
und blätternd haft' ich noch an ihrem Buch.
Noch zieht mich Hoffnung in die blauen Gründe,
Erinnern läßt tiefatmend mich erblühn.
O blaue Meerfahrt! Liebe, der ich münde!
Und Sonne, Sonne will in mir verglühn.

Du aber stehst beiseit' und läßt mich währen,
bist nur ein leises Rufen in der Nacht.

O, hilf mir, Vater, daß ich zu Dir kehre,
nimm von mir meiner Tage eitle Tracht!
Gürt mich in Leid, verhülle mich in Reue,
streif die Gewänder Erdluft von mir ab.
Schon spülen Träume mich in Deine Bläue,
nackt sinke ich in Deinen Schoß hinab!

IV.

Einst riß ein Rufen aus getürmten Zeiten
mich wild hinaus Heißdürstenden zum Trank:
Dich schreit Gebild. Propheten um Dich leiden.
Wie sank ich nieder, bis ich ganz versank.
Schwer lastete auf mir Dein groß' Begehren.
Und Not ums All fiel steil mich zu verzehren.

Und wieder auf ins Brausen der Geschicke
warf ich mich brünstig. Zeiten schlugen wild.
O Schicksals Babelturm auf mir: ersticke
im Sturz der Massen, der dich nimmer stillt,
und röchle armen Tanz, so heut wie gestern:
Ihr Stückchen Gottes kosend alle Menschen gehn.
Zerbrich's an Deiner Gier: Verzweiflung wird dich lästern.
Wild lachend Sonnen ihre Kurven wehn.

Ich stürmte weltenauf und weltennieder.
O Tage, von Tumulten übervielen greis!
Bis mir ein Trösten stieg aus dem Verwirrten:
Mein eignes Rufen hallt die Fremde wider.

Ich Mund allallen Jauchzens und Geschreis.
So kehr' ich heim, zurück zu mir Verirrtem.
Laß mich denn, Vater, ganz in Dir verstummen!
Sei meines Auf und Niedersletzte Ruh.
Und schüttelt Drang von der Geschicke Summen:
Doch aller tiefste Melodie bist Du!
Will nur mehr schürfen tief in mir ein Lauschen.
Schon klingt Dein Regen, wie Du Dich mir neigst.
Aufraucht mein letztes Opfer, bis Du rauschend,
mein Gott, Deinem Getrümmer Mensch entsteigst.

Nacht

Erhabene, glühst du mir wieder,
Dunkelumfangende du!
Schwankend auf deinen Säulen
und doch voller Ruhe!
O, du überschüttest mich nicht und wirst mich nicht stürzen.
Weit hast du dich gespannt und du versagst dich nicht
meinem Aufruhr!
Hintaumeln darf er unter deinen Gewölben
und sich vergeuden.
Ah, kein aufdrohendes Notgebild
zückt ihm die Zeit.
Sterne schüttest du, unzählige Geschwister
den Bränden meiner Brust,
und wo du die Säume faltest deines Mantels,
da wartet mein Träumen.

O, daß du wartest, Geduldige,
o nimmer mich zwingst
auszubrechen in die berstenden Schollen,
in saugende Klüfte
vor solchem Gefühl!
Ruhe spülst du in meine Adern und kosendes Dunkel
hast du zu einer mildladenden Pforte gestellt,
— o nächtiges Tor! —
ohn' Ende zu schreiten, zu atmen

und hinzubreiten wie Wellengeriesel die dunkelgeballte
Inbrunst
den sonnigen Spielen meines
ewigen Tags!

Frühling
Eine Trilogie
I.
Elegie

Brach uns der Flieder schon auf? O, schütteten heimliche Nächte
Duften in unseren Traum, daß er das Herz uns betört?
Sehet, wie andere Himmel schaukeln die volleren Bäume
auf ihren Blätterstolz schon selig das Strahlengewölb.
Blühen umsäumt uns lauschige Wege, und junggrüne Matten
kosen im spielenden Licht, kosen dem werbenden Wind.
Tänze aus brauendem Wohllaut heben sich lind uns zu schmeicheln.
Mädchen, dein flatterndes Haar lockt uns zur schwellenden Brust.
Weitet sich all unser Fühlen so plötzlich in lindere Räume,
hält uns ein goldenes Netz Vogelsangs heimlich umspannt?
Herz, was erschrickst du? Ermattest von so viel offener Freude?
Schauerst so einsam zurück? Nimmt dich der Jubel nicht auf?
Ach, über Nacht brach der Frühling in deine umschmerzten Gehege,
pocht nun wie feuriger Wein; wehe, du kennst ihn nicht mehr!

Hobest ihn nicht aus dem Ahnen mit spähenden tastenden Augen,
reiftest nicht gläubig hinein in seine schwellende Lust.
Mußtest in Sehnsucht und Qual die stürzenden Tage ver=
jagen,
durftest nicht lauschen, wie lind neuer Gesang sich er=
schuf.
Schauer sind dir und Jubel die hetzenden Treiber der Tage,
fremd aus versäumtem Bereich fächelt der tröstende Hauch.
Triebe nicht und nicht die Knospen sahst du im lockenden Morgen
atmen und schwellen und blühn, eh sie die Sonne verriet,
daß sie in Jubel aufschäumten, als hätte sich lichtes Ge=
wölke
mild auf dem zarten Gezweig kosend und bergend ver=
säumt.
Sahst nicht die jubelnden Bäume hinstürmen in weit=
offne Himmel!
Schriest nicht in blühenden Sturm! Wehe, es ist nicht dein Lenz!
Stehst nun, ein Fremdling, im lieblichen Segen froh=
lockender Gärten.
Stiegst wohl vom Berge herab, nimmer erkennt dich das Tal,
nimmer umspielt dich Willkommen der selbstgepflanzten Gebüsche,

mütterlich Raten und Tun hegt nicht den heimlichen Ort.
Blickst nun so einsam, verstoßen, auf dankbare Freude
der Andern,
in ihr auflachendes Spiel lockt dich kein freundlicher Ruf.
Gehst in den Abend und schauerst vor Kühle, nun Flöten
aufschluchzen
nun sich ein Mädchenlied süß noch in den Amselsang flicht.
Ah, und da kommt es dir, Armer: die Tränen hast du
vergessen,
linderndes Schluchzen der Nacht, das dich den Tagen
versöhnt.
Drin sich das hastende Leben rückfindet und ausruht für
Künfte,
dämmernde Teiche, darin Rosen trinken den Mond.
Hast nicht die Süße des Trauerns vergönnt deiner
wartenden Sehnsucht!
Unausgeweintes Leid, mußt es nun tragen so schwer.

II.

Bacchanale

Taumelt der alte Gott über meine Erde?
Locken schneeige Brüste aus Sonnenglut,
daß ich sie küsse,
daß ich ersticke in ihrer hüllenden Lust?
O mein Frühling du im rauschenden Zenith!
Wie brandest du rasend über uns Kleinen
und ohn Erbarmen!

Sehnend standest du auf, bis du schwanktest
in deinem Blütenrausch,
und wieder verschütten wirst du dich,
niederstürzen vom Berg deiner Trunkenheit.
Dein Vergehen noch überjubelst du
glühenden Tanzes!

O Seliger über uns allen! Hier meinen Sang
deinem höchsten Tag!
Deinem Triumphe, du Göttlicher,
beuge ich mich tief.
Klirrend dir entgegen zückt
aller Welten Blut.
Zeugung ohn' Ende und Wollust, die sie geboren,
spritzt heiß aus deinem Wahn,
aus Blütenkelchen, Dolden, Träumen, Rausch!

Magnolien verschäumen sich, und des Rhobodendrons
                                Süße

lohte deinen Küssen, erbarmungsloser Sieger, schon hin.
Sternig perlt Goldregen nieder zur Erde,
— Umarmung der Danae! —
und dunkle Rosen ertrinken in zuckenden Orchideen
wie Tropfen Blutes.
Meere schütten sich dir aus
und über sterbenden Flieder noch stöhnt der Jasmin seine
Lust.

Farben und Düfte taumeln ineinander
zu deinem tödlichen Trunke,
o reiche ihn uns!
Wir jubeln des Gifts, das in unsern Adern frohlockt,
und der treibenden Sünde.
Zerstör' uns, vernichte uns, panischer Zauber des Blutes!
Komm an, du Allbefreier! o, endlich nimm uns auf!
Deine Grausamkeit, laß sie uns küssen,
du spielende Natur!
O Bestie, wir beten dich an,
noch unterm Dolche, den du uns lachend zückst.
Erwürge uns, Rasende, immer noch
ist unser der Triumph!

Ihr berstenden Sphären, brecht los eure drohenden Ge‑
witter!
Versengt uns! O tötet uns! Nirvana glüht!
Schon packen die Stürme in meine rauschenden Buchen,
beugen sie tief,

schon ächzen die knorrig verwurzelten Stämme
unterm düstern Firmament.
Entladung umgärt uns!
Donner brechen vor aus Himmelshöhlen,
zerschmettern die Wölbung —
o wie stehen wir hohl!
In stäubende Blütenwolken hüllen wir uns tief
und bergen uns,
bis kühlende Tropfen uns netzen —
O, Regensang lindet! —
und unser Aufruhr ergibt sich in jubelndes Schluchzen:
O du, unsre Erde!

III.

Ode

Wo ist ein Leid, so tief, daß es mich hülle!
Wo quillt ein Schicksal, das mich unterjocht!
Uns zwingt ein Drang aus übermächtiger Fülle
auf Höhen, wo der Gott im Rausche pocht.
Die Himmel öffnend, stürzt er uns entgegen.
Trieb Jubel oder Not uns auf den Grat?
Wir fragen nicht. Wir schlürfen seinen Segen
und warten demutvoll auf unsre Tat.

Denn irgendwo ist sie dem Mann beschieden;
gespiegelt schon aus Höhlen seiner Not,
formloser Traum befreiter Karyatiden,
weitoffen dem unendlichen Gebot!
O magisch Wirken, das sie heimlich bindet,
die Schwestern Eigennot und Tatenglück:
Not lischt, die sich in Taten sicher gründet,
und Tat schmilzt mündend in die Not zurück.

Wir kennen nicht des Leidens bange Süße,
des Trauerns Säumnis ist uns nicht vergönnt.
Und wo wir Lust mit stolz Entsagen büßen,
wir dulden keinen Zug, der es euch nennt.
Und schreiten herben Augs die steilen Pfade.
Gewölke Lächelns blühn zu Seiten auf.
Schon winkt in Fernen Opfers reinste Gnade
zu bändigen des Chaos rasenden Lauf.

Wir tragen dieses Erdenseins Empörung.
Donnernd stürzt Weltennot in eigne Qual.
Zerstampfe sie und lache der Zerstörung:
Auf reißt uns Wollen immer höh'rer Wahl.
Wie sich Gewalten in uns stemmen, bauschen!
Wir Trunkene des grenzenlosen Falls,
ballten wir Wehr aus dem Vernichtungsrausche?
Ah! Retter sind wir des bedrohten Alls!

Orphischer Psalm

Treibender Du,
den alles Wesen verkündet,
Geburt und alle Gebärde jubelt
und noch jauchzt das Vergehn,
zu groß sind, ach! Deine Welten
meinem Umklammern,
zu groß noch — daß ich Hingerissener wagte
mich ganz Dir zu nahn: —
meinem rasenden Zerstören.

Siehe, Deiner Tage sind viel
und bunt sind ihre Gewänder und flattern im Sturm. —
und lockt doch in ihrem verschlungenen Reigen
verborgen ein Spiel!
Laß es mich künden, Erhabener!
Tiefer sind Deine Nächte und ihre Weihn
schlingen wie Brücken von Tag zu Tage sich hin, —
doch ihren letzten Gesang
Du läßt ihn mich schweigen.
Dumpf aus den Gründen verhöhnen mich
Fetzen Antworts.

Träume ewigen Beginnens wüten
um endliche Gestalt.
Traumstümpfe züngeln hinauf in den dunkeln Raum,
aber in meinen gierigen Händen

zerbrechen alle Bilder,
zerbrechen an Deinem Allsein,
das uns verschmäht.

Berstend von Deinem Rufen entfloh ich,
— mühselige Gedankenflucht! —
Immer doch warst Du über mir
und ich erkannte Dich nicht.
Entfernt Dich nur immer weiter mein dunkles Sehnen?
Wie härmt ich mich, Vater!
Bis mich dein Sinn in tiefes Träumen rief.
O lockend süßer Grund! Weg über Moore!
Wie sank ich gern ins ewige Zurück.
Und goldne Kreise schwingend mit mir sanken.
Tiefblaue Räume perlten klares Taun,
Goldkreise zogen milddurchstrahlten Reigen,
Glanzschächte brachen auf, in ihrem Blaun
flammende Pfeile sah ich sinken, steigen.

Wie brach ich wunschlos ganz in mir zusammen!
War frohe Beute grenzenlosem Spiel.
O Bad in violetten Wolkenflammen,
hier ist mein Wesen klar geschautes Ziel.
Hier quillt kein Fragen: Deutung alles Werden;
im Gleichklang strömen volle Welten hin,
und ewig wechselnd tauschen sich Gebärden;
doch über allem: Lächeln ist ihr Sinn.
So schweb ich in der Gunst der Harmonien,

aus tief verborgenem Grund ein Singen quillt,
schon rhythmen sich die Spiele, Kreise sprühen:
Aus dem Gewoge taucht der Leier Bild,
wächst höher, strebt hinauf in mein Erwachen,
Spätabend tönt ihr süßen Willkomm dar.
Jetzt gib mir eine liebe Welt zum Spiele.
Der mich im Traum erhört, Du sei mein Tag,
daß ich die Leier, Deiner Träume Gabe,
den Welten, Deinem Spiegel schlagen mag.
Du laß mich lieben, bis ich wunderbar
in meinem Rausch das All umschlungen habe.

Was schmerzt dich, Bruder Mensch? O, traue, sage!
Haßt du mich noch, da ich dir singend nah?
Gib her dein Leid, ich will es mit dir tragen
und will dir künden, was ich träumend sah.
Ihr lieben Tiere, daß ihr noch müßt toben!
Noch habt ihr solches Singen nicht gehört.
In Dumpfheit Arme, kommt, auch ihr dürft loben,
wenn euch der wilde Schreck nicht mehr umstört.
Ihr Blumen, duldende! Ihr kühlen Steine!
Hier ist ein Trank, der alle hüpfen macht.
Ihr Hügel, lernt nun endlich euer Weinen,
in goldnen Spielen sei es euch gebracht.
Ihr Welten, stürzt zusammen solcher Einung!
Ein Stern in eure armen Seelen fällt.
Frohlocken heißt die göttliche Beweinung!
Erlösung blutet immer durch die Welt.

Was durft ich schauen! O, was durft ich singen!
Geh ich nicht, Rasender, am Rand des Nichts?
Lauert nicht Schwäche hinter meinem Schreiten,
stößt mich ein böser Blick hinab, hinab!
Ach, werden nicht die Dinge sich empören?
Wütende Dinge, die ich in Liebe gebannt!
Wird nicht ein Zauber ausbrechen,
dem ich das Siegel entwand?
Ach, einmal werden mich alle Bilder hassen,
zurück mich schleudern aus ihrem sichern Verband!
Nichts wird mehr mein sein,
nichts auf der grünen Erde!
Verstoßen wird sein, wer das All zu früh erkannt.
Dämonen werden sich auf mich stürzen.
Bestien geknechteten Leids.
Rache der Zeichen!
Schlotternd werde ich hingehn
und nicht mehr wissen mein Lied.
Träume hetzen mich,
Fieber züngeln um meinen brennenden Leib.
Mänaden! Mänaden über mir!
O, blaues Meer wird mich nicht retten,
wird dampfen von meinem Blut!
Schreien werde ich, schreien
und Dich nicht mehr kennen, mein Vater!

Dann bleib mir nah!
O walte Du in meinem irren Traum!

Du schwebe mild in meinem irren Lächeln,
Du sei die Glut, die noch im Fieber loht!
Mit Deiner milden Hand nimm auf mein Rasen
und friede es gütig
zu einem Beten in Deinem
mildlösenden Busen.

Gotischer Psalm

Gebirge stemmtest du auf,
fühlloser Stein!
Und trotzige Felsen in lichtdurchwühlte Himmel,
daß Stürme an dir zerbrachen,
die heulenden wilden,
und furchtbar dich umschatteten
die bleichen Hände der großen ewigen Nacht.
Bis endlich in neue Sonnen sich entfaltete
dein morscher Trotz,
bis unter Menschenhand ausbrachen
in Blüten und wiegende Rosen
deine Gemäuer,
und ragende wildgeschleuderte Arme dich boten,
die wehenden Türme der Kathedralen
dich boten dem Gott!
Lächelnder Geist sank in die offenen Kelche,
loderndes Blütenfeld!
O ihr Türme über den fliehenden Landen,
ihr Arme der Menschheit!
Ragendes Menschenblut plötzlich all dies Getürme!
Göttliche Winde harfen darinnen ihr Lied.

In Spiele lindet schon der Symbole schaurig Tanzen;
Mein nothaft Stöhnen rhythmet sich zum Sang.
Deutung des Tags erlischt — Urdeutung jubelt;
Aus seinen Trümmern steigt der ewige Tag.

nagt sich empor an selbsterdachten Welten,
aus Untergängen hehr verjüngter Geist.
Was gilt Getanes noch, wo Tun doch alles!
In schwingenden Kreisen stirbt der alte Tod.

O Tore Lebens, denen wir genesen!
So schleudert Sterben uns in reinern Drang!
Wo ist noch Finsternis? Wo lauern Schrecken?
Hier ist der Tag, den Gott in Händen hält.
Stürzt neubeseligt uns in solch Vergeuden:
O, nehmt mich hin! o, nehmt doch — ich halte mich nicht!
Brech hin, Geripp, wie ich mich taumelnd verschütte,
rotleuchtendes Meer von Wollen und Gewähr!

Schon rennen Tiere neu uns zu vertrauen,
geheime Sphäre wölkt um unsern Sinn.
O Bruder Mensch! Kristall, den ich durchleuchte!
Dumpf schauert zwischen Mensch und Mensch der Gott!
Brech durch zum andern! Zwing die letzten Tode:
durchgottet ist der weite Sinn des Alls!
Und wie du dich bewegst, du wirst ihn raffen.
Erlös ihn, daß er wachsend dich erlös.
Stürz auf in deine offenen Geschicke!
O erster Schrei aus dumpfer Lagernacht
in rote Frühn, o ewiges Entscheiden
in blitzenden Momenten! Werdetanz!

So münd ich hin, aus dem ich einst gebrochen,
ins wild entbundne All. Stern rast um Stern.

Zuckt Ewigkeitsbeginnen solcher Einung?
O Kreatur! zurück in zeitlos Sein!
Aus gierer Lust, die dich dem Gott entrissen,
kehrst du nun heim zu deiner höchsten Lust.
Durch bunte Welten hast du dich gelitten,
bis Sühne dich entband zum Jubel: „Gott!
Ich deine Welt! Pokal und trunkner Zecher!
Und Sonnen reifen mich zum süßen Trank!"

Schon stäubt wie Sand, was mir Dein Bild verschleiert.
Aufbricht der Sinn. In Schächte blaugehöhlt
stürzt schmetternd in sein Flammen alles Wesen
und Ruhen lächelnd birgst Ruhlosen Du!

Du lichter Schatten sinnenlos umwunden.
Lebendiger außer allem Leben! Geist im Leib!
Wie weil ich lind in Deinem Lächeln, Vater!
Hier flicht sich ewiger Kranz. — Leib faßt Dich nicht.
Zurück ins Branden muß ich Dich zu halten,
zurück in bunter Sinne Wechselspiel.

Wie rag ich noch? In Dir doch so entworden.
Welt spült und leckt an meinem neuen Strand.
Du gib mir strenge Form den Wunsch zu straffen,
züchte die Sinne, walte Du als Maß!
Musik in hartem Takt, doch schwingend Triumphe!
So Dich zu baun aus Leben, dulde Du!

O Bild, du Schrei der tiefverborgenen Sinne!
O Sturz ins Wort, du Reife ins Gebet!

In mir erst wirst Du, steigender Gott! mein Wollen
schürft Dich aus dumpfer Ruh in meinen Sturm —
Und formt in mir die stammelnden Gesichte,
an denen ich mich höher ranken mag.
Und Sünde lauert, wo mein Drang ermüdet
Dir, Rufender, zu folgen Tor um Tor!
Du lockst zu immer neuen Wanderfahrten,
Du Insel überm dunkelblauen Meer.
Und irr ich weit — ich habe Dich umworben,
in meine Not taut Trost aus Deiner Ruh.
Du Schwingender zwischen den engen Sphären
Du treibst aus mir, Du guter Drang, zu Dir!
Und überwölbst uns groß zu keimenden Domen
und Türme schießen aus gestauter Brunst.
Gestein blüht auf, wo sie Dein klargetürmtes Echo rühren,
wiegende Rose singt in Deinem Sturm:
singt allen Lebens ewig sich neuende Schöpfung
im brüderlichen Tausch des werdenden Gotts.

//
Julius Maria Becker
Gedichte

Kurt Wolff Verlag · Leipzig

Bücherei „Der jüngste Tag". Band 72
Gedruckt bei Poeschel & Trepte, Leipzig

Johanni

Als sich dein Haar den Berg entlang ergoß,
Wogte das Weizenfeld in seinem gereiften Gold.
Kornblumen dunkelten, wo noch eben dein Blick ge=
weilt.
Im silbernen Blütenstaub dämmert dein Odem hinab.

Der Beter vorm Bildstock erfleht noch den Saaten
Bestand:
Es tränke sie Tau und der Sturm erachte des Halms.
Dann schließt er auch dich in sein gilbes Gebet.
Saum deines Kleides wehet den Tannen vorbei.

Jetzt bette ich Müdsein in deine eratmete Saat,
Erde ist kühl und dein Leib ist dem Sinne der Erde
so nah.
In Küssen beschwörst du den silbernen Abend heran.
Blaß über Wimpern tanzt schon die Sichel des Monds.

Ich — Du

Ich halte im Umkreis deiner Verflüchtung mich auf.
Ich weile auch ferne der grenzenden Körperlichkeit.
Ich wandle im blasseren Licht deines Heiligenscheins.

Du stehst im Abend und verdämmerst ganz still hinaus.
Du streifst noch die Sterne und zitterst im Boden fort.
Der Schleier sind viele, sind Wolken und wehen dich hin.

Ich nehme das Beste von dir fern atmend in mich.
Ich tränke mein Erdreich mit deinem durchgoldeten Tau.
Ich helle den Traum mit deinem vergessenen Licht.

Du bist wie zu Hause und weißt auch nicht, wie du
    mich nährst.
Du senkst deinen Schatten, umwandelst dein Wurzel=
    gerank.
Du blühst und vergehst, doch die Ferne stammelt von
    dir.

Ich pflanze dein Echo auf einen verewigten Stern.
Ich rette die Strahlung des Bluts in eine bedürftige
    Nacht.
Ich trage den Hauch, der noch blieb, auf meinem
    Fittich hinauf.

Dein Wesen
ist über alle Welt zerstreut —

Dein Wesen ist über alle Welt zerstreut,
An alle Himmel verloren.
Im Kelch von tausend Blumen sammle
Ich dich ein.

Ich werfe meine Netze weit im Meer
Der Nachthimmel aus,
Feierliche Sternbilder, worin dein Blick sich verewigt,
Sammle ich in meinen Netzen.

Ich eile zu gehen:
Zurückholen will ich deinen Blick
Aus allen vier Winden der Rose.
Jedem deiner Gedanken reise ich nach.

Ich behüte mit aufgestellten Windharfen,
Die mein Lied dir brausen,
Geliebte, dein waches, hellwaches Ohr.

Ich will, daß deines Wesens
Volle Pracht in einem heißen
Kuß mich überschütte:

O ja, Geliebte, bleibe in meiner Hand!
Schwinde nicht fort aus meinen
Verdämmernden Horizonten!

Entferne dich nicht aus dem Goldrahmen
Meines geruhigen Tags!
Lästere nicht meinen Besitz an dir!
Habe keine fremden Götter neben mir!

Als ich
im ersten Viertel des Monds —

Als ich im ersten Viertel des Monds
Ausgestreckt in den Rosen des Hügels lag,
Kamst du — ein wärmender Schatten — heran,
Gossest auf meine Stirne die Schale des Schlafs.

Ich eilte in rötlichen Blätterstürzen — im Herbst
Und war deiner atmenden Nähe schon minder gewiß.
Zeitlosen rahmten die Landschaft der Traurigkeit.
Bei einer Harfe fand ich Zuflucht des Nachts.

Winters, wenn ich den Eiskristall
In das Licht der erstorbenen Sonne hob,
Fremde, erschienest du nicht.
Regenbogen umkreisten den ewigen Kern.
Zierliche Sterne des Schnees
Schmückten das Grab meiner Seele.

Aber im Lenz, bald schwimmt die immergrüne
Insel heran.
Leidenschaftliche Sonne wühlt sich aus flimmerndem
Gras.
Auftaucht, von rosiger Muschel gehoben,
Die Herbstliche, Nackte im Schaumgekräusel des Sees.

Füllhörner schütten Farben und Blumen über dich
hin.
O wer darf dir jetzt

[2821]

Aus zauberischen Lüften den purpurnen,
Rosenbestickten Mantel der Schönheit reichen?

Auf erhöhtem Wagen ziehst du einher,
An schlanke Deichsel sind goldgezäunte Rosse gespannt,
Schwebende Frauen führen die lockeren Zügel.
Weidenbüsche, die der Lufthauch deines Zuges berührt,
Tönen mit allen Zweigen, Schalmeien gleich.
Orgeln brausen inmitten des Schilfs.
Überall zieht Morgenröte herauf.

O und dein Wagen rast über mich hin.
Um lodernde Achse rollt sprühend das Sonnenrad.
Ich bin von den Bildern blitzender Sprossen um=
    schattet.
Silberner Wegstaub hüllt meinen Jammer ein.

Es werde Licht

Ich hatte diese Welt schon ganz in meinen Geist genommen
Und sah nach innen, wo im Sphärendrehn
Die düstern Bilder wechselten. — Es war ein stetes Kommen
von Nachtgestalten — stetiges Vergehn.

Von Gram gebleicht, von Last gekrümmt und mit zerquerter Stirne
So hing ich über diesem tiefstem See.
Aus Spiegelquellen wuchs mein Wolkenhaupt wie Glanz der Firne.
Die Wirbel kreisten um ein Tausend-Weh.

Da kam der Tag. Mich rief ein Lied. Da war's, als hell im Frühen
Sich diese Welt in deine Augen schwang.
Da brach aus jedem Ding sein Kern des Lichts im Fächerblühen,
Aus allen Wipfeln brauste der Gesang.

So werd ich diese Nacht der Welt durch deinen Himmel tragen
Und Träume sind der Möven Silberflug.
Des bangen Tags Geschehen ist ein lautlos Ruderschlagen.
Doch Güte kniet in Lämmern, sich genug.

Lied

Sie sind im Licht der Tagessonne
Der Leiber zwei, der Seelen zwei,
Sie streben sonder Wort und Wonne
In weiten Kreisen sich vorbei.

Er zieht mit jedem roten Morgen
Die wachen Pfade streng hinauf;
Im Köcher ist der Pfeil geborgen,
Es ruht die Hand an Schwertes Knauf.

Des Weibes Tag ist stiller Wandel
Der Sonne um umlaubtes Haus,
Ein ferner, süßer Duft von Sandel,
An seinem Weg ein Blütenstrauß.

Doch mit der Sonne Lichtverguten
Fällt beider Kreis aus ihrer Kraft
Und dunkel muß zusammenfluten,
Was tags sein Einzelsein erschafft.

Baum, Strauch und Turm zerfließt ins Schweigen,
Der Strom verebbt im weiten Tal;
Der Himmelszeichen goldner Reigen
Geht ein in diesen Sternensaal.

Nichts will nun beide mehr umragen,
Ein Grauen zwingt den Mann zum Weib.
Von eines Odems Maß getragen,
Durchblüht die Nacht ein Sein, ein Leib.

Liebesode

Dein Blick ist unsterblich in mir.
Er hat ja erst wie ein Sonnenstrahl
Mein dumpf=unseiendes Leben erweckt.
Er hat ja erst die Sehnsucht erweckt.
Dein Blick ist unsterblich in mir.

Wir sanken, Glieder an Glieder gepreßt
Und Mund an Mund
Als Leib, lustvergessen ein Leib, ins Gras;
Und tief der Himmel mit tausend Sternen
Sank und deckte uns zu.
O Himmel der Lust! O Grab der Lust!
Aber dein Blick ist unsterblich in mir.

Und, die du gebärst, die Kinder kreisen
Als Sonnen auf eigen=beschriebener Bahn:
Ein neues System. Ich hab es erregt.
Nein, dein Blick hat es erregt.
Und dein Blick ist unsterblich in mir.

Unsterblicher als die Geschlechter nach mir.
In meiner Seele, wenn alles, was Staub war,
Staub wieder ist, lebt noch dein Blick,
Ihr sphärisches Sein durchleuchtend mit mildem Strahl,
Unsterblich ist dein Blick in mir.

So wird meine Seele die Sehnsucht hegen,
Wie tief ich gestorben, nach Leben im Fleische,
Um voller zu fassen das schwebende Leben
Im Blicke von dir zu mir,
Unsterblich ist dein Blick in mir.

Im Abend-
dämmern zwischen den Jahren —

Nun muß ich nächtelang
Vergeblich am Scheideweg der Milchstraße auf dich
warten,
Im Abenddämmern zwischen den Jahren
Säumte ich drüben als der Mann im Mond.

Früher konnte ich dich in den verzweigten Tälern
Der Erde noch suchen gehn.
Im bläulichen Frostlicht des Monds
Schliefen die Hütten, im Schatten zerstreut.

Doch irgendwo, drinnen, dein kristallener Atem
Zeichnete Orchideen auf silberne Scheiben.
Eisblumen — die schönsten auf gläsernen Beeten der
Nacht —
Zeigten den Weg zum wärmenden Licht deines Kusses.

Nun weiß ich dich nirgends zu finden.
Ich suche die Träume der Jünglinge auf.
Ich weiß es, in Nächten des klirrenden Siebengestirns
Träumen sie immer nur dich,
Träumen dich mit all deinem Lächeln, farbig im
stillen
Gedenken an mich.
Nur in den Träumen Verliebter finde ich nochmals
zu dir zurück.

Der Kranke

Abends wissen wir, wenn jach das erste Viertel
Kalten Monds im Oberlichte reift,
Wenn um silberisch Gewand den Sterngürtel
Naher Abend zart mit Händen streift,
Daß der Adler nun sein Nest
Giererwacht, die Nacht auf Schwingen,
Nacht zu bringen,
Flügelgroß verläßt.

Leises Rollen wie bei düstern Nachtgewittern
Kündet, daß der fremde Vogel naht.
Diesen Kranken dann befällt ein heftig Zittern
Und er rüstet sich zur schwersten Tat,
Atmet hart; und fast erstickt
Ruft er Hilfe, wehrt mit Händen,
Abzuwenden
Unheil, blind geschickt.

Durch geschlossene Fenster, schmal durch Schloß und
    Riegel,
Sichtbar nur dem heißen Fiebertraum,
Schlägt's wie Schwefelflammen, bricht's wie Aschen=
    flügel,
Spreitet sich wie Fächer, Krone, Baum,
Stürzt dem Kranken auf die Brust,
Krallt sich fest mit krummen Klauen,
Hell in blauen
Augen thront die Lust

Mit dem Schnabel dieses Kranken Fleisch zu spalten.
Eine Sichel bohrt sich tief hinein,
Wühlt hinab; das Herz in zuckenden Gewalten
Blutet Funken, sprüht wie Feuerstein.
Sieben Stunden währt die Not
Und den Kranken hört man stöhnen,
Gott verhöhnen
Und er liegt wie tot.

Heiße Tränen seh ich ihn aufs Kissen weinen,
Das ihn wie ein Felsgeklüft umfängt,
Und wir andern um sein Lager, Kinder, scheinen
Steinernes Gebirg, das ihn bedrängt
Und so wie Gebirge schweigt,
Da wir ganz in Schmerz erstarrten,
Zählen, warten,
Bis der Morgen steigt.

Unsre Blicke bohren sich ins Fensterdunkel,
Unsre Blicke suchen morgenwärts.
„Endigt, Venus, endigt nicht dein Lichtgefunkel?
Findet Ruhe endlich nicht dies Herz?"
Und ins Licht noch ganz versteckt,
Mündet Glanz der blassern Sterne.
Wolkenferne
Kühn der Tag sich reckt.

Ragt empor als Held mit goldenem Schild und
                               Bogen,
Ist im Sonnenkahn herbeigeschifft.

Durch den Dämmer klirrend kommt ein Pfeil ge-
flogen,
Der durchs Fenster kühn den Vogel trifft.
Lauter Jammer ist verweht,
Selbst der Kranke atmet Wonne
Bringt dir, Sonne,
Froh sein Dankgebet.

Nacht

Sei zufrieden! Schon ringt sich der Abendstern aus
totem Sonnenrot.
Schmale Sichel des Monds schwimmt am gotischen
Fenster vorbei.
Das farbige Traumbuch des Tags entblättert im Wind.
Atem des schlafenden Kinds eilt den Sternbildern
voraus.

Siehe, ich harre der göttlichen Huld dieser Nacht,
Denn sie löst mir von Gliedern der trotzigen Ketten
Geklirr
Und ich wandre im schneeigen Licht vormitternächtigen
Schlafs
Lämmerumtanzt zu den äußersten Küsten der Seele.

Überm veilchenfarbigen Segel am Fährenrand
Dehnt sich im Sternengewoge das Meer der Un=
endlichkeit.
Meine Harfe am schäumenden Kiel erbraust in die
Nacht.
Eure Hände, Geliebten, die einst ihr wart,
Mischen sich still in atmender Saiten Geflecht.

Nachtviolengeranke, so flicht sich der Sang um das
Boot
Und mich besitzt die Gemeinschaft der Erdeentschwerten.

Aber schon dringen vom anderen Ufer Geräusche, er-
wacht,
Helios schirrt die blendenden Rosse zur morgigen
Sonnenfahrt.
Und ich erwache zum Wissen der ärmlichsten Trau-
rigkeit.
Langsam wachse ich wieder ins Kettengefüge des leib-
lichen Tags.

Ich komme
aus meinen Träumen —

Ich komme aus meinen Träumen euch zugereist.
Ich habe meine Hände voll Glanz,
In meinen Augen ist Licht des fernsten Gestirns.
Ich will euch die Farben des Regenbogens bringen,
Denn ihr seid ja so aschengrau,
So erdgebrannten Gesichts.
Ihr säuselt an Krankenbetten als Echo der giftigen
        Seufzer,
Sterbet zehnmal des Tags und werdet
Mit blechernen Trauermärschen zehnmal des Tags
        zu Grabe gebracht.
Auswendig kennt ihr die Inschrift auf spiegelndem
        Marmor in Gold,
Den ewigen Grabstein schleppt ihr auf Rücken das
        Leben entlang.

Ihr sitzet am Schachbrett und haltet gedrechselten
        Läufer,
Schwimmt auf dem Rauch des Cafés
In euer brodelndes Nichts hinab,
Gespenster, hört mich, Gebannte ins schattenzer-
        worfene
Nachttal der Erde:
Ich komme aus meinen Träumen euch zugereist,
Ich zünde nun farbige Feuer,

Lasse die Girandolen kreisen,
Eröffne das Lichtfest der Sterne,
Wehe mit farbigen Phönixflügeln heran.

Farbige Flügel mit Federn der trunkenen Asia
Dehnen sich zwischen den Säulen im morgenrötlichen
                Tempel.
O ich jage euch Sonnen über die Erde hin,
Ihr sehet an blühenden Himmeln weit
Lilienhände im Spiel der klingenden Saiten;
Ihr sollt euch nach Blumen bücken, hört ihr!
Kinder emporheben in den goldenen Stromfall des
                Lichts.
Sehnen soll euch erfassen
Nach dem göttlichen Tod im entflammtesten Kuß!

So haben
mich die Jahrtausende gesehn —

So haben mich die Jahrtausende gesehn:
Hochgebäumt über brodelndem Menschen-Weh.
Ich war ein Springquell, mein Blutstrahl fiel
In die tönende Muschel der Erde hinab.

Deingedenken doch war das Rot am Abendhimmel der
 Schlacht,
War im zehnfachen Tod die tastende Ewigkeit.
Komm und brich den Glanz deiner Schönheit
Lächelnd im Stromfall, wenn ich mich erdwärts er-
 gieße!

Denn so wird die Welt den fliehenden Augenblick
 schön
Und ihr Abglanz spiegelt im Antlitz der Engel sich
 fort.
Stürze sie ab!
Geläuterter Widerschein sind wir, der entflieht.

Fluch

Auf euere Neroschädel treffe dieser Fluch!
Euch war der Brudermord die beste Konjunktur,
Euch war der Börsenzettel die präzise Uhr,
Das Manometer, wo ihr grinsend — o verrucht —
In Ledersesseln mit umpolsterten Gesäßen
Den letzten Stand der Blut=Flut lächelnd abgelesen.

Ach, meine neue Welt, ich weiß ja keine Qual,
So tief an tiefer Zeit, so weit an weitem Raum
Und meinen großen Fluch, o Fluch! erreicht sie kaum.
Denn schnürte ich euch auch an jeden Marterpfahl
Und bräch mein heilig Zorngefäß an euch in Scherben,
In tausend Blitzen könnt ihr doch nur einmal sterben!

Drum seiet ihr — ich will's! — der Ewigkeit er=
       wählt!
Daß immer neu die Rache in Erfüllung geht,
Sei euch der Tod die Stunde, wo ihr aufersteht
Zu einem Leben, das gleich tausend Leben zählt.
Aus jedem Euter sollt ihr euch das Sterben melken.
Mit jedem Grashalm, jedem Blatt sollt ihr verwelken!

Ich schmeiße euern Balg in jeden Erdvulkan,
Ich warte, bis sein Ekel ihn zu Rande speit,
Ich stürz ihn neuerdings in Glut und Flammenleid,
Laß ihn hinab, zieh ihn empor wie Last am Kran
Und will mich höhnisch in ekstatischem Ergötzen
An seinen Tantalqualen tausend Jahre letzen.

Ihr tranft der Brüder Blut aus tausendfachem Kelch,
Verspeistet auch sein Herz und wurdet fett.
Nun reiß ich's euch aus klirrendem Skelett
Und werf es weit im Schnee der Arkten vor den Elch,
Damit er's schlinge; daß im Gallenschleim es ende.
Vielleicht auch findet es den Weg der Exkremente.

Ich denke mir die Quellenstollen tief genug;
Zehn Menschenalter sein sie finsterstes Verließ,
Worin euch meine Faust von Schacht zu Schächten
    stieß,
Erschaffend euch in jeder Ferne einen Trug
Von Luft, Eratmung, hellem Glanz der Tageslichter:
Doch meine Schlangen gürten eure Brüste dichter.

Auf jedes Rad, wenn sich's im Staub der Rosse bäumt,
Sei euer morscher Leib mit Strippen festgespannt,
Aus jeder Rille, Hufesspur, dem Tritt im Sand
Aufquelle euch ein Born von Blut, das schäumt,
Und fülle eure Mäuler, peste auch in Nasen:
So will ich mit euch durch die neuen Welten rasen!

Apokalyptisches Gebet

Nimm doch zurück, o Gott, in deine Stadt
Von Jaspismauern, Häusern roten Golds,
In heiliges Gezelt aus schmiegsam Zedernholz,
So uns dein Grimm, o Gott, gesendet hat:
Der Kräfte, Mächte, Engel Siebenzahl,
Die auf uns geußen Schalen wilder Qual.

Sieh, unsre Scheitel flammten auf und aschten grau!
Was je in Schmerz geboren aus dem Weib,
Wir decken ja mit blutbeströmtem Leib
Das Kraterland der Erde; Blut ist Tau,
Der alle Kelche füllt, aus Keltern träuft.
Geschlecht der Sünde ward zum Tod gehäuft.

Wo ragt das Schloß, das du erbauen wirst
Aus Schläfenquadern: Haus der Menschheitsnot?
Auf kahlen Straßen treibt der Kärrner Tod
Den Maultierkarren, der von Schädeln birst.
O düsterer Karren Karawanenzug!
Der Krähen Volk zieht mit, die Nacht im Flug.

In Höllengängen, wo Entsetzen Odemgift
Aus dickverknäulten Brüdermassen zeugt,
Im Rumpf des Schiffes, das dein Wehen beugt,
In Tempeln ist es, wo dein Schwertstreich trifft.
Wir finden auf der Erde, die wir groß geglaubt,
Nicht ein Versteck für dieses Dornenhaupt.

Kein Baum, wo im Geäst nicht wehend trieb
Ein Absalon im letzten Stolz, kein Stein,
Darunter nicht im Dunkeln das Gebein
Der Mensch=Skorpione dorrte. Warum schrieb
Dein Finger eine Sichel nur ans Firmament?
Zulang die Ernte! — Ende ohne End.

Wie würgten Adler, Löwe ja und Stier
In uns, o Gott, und knieen vor dem Lamm,
Der weißen Wolke, die aus Nacht herfür
Die Sonne deckte am gekreuzten Stamm!
In zwanzig Zungen, Menschheit schreit zum Herrn:
Auf reiner Schale reiche uns den Morgenstern!

Altartiefe
sollst du mir enthüllen —

Herzschlag ist nirgends, doch Pochen der Maschine, doch Stundenschlag.
Odem ist nirgends, doch Qualm der Fabrik, doch Giftgas.
Sklavenrücken auf Schweißspuren mürrisch geschleppter Last
Tragen den Fluch in Wüsten, ferne den Tempeln, hinaus.

Dein Urgrund, o Mensch, ist Saatacker voll Unkraut und Moorsumpf,
Ist Kammer voll Lava,
Ist Bergwerk gestauter Nacht,
Ist Tümpel des Drachen, ist Einöde der Schlange —
Und Herdes Dumpfheit entsendet im Rauch
Heillose Wechselgestalt des Seins.

Sein, das in Kerkern liegt, treibt alpdrückenden Traum ans Licht.
Völkerwanderungen, Untergänge, Sturz der Babeltürme, Fluten
Geschlagener Heere auf Straßen, die Bäche des Blutes entlang:
Dumpfer Widerstreit deiner Triebe gebiert die Phantome der Schlacht.

Maschinengespenster mit hurtigem Arm: es schuf sie
die Angst.
Gier stiebt auf in den Mückenschwärmen der Pest.
Aus rotem Blut hat dein Traum die Fahnen des
Aufruhrs gehißt.

Tempelwinkel der Seele aber, Altartiefe sollst du mir
enthüllen,
Verlorenen Weihrauchduft und zerbrochenen Heiligen=
schein,
Vergessene Heimlichkeit, Kniebeugen der Sehnsucht,
die Liebe,
Dein Göttliches, deine stille Morgenschönheit, deine
Psalmmelodie,
Das Schneekleid deiner Lammesgüte, den Blumen=
hauch, dein Herz!

Erde — o Erde

Erde, o Erde,
Wer hieß uns wandeln auf Blutäckern, auf Leichen=
gefild,
Wer hat uns zum Dünger bestellt
Für Saatfrucht des Morgen, die eigenem Samen
entsprießt?

Zackiger Flügelschlag des Drachen
Und sein Doppelstrahl aus goldenen Nüstern,
Purpurbeschlagener Rachen des Löwen und Tigersprung,
Schillernd herkriechende Schlangennähe und Ebers
Zahn,
Brüllende Zorngiere gehörnter Ure, Auswurf ver=
schmitzten Lamas
Und plattfüßig gewälzte Wucht der Bäre,
Und Stachel und Biß und Hieb und Hinterhalt,
Wurf, Stich, Überfall, Angriff — Erde, o Erde:
So drohet die Geste, mit der du dich gegen uns
Schollensöhne erhobst,
So sengt, brennt, giftet das Kleid deiner Feindschaft,
So zündet der Glanz deines Harnischs, in Bilder
der Angst zerträumt.

Heillosestes Bild, du bist es uns — Mensch! — —
Da schält uns Sonne aus Mitleidshüllen des Schlafs
Und zieht uns im Strahlglanz aufs Festland der
üppigsten Schlacht.

Von Wunden löst sie das leichthin getrocknete Siegel
Und zahllos — im Bogen gekreuzt —
Ergießt sich heiliger Springquell des Bluts.

Erde, o Erde,
Wo retten wir hin
Ärmliches Unsgehören des Schlafs?
O nähme Wipfel der Esche uns auf,
Daß Sterne fielen in heiter beruhigten Traum
O bettete See uns kühl, wo hoch die Glocken
Aus Türmen läuten im grünen und goldenen Strom,
O schliefen wir fort an Brüsten der seligsten Frau,
Von Kindheitsliedern unendlich gewiegt! —

Doch sollen wir träumens noch wissen,
Wie grimmig wir tags uns mähten
Zu Dünger — zu Speise des Kots.
Aus Tiefen grellt auf
Funke gezückten Schwerts.
Schlachtlärm tost in der heulenden Schnecke des Ohrs
In Augen bricht nieder
Stürzen von Leibern quer weg über Lanzen
Und Rücklingsbäumen von Pferden mit schmerzhaft
                        gebleckterm Gebiß.

Erde, o Erde!
Blut ist dein Trank,
Fleisch ist hehre Speise deinem Mund.
Dein Glanz, das Weltall durchdämmernd,

Ist Glanz der Schwerter, geschwungen von Menschen-
hand.
Dein Brausen auf blauer Sonnenbahn
Ist Donner der niebeendeten Schlacht.
Im Säulendrehn dein goldener Himmelsrauch
Ist Opfergruß des getränkten Altars.

Warum fällt denn nicht —

Warum fällt denn nicht die Sonne, Herr, aus deiner
Hand?
Warum stürzen nicht im Strom der Falten
Weithin klirrend die Gestirne nieder?
Warum zittern nicht die fluchverwiesnen Erden,
Dunkeln blutbeströmt beschämte Monde nicht?
Warum welken nicht, vom Aschenatem angeweht,
Bäume, Gräser, wie vom Wurzelwurm zernagt?
Warum lobert nicht der Liebe Kuß verzehrend
Flammend auf?
Warum dorrt die Frucht im Kelch der Frauen nicht?
Warum stirbt denn nicht im Tröstermund dein Gottes-
wort?

Gott der Wüsten, du bist überlistet!
Hast du nicht die sieben Farben einst ans Firmament
gesetzt,
Kündend, daß die Flut nie wiederkehre! —
Doch es war nicht ausgemacht, ob Wassers, ob des
Bluts,
Und wir haben dich mit unserm Blut betrogen, Herr!
Sieh, aus Flüssen, aus Kanälen quillt's,
Aus den Ritzen des Planeten wie aus dorngekröntem
Haupt!
Denn gespiegelt sieht, o Herr, dein Ebenbild
Lauernd Mensch im andern und sein Haß auf dich

Treibt verwirrten Triebes splitternd zu zerschlagen
Jenen Spiegel, fortzuscheuchen
Schreckendes Phantom.

O er trug ja welke Last des Daseins lang auf
Schultern,
Tempelschüler war er aller abgelebten Alter,
Ward gelangweilt, ach, mit deiner Götzen
Pfauenäugig bunter, ungezählter Schar,
Ward von jedem grauen Wahn in Schlangenkreisen
Tausend Jahre lang umhergenarrt.

Hoch auf Wolken türme sich, o Gott, dein nah Ge-
richt!
Wehe Völker recken tausend Arme
Brünstig deinem flammennahen Blitz entgegen,
Gieren Nacht und Tag um Gnade der Zerstörung,
Auszutilgen, was sich selbst mit Gram belud,
Auszurotten, was sich selbst sein Gift gebar,
Auszulöschen, was sein eignes Fleisch geschändet.

Schall des Endes, wenn erhobene Posaunen
Aus vier Winden letzten Gang verkünden:
Töne bald und breche berstend in den Chor
Dröhnenden Gemordes, ins Gebraus
Dunklen Blutes, das an Säulen brandet
Morschen Tempels
Totgeglaubten Gotts.

[2845]

Es werden sich die Posaunen des Gerichts erheben —

Es werden sich die Posaunen des Gerichts erheben.
Aus einer Wolke, die sich erdwärts neigt,
Ragen die schlanken, zuckenden Rohre —
Tausend sind es an der Zahl —.
Ihr Schall trifft lanzensteil, schwertschlank,
Die Gewänder der Bläser bauschen sich im Erzge=
brauß
Rund auf wie Schwanengefieder.

Über der Erde aufgeworfenes Hügelland
Ist wimmelnd hingebreitet alles Fleisch.
Ganze Völker, Sippen, Jahrtausende reihen sich
hügelan,
Schultern von Frauen glänzen rhythmisch wie Wellen=
kämme im Meer.
Haar flammt auf. Blicke dämmern in violettener
Nacht.

Und Schall der Posaunen nimmt sie auf stählernen
Rücken,
Die Zonen der Luft sind angefüllt von sanfthin=
schwebenden Leibern.
Manche sind leicht, es trägt sie verschwimmendes Wolken
rot wie Rosenblätter;
Andere hanteln an flatternden Tüchern sich hoch.

Mütter bergen die Kinder in schützendem Arm,
Nackthineilende Frauen decken mit schattenden Händen
Die Scham.
Augen sind, in denen die Welt wie berstender Stern=
 himmel ineinanderstürzt,
Augen voll Schuld und traumvergessener Angst,
Greller, taghellen Wiederkehr verjährtester Tat.

Und keiner möchte
Der Erste sein vor dem Blitz aus der goldenen
 Wolke,
Männer mit Würdebärten drängen sich vor, weichen
 voll Zagens zurück.
Es stauen sich Völker, Mauern des Fleischs
Und Leiber sind angstvoll vermischt
Im Mantel der ungewissesten Qual.

Jenseits aber ist Stürzen in klaffende Tiefen,
Girlanden aus wirrvoll verschlungenen Körpern
Ranken aus helleren Tiefen ins Dunkel hinab.
Sünder haben die Hände vors schreiende Antlitz ge=
 schlagen,
Knie zerbersten, Rücken zerbrechen im schwindelnden
 Fall.
Loderndes Haar flammt züngelnd dem Feuer ent=
 gegen.
Sie stürzen mit Köpfen voraus.
Aus Mündern dünstet die bläuliche Wolke des Fluchs.

Wenn drunten
dunkel die Posaunen brausen —

Wenn drunten dunkel die Posaunen brausen,
Als Sonnenstäubchen werde ich zum Lichtquell aufwärtsstreben.
Von feinen Händen fühl ich unter Schultern mich gefaßt,
Mich trägt ein Schwanenflügelpaar,
Der goldne Odem eines Engels überströmt mich warm.

Noch bin ich ganz von Schollenlast betäubt,
Noch kreisen Regenbogen hinter wehgeschloßnen Lidern
Glanzlichternd gleitet noch die grüne Schlange der Verwesung
Um meinen marmorn-abgekühlten Leib.
Ein Wiegenlied — unendlich tief, verschlafen —
Von Äolsharfen weit aus Pappelwipfeln hergeflockt,
Träumt mir im Ohre nach.
Ich schwimme müd-gestreckt im Fluß der Sonne.

Da fällt mich, den sein Schutzgeist trug,
Ein Nachtgespenst, ein fledermausgeflügelt Untier an.
Der Krallen Zwölfzahl — Monde sind's, die aneinanderklirren —
Stürzt sich gleich Sicheln in mein trübes Fleisch.
Die Nüstern qualmen stinkendes Gewölk,

Das Maul bespeit mich frech mit Eiter, Schleim und
Galle;
Erschrocken sehe ich in grausem Hundsgesicht,
In Augen, die wie Licht im Wind verflackern,
Die schlankgestreckte Landschaft meiner Sünden, Frevel
Süchte.

Um mich tobt der Zweikampf.
Manchmal sinke ich hinab, es stürzt mit geiler Wucht
Des Bösen lastendes Gewicht auf mich;
Dann steige ich empor, vom guten Geist emporge=
rafft,
Sein silbern Flügelpaar verebbt in müder Luft.
Die müde Luft erklingt von hellem Kampf.
Um die Erstandnen rast die Schlacht entzweiter
Mächte.
In sich verbißne Knäuel schweben hin.
Stürzt jetzt die Last in enger Krallenhaft zur Erde.
Schwebt sie mit ihrem Engel siegend auf?
Ich bin der Kräfte Spiel im schalldurchbrausten Meer.

Trümmer

Nun muß ich wie ein lastgebückter Riese
Die Trümmer meines Ichs von dannen schleppen;
Roll sie ins Meer, zerstreue sie in Steppen,
Daß keiner käme, meine Torheit priese.
Nun muß ich wie ein lastgebückter Riese
Die Trümmer meines Ichs von dannen schleppen.

Mein Babelturm ließ seine Wolkenfahne
Im Wirbelwehn der Sterne wütend kreisen.
Gewundne Treppen wollten aufwärtsweisen,
Dem wachen Hochmut seinen Himmelssteig zu bahnen.
Mein Turm des Ichs ließ seine Wolkenfahne
Im Wirbelwehn der Sterne wütend kreisen.

Doch fiel in müdern Stunden, sollt ich rasten,
Der Turm mit Schattenmacht auf Haupt und Glieder
Und beugte meinen Schlaf und warf mich nieder.
In meine Träume stürzt er seine Quaderlasten.
Es fiel in müdern Stunden, sollt ich rasten,
Der Turm mit Schattenmacht auf Haupt und Glieder.

Geschaffne Mauern wölbten mir den Kerker,
Doch oben brannten Sterne in den Haaren.
Wie sollte ich mein blasses Licht bewahren?
Kein Wirbelsturm der Täler tobte ärger.
Geschaffne Mauern wölbten mir den Kerker,
Doch oben brannten Sterne in den Haaren.

Da war ich's selber, der auf der Altane
Mit schwurerhobner Hand den Blitz gerufen.
Er zückte nieder. Erker barsten, Stuben.
Zerworfner Schutt begrub die Wolkenfahne.
Da war ich's selber, der auf der Altane
Mit schwurerhobner Hand den Blitz gerufen.

Nun muß ich wie ein lastgebückter Riese
Die Trümmer meines Ichs von dannen schleppen;
Roll sie ins Meer, zerstreue sie in Steppen,
Daß keiner käme, meine Torheit priese.
Nun muß ich wie ein lastgebückter Riese
Die Trümmer meines Ichs von dannen schleppen.

Trost

Es sind auch nicht all, o Gott, deine Gedanken
Nur Lämmer, von gütlicher Wärme beschneite,
Und dehnen nicht all sich
Nach seligem Tanz an Hängen von Klee
In süßen Schalmeiton des schläfrigen Monds.

In Pfauen auch denkst du
Und starrst in gespreizter Eitelkeitsgier
Aus Augen, in Fächern,
Vom Tempelteppich gewirkten Allsehens
In ewige Brunst des Lichts hinein.

In Tigers Kraft selbst dunkelt dein Groll,
Entflammt im Zinnober des Rachens noch Gier.
In Schlangen wirft Hinterlist metallischen Schimmers
So giftigen Ring vor ein ärmer Geschöpf.

Auch bist du ja Flamme und Lohe und Feuersbrunst,
Getümmelte Wogenherde, Zentaurenschar, Schlund,
Bist Zickzack und Blitz, Erdbeben, Vulkanausbruch,
Zusammenprall der Planeten, bist Untergang.

Doch wie du es bist, Gott: auch ich muß es sein.
O wandle mich denn in schwindenden Formen ab!
Denn Flamme schon war ich und Lohe und Feuers-
brunst,
Erd-Erbeben — Vulkanausbruch — Untergang.
Als Tiger der Dschungeln ich trug

Im Nacken gefiederte Pfeile hinab,
Schweifte als Pfau an Tempelsäulen der Juno vorbei,
Lag lauernd geschmiegten Schlangenleibs
Im Schatten der lehmigen Diele zur Nacht. —

Gib Güte nun endlich,
Wärme des schneeigen Lämmerkleids!
Hülle mein Herz, o Gott,
In Sehnsucht der Hirtenschalmei!

Der neue Mensch

Aus Unform, Irrform, Wirrform,
Aus Zwitterform und Aberform der Zeit
Schreitet in banger Zuversicht der neue Mensch.
Die Brodemnebel veraschter Leichenhügel
Sind unter ihm.
Die Meere gekelterten Bluts, die Ströme, die Schaum
krönt,
Sind unter ihm.
Die Babeltürme versteinter Irrtümer
Sind unter ihm.

Er schreitet: mehr Stirne als Kinn, mehr Gott als Tier.
Im Zackengeklüfte der Felsen
Nur manchmal hört er das Echo
Verworrenen Brudermords, verjährten Totschlags.
Denn jung war er noch, als Donner verzückter Ka-
nonen
Die alten Jahrtausende pomphaft zu Grabe geläutet.
Das war einmal:
Schwertertag und Lorbeersieg,
Klirrender Klingenkampf und Triumphglanz,
Das war einmal:
Irgendwo, fern, irgendwann.

Er schreitet in nacktem Verzicht.
Er badet sich rein
Im weißen Quell des Gedankens.

Er nimmt — lächelnd, großmütig und gütig —
Den armen Planeten in warme, umgitternde Hände
Und hebt ihn hinauf in den läuternden
Lichtstrom der Sonne, bettet ihn sanft in die kühlen
Heilenden Rosen der Morgenröte und wartet
Des dämmernden Tags.
Nicht wissen durchaus will er des Gestern.
Denn Gestern: Das ist ja gesammelter Fluch,
Geballtes Verhängnis, genetztes, tausendmaschig
Gefädeltes Schicksal. Nicht wissen will er des Gestern.

In Schutt sieht er stürzen
Dorische Säulen, Akanthus und gotische Fenster,
Gemauerte Schreie des Gottwahns verblichener Zeiten
Er fället der Götzen glanzbäuchige Hochmut
Und glüht in den Bränden des Alten sein jugendlich
Herz,
Dies Pfand der Allmacht,
Die brausende Mitte des neuen, schaffenden Seins.

Und also weiß er zu beten: — Nichts über mir!
Im Anfang war ich. Ich werde im Ende sein,
Bin ich doch Tempel, Gott, Beter zugleich
Und krümme den Rücken so wenig der mummenum=
schanzten Hoheit
Als Lasten, die fremder Wille mir auflädt.
Ich bin so berechtigt als irgend ein Mensch.
Nichts über mir!

Frauen will ich nicht suchen gehn. Sie nahen allein!
In ihrem Lächeln der Wollust
Einschleichend wälzen sich früheste Alter der Erde
In unseren kornreifen, ausgeglätteten Sommertag.
Die List ihrer Buhlschaft reicht uns die rostigen
    Schwerter
Hellbrünstigen Zweikampfs. Besitzgier und Eifersüchte
Spornen in uns nichtigen Krämergeist, Hamstersorge.
Wütendes Morden des Fleischs,
Wer stiftet es anders, als die es gebar: Helena,
Die maskenschöne Mutter der irdischen Kriege?
Wer säh sich nicht vor!

Die Fahrt

Offenem Lichtkreis, neuem Sonnejahr
Rollt steuernder Kiel der Erde entgegen.
Noch sind alle Segel von blutendem Abend rot;
Im Brackwasser ertrinkt in tausend Rubinen zer=
stäubter Komet.

Tief=Schlummernder bin ich,
Da scheucht erster Strahl den Alpdruck der engen
Kabine.
Mitternächtiger Wintertraum unter Dächern des
Schnees
Kleidet vergessene Spiegel mit jauchzendem Lenz=
grün aus,
Tollt mit zerfetztem Haar im Glanz die Alleen entlang,
Jubelt im Birkenwipfel des Hügels ein harfenes Lied,
Sinkt als Frühtau mit kreisenden Himmeln die Kelche
hinab.

Im Golfstrom des Lichtes saust glühende Erde empor.
Mit herzhafter Kraft umgürtet die Sonne das tau=
melnde Rund.
Ihr Licht trinkt die haftenden Dämpfe des Blutes
hinweg,
Ihr heilender Atem saugt Pestgift und Brandhauch
in sich.

Nun steig ich hinauf,
Letzte Wendeltreppen,

Schattenlabyrinthe hinauf!
Trunkener Aufstieg peitscht schon die tummelnden Wogen des Herzens voraus.
Und ich stehe an höchstem Bord, auf fliegender Brücke am Steuerrad
Und winke die farbigen Vögel heran
Und winke Delphine heran
Und Fische mit silbernen Schuppen, mit güldenen Flossen
Und Haie und Wale und Robben und Rosse
Und alle geschäumten Wogen, die von den Polen schießen,
Und alle Sternbilder, auf schaukelnden Wassern an Bord gewiegt.

Der neue Mensch hält auf die Sonne zu.
Sein Herz umfaßt mit dem Strahlglanz den magischen Spiegel der Welt
Und jeglicher Atem strömt in den goldenen Becher zurück.
Mit ihm wird die Erde das fährliche Kap der Nächte umschiffen,
Krieg, Krankheit, Entzweiung, Verzweiflung umschiffen
Und Ekel der Wollust
Und Blutgier
Und Brunst.

Zermürbte Monde schon decken die Schädelstätte ent=
frembeter Nacht.

Träume versinken im Blachfeld der Not.
Alpdruck und Nachtmahr gurgeln im Sumpf hinab.
Denn offenem Lichtkreis, neuem Sonnejahr
Rollt steuernder Kiel der Erde entgegen.

All=Lebendes wandelt im Goldtau sein Herz
Und trägt es mir zu. Aus Palmenwipfeln
Wiegt sich fasanenbeschwingte Sehnsucht heran,
Aus Ranken der Beere dehnt es sich nah,
Zinnoberne Schnecken herkriechen auf silberner Spur.

Die Fahrt ist im Gang,
Die Erde im Brausen tönt selber Triumphgesang.
Folgt alle!
Ich steure die Arche auf goldener Flut!
Schon ist die Taube auf Wegen zu Gott voraus!

Holzschnitt von Lyonel Feininger

✳ DADA ✳

VON

ADOLF KNOBLAUCH

✳

KURT WOLFF VERLAG · LEIPZIG

BÜCHEREI „DER JÜNGSTE TAG" BAND 73/74
GEDRUCKT BEI POESCHEL & TREPTE IN LEIPZIG

MIT EINEM HOLZSCHNITT VON LYONEL FEININGER
COPYRIGHT BY KURT WOLFF VERLAG, LEIPZIG, 1919

LEO FEININGER

waffenbrüderlich

zugeeignet

*

[2863]

„Menschen, wie wir beide, verkennen möglicherweise unsere besten, echtesten Fähigkeiten und Kunstgaben, wenn wir den für uns beide erprobten Hang zum Satirischen immer nur unterdrücken. Sie, wie ich, befassen sich mit den mystischsten Dingen; wir leben in einer Thränenwelt (mit „Th...") und unsere Gedanken sind vollgesättigt von dem gottverlassenen Treiben dieser Jahre; und tief in uns drin steckt doch auch die explosivste, rabiateste Bosheit und verlangt nach Betätigung und Befreiung. Wer weiß, ob sie nicht gerade d i e Kraft ist, die uns zur sieghaften Gestaltung prädestinierte."

Feininger.

„Denn wir haben Mondungen für die Erde mitgebracht.

Wer zur Welt kommt, sammelt Abfälle seiner fehlgeschlagenen Schaffung des Mondes."

Theodor Däubler.

ERSTER TEIL

*

DER KARST.

Das sonnergraute Rund des Karst steigt über Dada empor, seine Stirn trägt vier Säulen roten Abendlichts, seine Hände ruhen blau: Die Linke mit dem Schlüssel Polas, die Rechte mit der goldenen Schale von Triest.

Pola im Klirren der Arsenale, Rauch der Stahlfabriken, der Hafen voll grauer Stahlboote. Die zierliche Schnur der zum Hafen einbiegenden Panzerkreuzer ist vom Karst ins adriatische Blau herabgerollt.

Triest das goldene Halbrund fraulichen Entzückens, Venezias ärmere Schwester, aber gleich hold von Adria geliebt.

Das sind die Götter! und in Dadas schwingenden Nerven dichten seine Städte aus der in den kargen Fels geschnittenen und gesprengten Fülle eine graue und goldene Hymne, zu den Göttern singen die Städte ihr in ihm geborenes Lob, auf daß Er Europas Hauptstädte vor ihrem Bilde beuge.

Dadas dichtender Leib ist auf kargem Karst ein lohender Abendnebel, ein Moos auf erhabenem Steine Ostlatiums, ein blauer, dann blasser Pilz. Ein etrurischer Silen, ohne Zentaurenzierde der Vorfahren, und von weißer Leinfarbe der Haut, hat den Leib im Karst geborgen, ihn werden nie die leichtgebogenen Läufe des Hirsches davontragen. Unter dem beschattenden Stirnhaar blicken Dadas blaß durchsichtige Augen auf das Meer gegen Abend.

In Dadas Blut braut Polas Rauch, duftet die Zärtlichkeit der triestinischen Schale. Möge endlich die lateinische Mutter Adrias blaue Meerflut zerteilen, mögen das königliche Venedig und das väterliche Rom ihre Wimpel senden und das verlorene Istrien befreien und belohnen!

Dadas weiche Hände sind zwei blaue Quallen, die in der Tiefe saugend mit den Fluten rollen und wiegen. Zu seinen Häupten stehen die vier roten Säulen im feinen telegraphischen Tönen der Arsenale von Pola. Diesem Tönen ist Dadas dichtendes Großhirn hingegeben.

In der zehnten Stunde bebt der Karst von großer Woge, tagjung steht eine Wolke im Lohgelben gebaut. Adria ruht hochgewölbt, und ein blankes junges Weib springt von Adrias Rücken auf die Wolke, die sich bläht und nach Osten wandelt. Dada eilt strahlend zur Felswand und breitet die Arme nach der Göttin Italia, nach der mächtigen, fruchtbaren Frau, die kommt, um den Karst zu segnen!

Die Wolke steigt gen Triest. Italia streckt den vollen weißen Arm aus dem wallenden Blau des Kleides und spendet über die glückliche Stadt goldene Jubelmünzen. Danach wird die Wolke finster zusammengedrückt und rollt überm Karst nach Pola. Dada späht scharf aus dem Eck der haarverhangenen Stirn zum Zenith des weltenvollen Himmels, bis er das blaue Kleid seiner Träume erschaut. Aber das Kleid rollt auf den grauen Berg hernieder, denn die Götter sind nackt, wenn sie einen Sterblichen liebenden Glanzes erfreuen. Italia schreitet herab, und der Silen starrt zu ihrem holden Jungreiz empor, zu den hohen Beinen, der gewölbten Hüfte, auf der d'Annunzio die Harfe schlug, und dem stolz wallenden Busen.

Dada kniet trunken weich vor der Gebieterin, mit schwerem, sehr quälend schwerem Bauch, zu den Füßen von Rosamilch und bietet den Schlüssel Pola und die Schale Triest huldigend der Lateinerin. Die Geliebte uralter Waldgötter, der sich einst Stier, Eber, Hirsch brünstig gewälzt hatten, die Umworbene teutonischer Könige, sie neigt sich gnädig in Dadas Augen. Aus seinen Händen lischt das Blau, die Lichtsäulen verstummen und wenden sich ab, den entgöttert Dämmernden küßt die hohe Frau, freigebig gelaunt, mit der Koketterie der prächtigen, volkstümlichen Dame. Sie spricht: „Dada, werde durch mich berühmt, wandle als mein Bote durch die Städte Europas und sage, daß ich ihnen aus meinem Schoße die Freiheit schenken will.

Wenn du aufstehst unter ihnen, gebiete als mein Marschall, wenn du sitzest und ruhst, laste mit Italias vollen weiblichen Gliedern, massig, dick, Leib meiner Demokratie und erlösten Republik.

Dein schöner Silenskopf sei feurig gebräunt, es sei die Blässe vom Zeitungspapier aus den lateinischen Zügen getilgt. Dein Haarbusch ruhe schmachtend auf der goldenem Mittelmaß nicht entfliehenden Stirn, denn die schöneren Hälften künftiger Republiken werden auf deine Locken mit Küssen sinken. Deine blassen, durchsichtigen Augen, die meine Brüste umspannen mit der zart saugenden

Nähe des Neugeborenen, bewahre mein Lieber, denn sie künden deinen Charakter."

Eh sich Dada ermannt, Italias Hüfte ergreift und die Schöne an sich reißt, hat die Wolke sich gesenkt. Unter neckenden Glockentönen entweicht die Gestalt und schwebt gen Abend.

Triest zählt das Gold im Schlafe, Pola schlägt tolle Hämmer, als wolle es in seinen Essen das Meer zu Stahl schmieden. Dada verneigt sich morgenländisch und spricht zärtlich das Zauberwort: „Freiheit!"

* * *

DER OBEA.

Dada hat ein wunderbares Wort, um vor niederbeugenden Hemmnissen sich selbst wiederzufinden: elastisch sein! Dieser Zauber hilft ihm durch die unwirtlichsten Zeiten.

Nachdem er Frau Italia geschaut, hat er Istriens Karst umkreist, sein karges Vaterland, das einst die heimatlichen Wälder rodete, um auf ihren Pfählen Venedig zu errichten. In dieser Einöde lebt er von der Ekstase jenes Zauberrufes, den die Göttin von den vollen zärtlichen Formen Tiepolos ihm schenkte. Aber nur unvollkommen die Bedeutung des Zauberrufes in der Wüste ermessend, hat Dada ihn treulich nach Pola und Triest getragen, in jene Schenken armseliger Vorstädte und in winzige Arbeiterhütten, aus denen der im Reichtum geborene strenge Hauch der Freiheit zum schreckensvollen Orkane verwandelt hervorrast.

Eines Nachts, beim Heimgange von der Druckerei des Polaer Generalanzeigers wird Dada überfallen, seine ungewöhnliche Körperfülle wird in einen Sack gepreßt, er wird auf ein Maultier gebunden, und so auf den Karst gebracht. Dort wird er seinem Schicksal überlassen, nicht ohne ihm eine Anzahl gut österreichischer Schläge mit dem Knüttel auf die weichsten Teile seines Leibes zu zählen, die von der Schwere seines Leibes ganz besonders hart geprüft wurden.

Der Morgen erscheint in Adrias erhabenem Glanze und Adria hört aus dem Sacke den leisen Seufzer:

elastisch sein! Dada trennt die fesselnde Leinwand, barhäuptig, gelenkig, schnellfüßig tritt er mit Zorn den grauen Schiefer des Felsens. Dann bückt er sich und faßt das nächstbeste Stück Glimmerschiefer, zerdrückt es in beiden hohlen Händen zu Staub, speit dreimal kräftig drauf und bäckt aus dem Ganzen einen Kloß. Diesen Kloß nun schleudert er mit Spottworten Pola zu, das drunten mit seinen Türmen und Dächern den Schlaf der Provinz hält. Der Kloß rollt zufällig auf das weiße Hemd eines Mädchens, das Wäsche auf dem flachen Dache ihres Hauses zum Trocknen aufhängt. Sie ist entsetzt, denn sie glaubt, daß ein Stier vom Karst mit seinem Mist ihr Hemd verunreinigt habe. Und aus solcher Höhe!

Dada lacht. Er ist frei. Er läuft am Rand der Felsen entlang und schreit fünfmal seinen Namen. Diese eine Silbe fünffach gedoppelt wiederholt, stellen das erstaunte Aufmerken und Fingerweisen eines Säuglings dar. Das fünffach gedoppelte Da! rollt aus Dada zauberhaft lieb und mit der Perligkeit eines Säuglingsmundes ö-artig rund und mit den Häkchen des zartesten Hammellautes zu Adrias blauen Wohnungen, so daß selbst die Göttin erwacht, die von fürstlichen Räubern und Mördern abstammt.

Über die gläsernen Kuppeln ihres Palastes fährt ein schneeweißer riesiger Kreuzer und hoch auf allen seinen Stricken, Masten, Stangen und Spieren flattern Italias Wimpel.

Dada rast zum Strande. Das mächtige Schiff hat draußen ein schmales Boot niedergelassen. Mit zehn

Ruderschlägen saust es an Land, während die Hymne Emanueles hoch über der Adria zum Gruße Istriens rauscht. Dada wird an Bord des Kreuzers geholt.

Ein toskanischer Herzog soll dies Schiff zum Nordpol führen und jene Länder der Antarktis entdecken, von denen der Italiener im Namen der lateinischen Rassen Besitz ergreifen wird. Dada, dem Sack und den Knütteln entronnen, der Patriot, der letzte Italiener Ostlatiums, der Redakteur des istrianischen Proletariats, ist auserkoren zum Berichterstatter für jenes umworbene Polarland, das seinen silbernen Gipfel über dem erstaunten Europa mit der italienischen Flagge schmücken wird. Anstelle seiner verlorenen Mütze wird Dada ein mit langen Truthahnfedern geschmückter Bersaglieri-Hut auf die starke Stirnlocke gedrückt.

* * *

Eine gelehrte Aristokratie ist im Saale des Schiffes versammelt, als der Istrianer vorgestellt wird. Professoren, Literaten, Politiker und vereinzelte Damen gehören dem Unternehmen an, das in Schwung gebracht worden ist, um ein Ereignis von ebenso wissenschaftlichem wie weltpolitischem Charakter heraufzubeschwören.

Der kühne Dada hat sich nach einer allgemeinen Verbeugung, und nachdem die schönsten, ausgezeichnetsten Namen von Rom an ihm vorübergebeugt sind, sogleich in den nächsten Ledersessel sinken lassen, danach rutscht er ein wenig nach vorn, streckt die Beine lang von sich und spreizt die Knie, aber keineswegs, um die Zierde der Stiere unter seinem Kleide der Zivilisation zu zeigen, sondern um jenes Wort Frau Italias zu erfüllen: „Wenn du sitzt und ruhst, laste mit Italias vollen weiblichen Gliedern, massig, dick, Leib meiner Demokratie!"

Dada blinzelt aus dem Eck seiner lockenverhangenen Stirn zu den glänzenden Uniformen und den prächtigen Damen. An der Seite des Herzogs ruht eine ungewöhnliche korpulente, busengefildete Frau von hochrotem Angesichte, die Dada mit Lorgnon in Augenschein nimmt. Einen Augenblick lang will Dada sich beleidigt fühlen, er fährt von der Tiefe des Sessels auf, und indem er mit seiner gewaltigen Leibesmasse gebieterisch aufrecht steht, zieht er die Blicke des ganzen Publikums auf sich.

Er tritt frei vor das herzogliche Paar und bittet ihre gnädige Laune, zu gestatten, daß er eine seiner Hymnen auf die nationalen Aspirationen zum besten geben dürfe. Die Lorgnons senken sich langsam, wie die Fittiche des Albatros, um den Schaum der Welle zu berühren, und Dada rezitiert seine istrianischen Hymnen.

Im Mahagonirahmen des mit Gold bedeckten Salons ist dieser eintönig leiernde Lateiner eine Wohltat, eine Sanftheit und Trägheit langen Verdösens. Die Professoren sind eingenickt und die Damen in tiefste Korbsessel geflüchtet zum Schlummer. Nur die unermüdliche Begleiterin des Herzogs bleibt wach und bewundert Dada. Sie steht plötzlich auf, tritt zum Lesenden und legt den Arm in den seinen. Erst jetzt bemerkt der ganz in die Darstellung seiner urgefügten Laute gespannte Dichter die überaus vollblütige, starke Weibesgestalt, die ihn mit lustigem Zwinkern aus dem Saale und an Deck schiebt. Indem sie auf die rings um die herzogliche Hoheit Schlummernden deutet, sagt sie: „Dada, Sie sind schon jetzt ein berühmter Mann, der Herzog ist unterrichtet von Ihrer politischen Kühnheit und den gegen Sie geplanten Anschlägen. Aber die von ihren wissenschaftlichen Vorbereitungen zur Reise überanstrengten Häupter dürfen Sie nicht im Sturm für Ihre tiefsymbolischen Dichtungen zu gewinnen hoffen. Lieber Freund —! so darf ich Sie wohl schon jetzt nennen, denn Sie sind doch auch ein wenig Österreicher, und ich bin eine Deutsche — ich will für Sie werben, junge Dichter sind so außerordentlich unbeholfen. Geben Sie sich nur ganz in meine Hände, in Freundeshände —!"

Sie lächelt verliebt und ihr hochrotes Angesicht flammt vor ihm auf. Mit einem Blick umfaßt der feurige hübsche Silen den mächtigen Leib, den wuchtigen Busen dieser germanischen Fruchtbarkeit, und sie, von der Karstglut seiner Hymnen versengt, streicht über seine Stirnlocken. Und Dada erinnert sich des Augenblicks, in dem die Göttin Italia ihm ihren Segen und ihre Sendung gab. Er hat noch kein Weib gefunden, das so sehr der Vollendung Italias gemäß gebildet ist, als diese Deutsche neben ihm. Ein glühendes Hinneigen zu diesem Weibe bemächtigt sich des Dichters, er preßt den vollsten und stärksten aller Weibesarme an seine heroische Hüfte, die nicht zu den Beinen flach entflieht, sondern rund auf dem Gewölbe seines Bauches ruht. Sein braunes Silensgesicht wird noch dunkler von einer stolzen Erobererfreude, und er senkt den unverhüllten Blick in das Auge der vollblütigen Aphrodite, die fest an seiner Hüfte ruht, denn sie ruhen beide an die Reeling gelehnt, und sie flüstert träumend: „Mein Herr von Casanova!" Ihren Augen entschwindet die Küste Italiens.

Es ist Dada nicht möglich, den mächtigen Rücken neben sich mit dem Arm zu umfangen, schließlich biegt sie langsam seinen Kopf zu dem ihrigen und sie geben sich gründlich einen Kuß. Dann lassen sie einander los. Die Professoren erscheinen, die Hoheit hat ausgeschlafen, und die beiden dicken neuen Freunde bilden den Mittelpunkt für alle Liebenswürdigkeiten und Schmeicheleien. Jetzt erfährt Dada auch den Namen seiner Göttin: sie wird Derobea genannt und ist die Frau eines königlich sächsischen Kommerzienrats, der Konsul in Rom ist. Als Freundin des Herzogs hat sie die Erlaubnis, die Nordpolfahrt zu seiner Linken mitzureisen.

* * *

Das Schiff verläßt England und steuert zur skandinavischen Küste. Dada führt das Tagebuch des Herzogs und hat sich vorgenommen, den Walfischen und Seerössern der Polarzone ihre Urlaute abzulauschen und ein Epos von den Pinguinen zu verfassen. Er ist begeistert von seiner ersten Weltfahrt, die ihn zwar Italias Sendung, Europa die Freiheit aus ihrem Schoße zu bringen, abwegig macht, ihn als Freiheitsboten aber jenen düsteren Horden der Eskimos zuführt, die in ihren Erdhöhlen die holdesten Kulturreize Italiens fühlen sollen. Dada hat Derobea für die nationalen Aspirationen in Niemandsland geworben. Wie die Jordaenssche Lebensfülle beider die Plötzlichkeit, Offenherzigkeit ihres Liebesverständnisses simultan durchsprüht, so sind sie auch für ihre künftigen Eroberungen eine Hand, eine Seele.

Sie nähern sich nördlicheren Breitengraden, Bergen, Trondhjem, als Dada jene Taktlosigkeit begeht, derzufolge die Hoheit glaubt, Derobea von ihrem neuen Freunde befreien zu müssen. Seinem eigenen feurigen Ungestüm ist die schuldige Entdeckung zuzuschreiben, die die Hoheit macht, als sie zufällig Dada beim Verlassen von Derobeas Schlafzimmer betrifft.

Dada wird bedeutet, sich an einem Küstenorte Norwegens ausschiffen zu lassen, und trotz Derobeas entrüsteten Thränen, die für ihren dicken Schützling mehr fürchtet als für das Wohl und Wehe der ganzen hoheitlichen Expedition, muß sie sich in die ernsten Vorhaltungen der Professoren fügen, die nur das Ärgernis entfernt wissen wollen.

Ohne Gepäck, mittellos, wie er vom Karst gekommen, nur mit einigem Reisegeld, dem Reisepaß und den hoheitlichen Empfehlungsschreiben ausgerüstet, steigt Dada in Hammerfest ans Land. Vom Nordkap schwenkt der Verlassene seinen wallenden Bersaglierihut, während Derobea vom weißen Schiffe ein zartes Tüchlein weht, und es immer wieder an die Augen führt. Das einzige, teure Wort, das ihm geblieben, murmelt Dada immerfort vor sich hin: Derobea! „Dada! wo hast du deine Derobea?!"

* * *

DAS NORDLICHT.

Ewige Feuchtigkeit, graue Wolken, jäh vorbrechende Stürme. Die Meereswüste wird nur selten von einigen die kimerische Dämmerung durchbrechenden Sonnenstrahlen gefärbt. Den Tagen folgen wunderliche Nächte von gleicher Helligkeit.

Eines Abends sitzt Dada wie gewöhnlich am Meere, das ihm Derobea genommen hat und erwägt einen Satz aus dem Buche, das seiner Hand entglitten ist: „Die Überwindung der unsozialen, richtungslosen Ekstase durch die soziale Ziel-Ekstase, das himmlische Jerusalem aus irdischen Bausteinen." Es ist ihm, als unterhielte er sich mit Derobea über den Sinn dieses Satzes.

Der Wind schläft ein, die Wolken stehen reglos, und das Meer verändert fern hinaus seine Düsternis zur tiefsten Schwärze. Nur der Schall der gegen die Blöcke des tiefen Strandes vorbrechenden Flut donnert im Gleichmaß fort. Unheimliche Finsternis der Antarktis steht undurchdringlich vor Dada. Nur das Land bleibt schattenhaft in seinem gespenstigen Eigenlicht sichtbar. In Höhe des Meeres beginnen einzelne gelbe Streifen ein zuckendes Spiel hinter einem unermeßlichen Vorhang finstrer Geschiebewinde, einzelne ferne Fanfarentöne, dann tiefste Stille. Dicht überm Meere wird es in endloser Ausdehnung vom Licht lebendig, der Horizont glüht an von geisterhaftem ruhigem Blau und Grün und strahlt auf, während ungeheure Fächer, Gardinen, schwere Vorhänge sich hell färben und aus durchsichtigem Kristall werden, um ein unerhörtes lohgelbes Flammen mit tiefstem Schweigen auszustrahlen. Endlich erhebt sich hinter den starren Falten der purpurne Riesenfächer eines ungeheuer starken Kernfeuers, das mit blutigem Licht durch die flammenden Kristalle hinaus aufs Meer in breiten Strömen rieselt. Ein unermeßliches Blutergießen überflutet den geheimnisvollen Polarkreis. Die wilde Schönheit purpurner Grotten und Eismeere, ungeheurer Pflanzen und Wale und Berge von Eis, vom zartesten Splitter bis zu den Kristall-Stalaktiten antarktischer Riesendome in düsteren Gluten errötend und elektrisch funkelnd schauert tief in Dadas Herz und tötet mit Geisterhänden sein Liebesleid. Das Miramar des Nordpols steht vor seiner Seele, und von seinen Zinnen spricht Gott in tiefster Stille das Wort des neuen Jahrtausends aus.

Es graut Dada vor dem erhabenen Nordlicht, von schrecklicherer Kälte als alle grausamen Kulte Mexikos, Indiens und Karthagos. Das kälteste und feurigste Wunder des Erdballs hat der Italiener geschaut. Das grausigste der Schöpfungswerke, das der äußersten Finsternis die blendendste Pracht des Lichtes beigesellte.

* * *

Das blutige Nordlicht, gewaltiger als je eins seit Menschengedenken, ist von vielen Lappländern beobachtet worden.

Dada hat das Fieber seit jener Nacht gepackt

und liegt im Gasthofe zu Bett, wo er von einer Lappländerin gepflegt wird. Und diese erzählt ihm eines Tages vom Nordlicht und seiner Prophetie. Es kündigt einen Krieg an, in dessen weißglühenden Ring alle Völker der Erde nacheinander ihre Söhne hineinschmieden müssen, um sie in seiner unerlöschlichen Glut für ewig versinken zu sehen. Ein herrlicher Vorhang flammensprühend verbirgt wohltätig die Greuel denen, die warten, aber wenn ein Vorhang verzehrt ist, so stellt ein neuer noch herrlicher sich dar. Niemand vermag hineinzuspringen, die abscheulichen Gluten auszutreten oder die Geopferten ihnen zu entreißen. Hier wird Retter, Henker und Opfer eines und gleich. Diese Schrecken verkünden die prophetischen Falten des Nordlichts.

* * *

DIE URLAUTE.

Dada lernt die Sprache der Lappländer, um Zunge und Gehör in der Urform des Menschenwortes kindlicher Rassen zu binden.

In der Nächten des nassen, sturmumtobten Hammerfest sieht Dada die Grundlage einer Zukunftsdichtung, indem er die Sprachen alter Rassen nach Urworten und Lauten durchforscht, die Töne tausendjähriger Kindheit blumenhaft öffnen. Wie vordem die Urlaute der Kinder, versucht er jetzt die Urklänge der menschlichen Rassen in seinem System von Rhythmen zum schwingenden Rausche zu dichten, wie jener Ekstatiker in Là-bas die substilsten Sorten des Kognaks zu einer Symphonie des Kognak-Rausches. Vom wilden Lappen, Eskimo, Tschungusen nimmt Dada den Urlaut, und läßt ihn neu tönen in Dadas Wildheit, Trauer, Glück und Schmerz. Dada hebt die logische Sukzession der Worte in den Ursprachen der Fetischanbeter auf und sammelt ihre einzelnen Silben oder Laute, sperrt ihren beziehungsreichen Sinn in das Gefängnis seines nervös eilenden Rhythmus und senkt in ihre traurig gerupften Kelche die bleichen Leidenschaften des Urwalddurstigen verkrüppelten Europäers. Der Chinese, der Ägypter, der Druide sprachen durch Zeichen, die sie auf Seide, Stein oder Holz eingruben. Dada nimmt die gottgeweihten Zeichen, wiederholt sie auf mehreren Reihen des nervös fiebernden Rhythmus, um die Empfindung des Urlaute-denkenden Dada flüchtig schillernd auszudrücken.

In einem lappländischen Dorfe nahe der russischen Grenze findet Dada einen Dorfgötzen, vor dem er sich niederwirft, dann wieder aufrichtet, um von neuem niederzufallen. Mit schäumendem Munde betet Dada in den drei Urlauten einer Hymne, die zum Gegenstande die komplizierte Idee der sozialen Zielekstase hat. Das Dorf um ihn ist nichts weiter als die materielle Gestalt seiner Idee, der er in der Hymne den Ausdruck des Urlautes verleiht.

* * *

Dada spricht: „Ich bin der Orient."

Er reist durch Finnmarken nach St. Petersburg; er geht durch das Geschlinge aller Rassen und Sprachen und er bildet das Gehör zur äußersten Feinheit der Wahrnehmung, um die allertiefsten und allerfernsten Urklänge der lebenden Völker zu verstehen und zu besitzen.

Er betritt vom ersten Augenblick an jene Bahn, die jedermann wählt, wenn er weder Geld noch Beschützer besitzt, um zum Erfolge zu gelangen. Dada tritt in die berühmte Organisation der russischen Geheimpolizei. Er wird beauftragt, einer Reihe revolutionärer Klubs als ordentliches Mitglied anzugehören. Auf Grund gefälschter Zertifikate erlangt er Zutritt zu einer Reihe politischer Versammlungen, erwirbt sich Vertrauen und wird schnell berühmt auf Grund seiner persönlichen herkulischen Erscheinung, die an die Leibesfülle des Begründers russischen Terrors erinnert: Michail Bakunin. Dadas Vorname, bei dem ihn jetzt das Proletariat kennt, ist: Michail.

Auf einer Werbereise zu den Muschiks eines westlichen Gouvernements kommt der erfolgreiche Istrianer in einem Provinzstädtchen mit zwei Männern zusammen, die Bauern und Arbeiterschaft ihrer Bezirke in Bewegung gesetzt haben, ohne eine Kopeke von den Geldern des Zentralkomitees zu brauchen. Der eine ist Klavierlehrer, der andere Angestellter der Stadtdruckerei. Mit diesen beiden Männern gerät er in ein Gespräch über ein Ereignis, das ganz Rußland erschüttert. Ein junges Mädchen aus guter Familie, gut erzogen und von der Jugend der Charlotte Corday, hat einen General mit der Bombe getötet, weil er ein grausamer Gouverneur war. Dies Mädchen wird in der Untersuchungshaft von den überwachenden Offizieren vergewaltigt und am nackten Leibe gemartert. Sie löschten z. B. die Zigaretten auf ihrer Haut. Als sie vor ihren Richtern steht, erklärt sie, daß sie aus dem Leben wolle.

Eine düstere Tragödie folgt der anderen, diese glühenden Verfinsterungen einer Nation, in der die mechanische Cinéma-Kultur Europas sich mit den asiatischen Triebkräften zur ungeheuren Selbstzerstörung vermischen.

Dada sieht sich durch die Ochrana unheimlich verstrickt und weiter als je von Italias Freiheitssendung entfernt. Er schließt sich gequält den beiden Männern an, die eine für ihre Schicht ungewöhnliche politische Vernunft und kühne Rücksichtslosigkeit in der Verfolgung ihrer Ziele besitzen, außerdem lernt Dada in ihnen zwei Freunde jener Terroristin kennen. Mit ihnen geht der Istrianer auf die Straße, sie halten die Vorübergehenden an und erklären jedem einzeln ihre Ideen. Sie flüstern, versprechen geheimnisvoll, drohen, spotten — sie werben mit unbezwinglicher Überzeugungskraft. Die Polizei ist machtlos gegen sie.

Auch Dada glaubt an die Revolution, die Demokratie und Kindlichkeit der Völker. Er glaubt an das Werk der Freiheit. Er bittet seine Freunde, das erste große Werk sozial zielvoller Ekstase den Muschiks und Proletariern vortragen zu dürfen: „Das Nordlicht!" und begründet: Die Kindlichkeit neuer Demokratien erfordert eine ihr gemäße neue Urform des Ausdrucks und des Stils. Erst der kindliche Mensch ist der wahrhaft Freie! ein ausgelassener unbändiger Junge ist das Urbild der Freiheit!"

Seine Sätze brauche man nicht durch Kommas und Punkte eingeschachtelt zu hören, jedes seiner Worte sei ein Hauptwort, auf dem die Sonne der Urlandschaft sprieße. Jede seiner Empfindungen habe nur einen Ausdruck: Den o- oder aj-Ausruf, den Schmerz oder die Freude. Sein Wille kenne nur eine Wortform von substanziellstem Wert.

Vor dem gleichgültig rauchenden und trinkenden Publikum einer Arbeiterversammlung trägt Dada die Hymne des Nordlichts vor. Die Völker beider Welthälften erzählen selbst im eintönigen Chore von den Grausamkeiten, den Kriegen und den Kulten ihrer kindlichen Zeiten. Die Idole der Osterinsel, Perus und der grausamen Mexikaner erzählen ihre paradiesischen Feste und ihre schändlichsten

Greuel, Madagaskar, Indien, und endlich jene untergegangene Atlantis, von der die lateinischen Neu-Republiken nur blasse Revenants sind, blühen urwaldblumenhaft in ihren wenigen gewaltigen Urlauten aus Dadas Rhythmen auf. Tänze, Prozessionen, Orgien, Fratzen, Götzen der alten Naturkulte leben magnetisch in einigen gelallten Silben Dadas, obgleich hier bereits die Grenzen des im Worte Darstellbaren erreicht werden. Diese Silben gleichen Kakteen oder Orchideen, die märchenhafte Systeme von Stacheln oder farbigen Blättern entfalten und mit ihren künstlichen Gebilden das Entzücken der Sammler oder ästhetischer Salons sind.

Dadas sozial zielvolle Dichtung ist ein archäologisches Museum der Seltsamkeiten des Völkerlebens, ein Erotikon und Folklore aller Geschlechtskulte. Die Menschheit eilt mit dem eintönigen Summen eines vielgeschäftigen Bienenstockes vorbei, ohne sich umzublicken, den Blick auf ihre erhabenen Idole geheftet. Immer auf dem Marsche nach Norden, immer von neuem ungeheuren Zuchtmitteln unterworfen, die aus Einöden entsprangen und die Erschlafften geißeln — durch die Kriege, Opfer, Brände, Seuchen, Untergänge wandeln die gleichmütig gereimten Hymnen Dadas, um endlich das Nordlicht anzubeten und aus seinen glühenden Falten die kalte Prophetie Europas zu empfangen. Dada verkündet die Zertrümmerung dieses Erdteils, und nach Niederlegung all seines Menschen- und Pflanzenwuchses den Triumph der Polarwüste über die verworfenen Reiche, den Sieg des Nordlichts!

Seine Vorlesung schließt Dada mit dem Ausruf: „Betragt euch k i n d l i c h , so fühlt ihr euch frei und ihr seid es auch!"

Eine drückende Stille liegt auf den Zuhörern. Die beiden Freunde fassen Dada an den Armen und zwingen den bequemen herkulischen Italiener aufzustehen und mit ihnen die Versammlung zu verlassen.

Seit einiger Zeit ist Dada verdächtig des Einverständnisses mit der Polizei, und bei seiner ungewöhnlichen Vorlesung, die mit sämtlichen Perversitäten der bürgerlichen Gesellschaft aller Völker spielte, haben die Freunde das stärkste Mißtrauen der Versammlung bemerkt. Selbst die Freunde haben Dadas Werk nicht verstanden, das auf das Erscheinen irgendeines neuen bürgerlichen Ssanin hinaus zu gehen schien, der auf Kosten der Arbeiter einem Geschlechtskulte im Zeichen des Nordlichts sich hingeben wird. Ein Jahr hat Dada in Rußland verbracht, ohne seine Aufgabe, die Freiheit auch diesem gequälten Lande zu bringen, erfüllt zu haben, diesem mißtrauischen, bis auf die Wurzeln verdorbenen Volke, das in dem Bewußtsein ständiger Gefahr von Umsturz und Empörung sich dem Rausche ergeben hat, erregt von einer tief fressenden, stets sprungbereiten tierischen Sexualität. Ihre Freiheitsideen verdammt Dada im selben Maße wie ihren Fortschritt vom Stumpfsinn des Mir zum Cinéma und zum Alkohol.

Die Macht der Idee selbst bei den armen russischen Bauern und Arbeitern ist das Wunder, das Dada rührt, und er wünscht ihnen dazu die Vernunft des — Nordlichts!

Dada ahnt nicht, daß er jene beiden Russen kennen gelernt hat, die nach dem Sturze des Zaren, nach Ausbruch unerhörtester Ereignisse, die günstige Stunde des Weltkrieges benutzten und das Schicksal der russischen Republik in ihre Hände nahmen, jene selben Männer, die noch eine Zeitspanne weiter dieselbe Terroristin und Freundin füsilieren ließen, als sie sich i h n e n entgegen stellte.

Der unglückliche Weltreisende muß sich von neuem entschließen zu wandern. Dada soll ebenso sanft wie nachdrücklich nach Deutschland abgeschoben werden, dem Zion aller Juden und Emporkömmlinge Rußlands und Polens.

Mit Hilfe seiner herzoglichen Freibriefe entrinnt er rechtzeitig der russischen Polizei und gelangt nach Deutschland.

* * *

DRESDEN.

Dada wendet sich sogleich nach Dresden, um Derobeas Aufenthalt zu erkunden. Siehe da: auch sie ist nach einjähriger Abwesenheit in den Polarländern zurückgekehrt, um von Dresden aus zum Gemahl nach Rom weiterzureisen. Sie hat die Expedition des Herzogs auf der Heimreise in Hamburg verlassen. Es ist ein köstliches Wiedersehen von Taubenzärtlichkeit, und sie beschließen, ganz der Kunst und der intimsten Gesellschaft geweihte Wochen gemeinsam zu verleben. Die reiche, in Künstlerkreisen sehr wohltätige Dame veranstaltet eine Reihe großer Empfangsabende und Feste, um die Künstler Dresdens und Berlins einzuladen. Die glückliche Derobea versammelt Sänger, Komponisten, Dichter, Rezitatoren, Maler, sie ruft Kunstausstellungen hervor, wirbt Zeitungen für den Dienst der neuen Kunst, der sie ihre Salons zur Verfügung stellt. Zusammen sind Derobea mit Dada die berühmten Protektoren. Derobea und ihr Kreis bewundern die Hymnen des großen Istrianers aus Lappland und dem Reiche der Sarmaten und Tartaren: „Das Nordlicht" sowie die Hymnen und die Philosophie von den Urlauten der kindlichen Rassen. Sämtliche Werke Dadas erscheinen im Druck, an ihrer Spitze die Hymnen an Derobea, der das Ganze in kindlicher Dankbarkeit zu Füßen gelegt wird. Derobea ist glücklich. Dadas Genie ist in

Deutschland entdeckt, er wird gemalt, wertvolle Liebhaberausgaben seiner Dichtungen werden subskribiert, seine Philosophie wird die Grundlage einer neuen Richtung der Ausdruckskunst. In kühnen Vorträgen bemächtigen sich Doktoren der Kunstwissenschaft der Dadaschen Dichtung. Gestammelte, gelallte, gestöhnte, gestaunte und geseufzte Empfindungsurlaute des Eskimos in Dadas Rhythmik haben die bisherigen Sprachgrenzen des Kulturmenschen überwunden, kein Verbum, kein Objekt fesselt den Strom der Dichtung, die wohlanständig logische Frisur des Satzbaus ist zerstört, das Subjekt allein bleibt im ewigen Einerlei seiner Abwandlungen bestehen: wunderbar entfesselt, ausgebreitet in einer Welt freier Leidenschaften, freien Liebens, Tötens und Getötetwerdens. Aus den Greueln Europas schreitet Dadas neues Subjekt hervor, um durch die Eisstürze des Polarkreises und die kalte Herrlichkeit des Nordlichts das Absolutum der Kunst zu finden, die letzte demantharte Kristallisierung, die Reinigung der kulturbefleckten Menschheit.

***

In ihren Salons hat Derobea eine Reihe Spielzeuge für Kinder aufgestellt: einen Garten mit Arche Noah aus Pappe und bemalten Hölzchen, Postkutschen, Lokomotiven, Müllerwagen, Puppen und Dreiertieren mit mechanischem Antrieb. Alle Spielzeuge sind mit den Urlauten Dadas versehen. Man drückt auf einen rosa Gummipfropfen und die Figur stößt den ihrem Charakter angepaßten Urlaut aus, den Dada einem Lappländer, Samojeden oder Tartaren abgelauscht hat. Mit diesen Spielzeugen erheitert Derobea ihren Kreis, nachdem Dada eine seiner leiernden Hymnen vorgetragen hat. Da erschallen die Säle Derobeas von wunderlichem Geplärr und Geschrei, die Gäste versuchen selbst die Urlaute nachzuahmen, es ist, als ob eine ganze Mädchenschule eingesperrt ist und in allen Stimmlagen ihre Lehrer äfft. Durch Passanten aufmerksam gemacht, erscheint eines Tages die Polizei in Derobeas Hause, um dem revolutionären Lärm nachzuforschen. Alles lacht und der errötende Dada verschwindet hinter Derobeas mütterlicher Statue. Denn ein Plastiker hat Derobea und Dada in Jordaenscher Fülle aus Marmor gehauen.

***

Eine neue furchtbare Stimme hat sich aus Berlin erhoben und droht wie einer der sagenhaften Gaskogner der Iliade dem Istrianer mit Herausforderung auf Urlaute. Ein Kreis von tyrtäischen Künstlern hat sich unter Führung von drei auserwählten Männern auf den Marsch begeben: mit dem Programm eines organisierten Orkans der erneuerten Künste und einer löffelartigen Fortbildung ihrer Sprechwerkzeuge. Vor ihnen her geht die neue furchtbare Dichterstimme Hackhacks aus dem Schall einer verstärkten Kindertrompete, neben ihm „denkt" der Philosoph mit Augen von Tetraëdern, geschliffen aus gewöhnlichem Kiesel und lacht erotisch über den eigenen und Hackhacks Bombast. Der Direktor des Ganzen springt über sie, rührt besessen die Hacken und tanzt in dünnster Luft. An jedes seiner langen langen Haare ist ein Heft des tyrtäischen „Orkans" geknüpft und fliegt rund mit solchem Babygrinsen, solcher Dummdreistigkeit, als wäre sein Dasein wichtiger als das der restlichen Schöpfungswerke.

Diese drei starken Männer haben die Kunst ethisch gedrillt und unter Polizeiaufsicht genommen. Gelenkt von einer Mänade von internationalem Blondschein, genügt Berlin keineswegs ihrem teutonischen Eroberungsdrange. Sie ziehen eines Abends in Dresden ein und Hackhack veranstaltet eine Orgie seiner Dichtungen in Derobeas Salon. Unter Chagalls „Bild des Gehörnten" lernt Dada Hackhack kennen. Der Vortragende, ein Märtyrer der Kunst Hackhacks, donnert in ununterbrochener Ekstase die Berliner Dichtungen, mit der Eintönung der heraufgestemmten Urlaute, die seltsam von fern an die Leier Dadas erinnert. Es sind Dichtungen in mediumistischem Trance und spiegeln den zerwühlten Zustand hindämmernden Weltlebens, zersetzter, geschwächter und zur schöpferischen Ohnmacht verdammter Völker.

Gleich Dada hat Hackhack das Objekt und Prädikat ausgerodet. Das Subjekt strömt hartnäckig seine unaufhörlichen Interjektionen in einem Niagara von Verben, die weder Logik noch Satzgefüge hemmen, und sich in eine furchtbare Öde stürzen, die nur einige trübe Berlinismen erquicken. Dada würde gern den neuen Mann aus Preußen als seinen Doppelgänger von der nördlichen Hälfte Europas begrüßt haben, wenn ihn nicht eine furchtbare Anomalie gegen Hackhack eingenommen hätte: das sind die seltsam zerhackten Wortreste der deutschen Sprache zum höheren Ruhme des neuen Gottes, der Kunst!

Ausgerodeten, bleichenden Wurzelknorren oder Brocken von großen Stämmen gleichen diese armseligen sinnberaubten Wortreste, die in einer unermüdlich quellenden, gurgelnden, schubbsenden, zappelnden Flutung eines furchtbar stöhnenden, schwer Atem ringenden Subjekts kreisen, dem Gesetz der Beharrung unterworfen gleich ihrem Schöpfer. Dada ergreift eines dieser vergewaltigten Worte, die aktivische Vorsilbe ist ihm abgesägt, und der bloße Schwanz als leidenschaftslose Urerscheinung aus der Kındheit germanischer Rasse zeigt die Roheit des Dichters. Der in den Urlauten völkischer Säuglingstage tiefbohrende Dada steht entsetzt vor diesen Urformen berliner Hackhacks.

Wird Dada auf seine sinnlichen Urlaute verzichten, und jene Lautempfindungen aus ihnen hacken, die Dadas teuerstes Gut sind? Wird er dies Verbrechen seinen Wörtlein antun, damit sie schnell an der Oberfläche mitschwimmen können?

Oder wird Hackhack sich seiner Dichtersiege und seiner unzähligen Krüppel von Worten freiwillig begeben, die seinen fürchterlichen Berserkeranfällen von pedantischer Wortschrauberei und Klügelei entsprossen sind? Die Hexerei, Taschenspiegelei aus Berlin und ihre dekadente Wüstheit betrübt Dadas katholische Seele und italienisch formgebildeten Kunstgeist. Auch er ist begehrlich nach den wildesten Urgenüssen, dafür ist er moderner Silen. Aber Hackhack ist auch Hackhack in der Seele und das taugt Dada nicht.

Am Morgen nach dieser Berliner Gassenjugend begibt er sich mit Derobea zum ersten Male seit Jahren zu einer Messe in die Liebfrauenkirche. Er besprengt sich mit geweihtem Wasser, beugt das Knie und betet aufrichtig für die Reinheit seiner Seele und seiner der menschlichen Befreiung geweihten Kunst.

* * *

Im selben Sommer, der Derobeas und Dadas Märchenglück sieht, bricht der Krieg aus, der allen Aspirationen des Istrianers ein Ziel setzt und den Konsul aus Rom in die Arme seiner Gattin zurückführt.

Dada wird nach Österreich zum Heere eingezogen, macht einige Märsche mit und bleibt dann als Badewärter in einem Lausoleum Galiziens hängen.

* * *

ZWEITER TEIL

★

DIE SERBIN.

Dada trägt Tschako, Bluse und Habsburgs Doppeladler. Sein Blick steht schräg, und auf die bewaffneten Horden, die gen Osten ziehen, fällt sein Schatten dumpfer Härte, mürrischer Unlust; verstaubt, verdorrt, verwest in den Wirbeln der Menschenöde, die bis ins ferne Morgenland schäumen. Der jüngst weltweite Horizont, den Dada zu erobern ausgezogen war, hat sich verkrochen, liegt in der Kriegswildnis im Hinterhalt, bestückt mit zehntausend Drohungen. Das Standbild der Freiheit, in den verzehrenden Flugsand irgendeiner Wüste Gobi gestürzt, wonneglänzt ihm nimmer zu den Mondungen seiner Seele, und das hellste der irdischen Festländer ist finster geworden.

Zu einem runden Silbervollmond der Steppe steigt Dada auf dem Damm der Bahnlinie, die Wien mit dem goldenen Kiew bindet. Hell, zart leuchtend ist die nächtliche Ebene. Dada steht lauschend und sinnt gen Osten.

Auf den im Monde bläulichen Schienen schreitet hoch und anmutsvoll ein Weib, den Rock geschürzt, und bleibt vor Dada still, die entblößten Arme über dem starken Busen gekreuzt. Das stattliche Weib ist von Angesicht und Haltung frei der knechtigen Plumpheit träger Halbslawen. Sie spricht leise im Wind der Sommernacht im Sieden der Erde:

„Mich trug Istriens armer Karst, durch das tote Europa bin ich in alle Länder bis zu den letzten aller Slawen gewandert, um sie den Klauen des Doppeladlers zu entreißen. Du bist müde und schwer geworden, seit dich Italia zu ihrem Geliebten machte und sie dich zu den kraftvollen Spannungen der Freiheit erkor. Gib acht, ob du noch taugst zu der Sendung, die dich in die Freiheit pflanzte. Du warst geschmückt mit dem Adel Etruriens und gebotest mit dem Lockklang Pans über die Horden. Aus Galiziens Kriegswildnis schmachtest du nach dem Orient und verhüllst Abtrünnigkeit und weibische Zagheit mit dem Lack Chinas und Krischnas Liebesblumen. Weil beflissene Knechte die Völker in Kriegsgerät, Panzer und Flugzeug schnürten, glaubst du, daß die Freiheit verliegt und fault?

Einst gefürstet von Cäsaren empfing ich Legionen in der Kraft meiner kimerischen und dacischen Völker. Ungebeugt, roh, von Bärenkraft und Pantheranmut, genoß ich die römische Freiheit und senkte sie meinen Jungbürtigen in Hirn und Herz. Gründer neuer Reiche und Pflüger neuer Grenzen zogen ihre düstren ergebenen Fahnen nach Norden und zeugten das neue Europa.

Dada, ich weiß, dir fehlt Garibaldis Feuerblick, Magnet der Freischar, wahrer Gott der armen ruhmbelohnten Kämpfer. Du hast viele Geliebte nötig gehabt, und schließlich hat eine Köchin, die einem Deutschen gehört, dich um dein entartet lateinisch Blut betrogen. Mit einer braven Zweischichtigen, Zweischläfrigen wurdest du bettgewöhnt und hast die Freiheit verschlafen. Als es dann zu spät war, als alle um dich aus dem Rausch erwachten, und Männerblut und Weibertränen ihnen bis an den Hals in roter Sintflut stand, fürchtetest du dich und du verhülltest die Seelennot mit deines furchtsamen Verstandes bunter Wortkunst.

Aber es ist keine Schonzeit für die Furchtsamen.

Nimm die Schiene, löse ihre Schrauben und trage die starken Stahlglieder beiseite, damit das Gleis zerbrochen sei. Und an das Ende des westlichen Schienenkörpers befestige diesen eisernen Topf mit hohen Explosiven."

Das Weib löst vom Gürtel ein kleines schwarzes Gefäß und Dada nimmt es schweigend. Ein Balken starken weißen Lichtes quert den Bauch der Geheimnisvollen. Sie lächelt. Dada kniet und birgt den treuen Zentaurenkopf in den groben Falten des Bauernrocks. Ein Bäumchen mit dicken, grünen Blättern und drei dunklen Granatäpfeln sprießt aus der Erde und wölbt um Dadas am Bauch der Serbin ruhendes Haupt betäubende Wollust.

Das Weib entfernt sich unmerklich, auf bleichen Schienen entwandelnd. Dada liegt quer über die Schienen gestreckt und küßt in blinder Inbrunst den schrecklichen Stahl. Dada biegt die Schrauben, lockert sie mit Steinschlägen, trägt die Schienen auf dem Rücken beiseite und befestigt, gehorsam der Slawin, das Hochexplosiv.

Danach macht er sich fertig und wandert gen Osten in der Tracht kroatischer Bauern.

KIEW.

Durch die Serbin zu süßerer Qual entzündet als von allen Derobeas eilt Dada Rußland zu. Als ukrainischer Bauer kommt er nach Kiew. Entsandt von der neuen Einheitsrasse, die Europas blutgedüngter Erde entsproß, seinem erstickenden Völkergefängnis entsprungen, entkettet, entbunden, entrollt zu Wirrsalen des Staatenumsturzes, fernster Völkersicht, zu Stürmen, Himmeln, Bindungen erneuerten Festlandes.

Im Dom zu Kiew kniet Dada vor den Bildern des Weltgerichts. Nachtdunkle Augenmale der weltverschlingenden Propheten starren auf das Meer Europas, in dessen Abgrunde brünstige Ungeheuer rollen. Jo, die Sklavin roher verderblicher Götter, nimmt gepeitscht durch kimerische Länder ihren qualvollen Lauf zu den Zinnen des Kaukasus. Über prometheischer Zwiesprache zürnt das feurige Antlitz des Stiergottes durch die Wolken und beschattet das junge Europa mit endloser Zwietracht und Krieg, gleich Blitzen unter Wolken gestreut.

Die furchtbaren Tiere regen sich markzehrend in Europas Tiefen: Plage, Seuche, Hunger, Aufruhr, Gewalttat, Verfolgung, Mord. Die Heiligen des Pantokrators, erhöht über Verbrechen und Schwächen, gewaffnet mit Jovis Blitzen und dem Bannfluch, um jede Seele botmäßig zu machen, starren glühend in den unermeßlichen Abgrund, über dem sie ihre Macht errichtet haben. Heulende Gewalten werfen sich in den Staub, Zerknirschte tun Buße, das Schwert zerschellt, seine Schrecken enden am gläsernen Meere, das unwandelbar von Gottes Stuhl über Europa fließt.

Die Gottesmutter nimmt die Gestalt der Serbin an. Sie stiehlt das goldene Vlies des Orients. Dada wird in Kolchis seinen Bock den alten Göttern schlachten und er wehrt es nicht den neuen, ihr Mahl am frischen Lamme zu halten und das Opferblut zu trinken. Dada sieht den Transportzug in der hellhörigen, zartleuchtenden Nacht, die Explosion und den Zusammenstoß: die Raserei der Verwundeten, die Schreie der Getöteten, die Schande des Mordes haben seine Seele erreicht. Das Lamm ist zerrissen, das Blut dampft um Rache im strengen Licht von Patmos — das die Stufen beglänzt, auf denen die schwarzen Väter thronen.

KAUKASUS.

Brücken, Stahlschienen, Wagen tragen den Leib des glücklich dem wolhynischen Gemetzel Entronnenen. Bäche, Ströme, Hügel beugen ihre breiten Rücken, Wälder setzen ihren schwarzen Fuß zögernd in die endlose Steppe und nehmen endlich Abschied von Dada. Russische Dome heben ihre Türme mit Zimbeln der goldenen Kuppeln und zärtlichen Kreuzen. Rosa-Lämmer mit Glöckchen um den Hals springen auf zum Silbermond in grüner Abendaue, und ein Lächeln betaut Dadas Angesicht. Eines der Rosalämmer hüpft auf die gewölbte Mondsichel, und Dada faßt hinauf in dem zärtlichen Bedürfnis, als der gute Hirte das Tier auf den Arm und an seine Brust zu nehmen. Da schwillt die zarte Rosagestalt ungeheuer an zum blutroten Mastodon, dessen Wanst langsam über den kleinen Mond sinkt und ihn mit blauen Riesenschatten verhüllt.

Die himmlischen Eisdiamanten des Kaukasus erscheinen am Himmelsgewölbe, königlich über den Reichen des Lebens. Keine Absolution durch Handauflegen, keine Gnade durch Messe und Rosenkranz — erdwurzelnder Glaube, strenge Ordnung, Riesenkreis säulenstarker Offenbarung. Die feierlichen Stimmen der Berge dulden keine versteckten Winkel voller Trägheit und keine Schlammfelder voll anarchischer Mordtaten.

Die Berge wandeln erhaben, senken sich, ruhen, steigen an und neigen schwarze Riesentafeln über Dada. Eisige Windströme stoßen von nächtlichen Hängen, reißen und kälten ins Mark. Düster geduckt harrt Dada zwischen Bauern gekauert, auf den Ausbruch des roten Wahnsinns, wenn vom Riegel des Orients die Trompete schallt und die Nie-Entsühnten zum Weltgerichte ladet.

* * *

Durch die Städte des Hafis gelangt Dada zum Indischen Ozean. Mit englischen Khakis, die zur Front nach Görz eingeschifft werden, geht Dada an Bord eines mit Rauten und Rechtecken übermalten Kreuzers. Anders als er in Pola über die Adria emporflog zur Eroberung des Poles, belastet, verdumpft, zugeschüttet, kehrt er endlich heim von seiner Europareise zu Italia: zu ihr, die ihn als ihren Marschall aussandte, kehrt er müde und ohne sein schimmerndes Schild heroischer Taten zurück und keine Hymne Emanueles rauscht heimatskündend dem vielbewanderten Dada.

Krank, zerrüttet verbringt der Flüchtling die Reise im Bette. Im Fiebertraum steigt der Kaukasus immer drohender, in schrecklicher Schönheit empor. Dada klimmt an düstren Hängen auf und hämmert hilflos einsam riesige kubische Glastafeln an die Felswände. Aber sie lockern sich schnell und stürzen in die Tiefe, aus der furchtbare Windströme die Kräfte seiner Arme saugen. Qualgeblendet steigt Dada zu den prometheischen Firnen auf, um ihnen seine antiseptischen Glastafeln aufzuhämmern, aber die mächtigen Berge spotten seiner kindischen Anstrengungen.

Als das Fieber von Dada weicht, bemächtigt sich des Dichters ein dämonischer Glaswahn: mit riesigen Glastafeln will er Berge, Küsten und Hochflächen bedecken und sie schützen vor der Fäulnis und Verderbnis des kriegführenden Europas durch eine Erdarchitektur des Glases.

* * *

In Brindisi betritt Dada das gelobte Land unter den Huldigungen der weiblichen Bevölkerung, die einen Helden vermutet. Die gewaltige Gestalt, gehüllt in einen schweren Mantel von Kardinalsrot, zieht aller Blicke an. Während Dada die Terrassen vom Meere heraufschreitet, wird er mit Blumen überschüttet, Körbe mit Früchten Siziliens werden ihm nachgetragen.

Dada wölbt die athletische Brust und spricht zu den italienischen Frauen: „Der Held träumte unter den Blumen des Orients vom armen Karst im Norden, den die lateinische Flagge seit Jahrhunderten nicht mehr küßte. Der Held fährt zu der schaurigen Hölle zu Füßen der Alpen, die eure lebendigen Söhne frißt."

Dadas Ruhm beginnt. In Neapel und Rom wird er interviewt und gefilmt, Barzini schildert seine antarktische Reise. Jenes dunkle Attentat auf die ukrainische Eisenbahnlinie, das vielen Tschakos den Garaus gemacht, und das der Dichter der Urlaute in einem molligen Interview zum besten gegeben hat, wird in der ganzen Kriegspresse abgedruckt zur Förderung einer gesunden Akzentuierung der Heeresberichte. Seine Hymnen werden als patriotische Kundgebung für den Sieg Italiens über den Nordpol verherrlicht, und die um Bissolati träumen von seinem Denkmal auf dem Karst. Nur der Avanti erklärt sich gegen eine öffentliche Geldsammlung für die Statue Dadas.

Der Gefeierte im roten Kardinalsmantel aber träumt von höheren Ehren und von einem andern Ruhm, der ihm nicht von seinem Nebenbuhler d'Annunzio und der Rache der Anarchisten streitig gemacht werden kann.

* * *

VENEDIG.

Aus dem kriegsrasenden Rom flüchtet Dada nach Toskana und kommt eines Nachts in Venedig an. Er legt seinen roten Mantel ab, und in Arbeitsbluse, unter angenommenen Namen tritt er in einer der alten Glasfabriken von Murano ein.

Er lernt die erste Stufe der Erzeugung reiner Glas- und Kristallflüsse, das Schmelzen, Brennen und Schleifen untadliger Gläser, köstlicher Spiegel und Sichtgläser, die den Weltraum zu zarten funkelnden Brennpunkten verdichten.

Dada träumt davon, ein Glas von Dauer und Härte der Steine herzustellen, das gegen alle Erschütterungen gefestigt ist, ohne jedoch den natürlichen Verwitterungen ausgesetzt zu sein wie jene. In riesigen kubischen Platten soll es geschnitten werden, und es soll lodern von feurigen Flüssen oder Bändern in den Spektralfarben. Sonnen, Wolkenschlachten und Liebesmahle sollen zum leuchtenden Schmuck der Erdringe werden. Er will die Erde panzern mit antiseptischem Glas, indem er den Drohungen des Kaukasus trotzt.

Die düstren Kalkhalden und vegetationslosen Hochflächen des istrischen Karst sollen geschnitten, geteilt, und durch Glätten und Schleifen in drei- und rechteckigen Formen gegeneinander gesetzt werden und die·Berge als polygonale, pyramidale und kubische Felskörper eine ungeheure Raumgestalt in den Himmel türmen. Auf dem geschliffenen Gebirge sollen Italiens Arbeiter die Flächen auslegen und vernieten mit den dauerhaften und farbigen Glaspanzerplatten seines kaukasischen Traums. Hoch über der Adria soll das neue Kap Sunium, das glasgepanzerte Vorgebirge Istriens funkeln als der Diamant Europas und die Lateiner in Ravenna und Rimini an heiteren Tagen brüderlich grüßen: Denkmal der Freiheit und Verkündung und Triumph der Lateiner über den rohen Weltkrieg.

An beweglichen Stahlgestellen sollen riesige Refraktoren bis über die letzte terrestrische Luftschichtung hinaufstoßen und mit einsamen, stillen Augen das Leben des Himmels, des Festlandes und des Meeres beobachten. Von riesigen, sehr schlanken, witterungsbeständigen Glastürmen sollen leuchtende Explosionen von Radium über die magnetische Sphäre der Erdrinde hinausfahren, und sich zur Selbstbewegung nach glänzenderen Brennpunkten des Alls entfalten, um sich zu ergießen oder stürmisch mitzureißen und zum Karst zurückzukehren und aus kosmischer Vermischung den durch Jahrhunderte zur Dürre verdammten Fels mit brennender Erde zu befruchten.

Das aus dieser Befruchtung neu erstehende Vaterland soll mit Venedig durch eine Brücke aus sturmhartem Kristall in ungeheuren schneeweißen Bögen über die Adria verbunden werden, und die Brücke wird die Statuen der Dogen tragen, die durch den Ring der Adria vermählt waren. Dada sucht den Kristall zu gewinnen, durch den die kosmische Schönheit der Erde verwirklicht wird: Er bereitet eine Metallbindung mit Email vor, um die Glassteine zu mörteln. Auf istrischem Karst soll der Klotz von Glas wachsen, der die Last der weißen Glasbögen auf ihren hohen Feuertürmen übers Meer hebt und ihre letzte sanfte Wölbung vor Venedigs Markusturm entladet zur unlöslichen Vereinigung Istriens mit Italien.

Der kristallspannende Blick des Erdarchitekten erhebt sich über Europa und mißt das lateinische Reich, von Venedig bis zur Kreidewand von Dover, und vom Libanon bis zum schwarzen Felsenhaupte Gibraltars und über die Südsee zum lateinischen Amerika.

ENGADIN.

In der Fabrik erhält der Arbeiter Dada den Befehl, sich zum italienischen Heere zu stellen. Der unglücklich die Freiheit Istriens liebende Glaspionier wird unter Emanueles Fahnen gerufen. Er meldet sich zum Flugdienst und wird in der Führung eines Äroplanes ausgebildet. Eines Tages darf er emporsteigen und in den Wolken gen Triest fahren. Er jubelt Miramar zu und der ganzen Küste und wirft tausende Drucke seiner Hymnen über die Städte bis Abbazia. In einer späteren Nacht wagt er den ersten Flug mit Bombenabwurf auf die Arsenale von Pola. Aus Todesschauern der schütteren Erde und Feuerwirbeln, die das Festeste zerstören, nimmt Dada das Steuer zum Mittelmeer, und Italia fliegt brausend neben ihm als sein göttlicher Albatros.

Dada unternimmt einen Bergflug vom Gardasee über die Tiroler Alpen bis ins Herz Bayerns. Er wandert ganz einsam in die blaue Luft gehängt, mit unbeflecktem Fuß über Schründe, Spalten, Grate, Zinnen, Firne, Gletscher auf der Sonnenbahn nach Norden. Die Firne glänzen: blau, grün, scharlach, ocker. Bergtäler öffnen sich zu ungeheuren Blüten des Enzian. Klüfte, Spalten, Schründe mit Gletscherstürzen entfalten schmale, nie gelesene Buchrollen der Tiefe aus ewigem Kristall. Berggrate sind überwölkt von Silberrosen, Edelweiß auf Mammuthrücken.

Heftige Windströme saugen um die Klippen, und der Flieger wehrt sich um sein Leben. Schüsse prallen rings, von schlagenden Granaten bebt Trafoi. Dada biegt nach Westen, um nicht vom Tiroler Feuerringe gefaßt zu werden. An der Schweizer Grenze wird er durch erdstürzenden Windstrom herabgezwungen. Er landet auf einer Halde über dem Tale von Pontresina, sprengt das Flugzeug und flüchtet in die Klüfte des Corwatsch, denn die Täler sind voll Soldaten. Von Hirten bekommt er Nahrung und Bauernkleider und endlich wagt er sich als deutscher Flüchtling aus Zürich in das Engadin.

***

Das obere Engadin mit breiten tiefgrünen Bergseen zu Füßen wohlgeformter Schneegebirge ist eine ungeheure Enzianblüte. Im Anblick der himmlischen Eisdiamanten sucht Dada die Einsamkeit, ewige Frische und Reinheit der Luft von Chasté auf. Das ist kein Karst. Gewaltige Lärchen, Bergfichten, Eichen steigen bis zur Geröllzone in mächtigen Waldungen auf. So war einst Attika von den Hainen des Zeus bedeckt. Nebel und Wolken schweben mit Riesenschatten wandernder Legionen feierlich um die Bergzinnen, und diese tauchen schneeblitzender in der tiefsten Bläue auf.

Dada mietet ein Gehöft am Ufer des grünen Bergsees. „Einsame Zärtlichkeit" schreibt er über die Tür seines Hauses. Kein Zaun umschränkt es, kein Hofhund stört, und das Gezwitscher der roten Schweizer Wäschermädels tief am grünen See erquickt sein Geborgensein. Der hölzerne Oberbau mit dem giebeligen Dach ist fortgenommen und auf den viereckigen Granitunterbau ein hoher, flächig polygonaler Glasbau gesetzt worden. Das ist der Hauswohnraum Dadas zu ebener Erde, und drüber die gläserne Allwarte in Gestalt eines spitzen Hutes.

Von den Urlauten der Kinder und der Primitiven wendet sich der Dichter dem terrestrischen Magnetismus zu. Er arbeitet an der Herstellung eines absoluten Kristalls, das Feuer, Sprengung und Wasser widersteht. Er schmilzt ein Glas von äußerster Empfindlichkeit für Farben und Schatten der Luft. An heiteren Tagen steigt aus dem Glaspilz am stählernen Gelenk der große Luftspiegel in die Höhe, mit dem Dada bildtelegraphisch Himmel und Firn beobachtet in ihren unerhörten Wandlungen.

Glücklich das kleine Stück Felsland, das vor der unreinen Überschwemmung des europäischen Reisepublikums durch die schützende Lohe des Weltkriegs noch eine Weile bewahrt blieb. Zahnradbahn und Massenwanderungen zum Gletscher verfinstern nicht das Eis der Gipfel, das Schweigen und die herbe Glut der Felsen. Der mächtige Sturzklang der Quellbäche am Granit der Hochwände wird nicht von den Brüllaffen der Mode, des Sports und Flirts zertreten. Der Anblick der Gestirne, elektrisch zitternder Nachtglanz des Alls, Belauschung des stillen Streits kosmischer Todeskräfte, werden nicht roh unterbrochen durch Sprechwerkzeuge, die leider nicht die der Grille und Nachtigall sind.

Dadas Zärtlichkeit: Das Sausen des Windes, des mitternachtgeborenen, in den Seewellen am Hain von Chasté, die heißen Felswände in wechselnden Schatten und der Firn. Den mondrunden Spiegel hat Dada über den kaiserlichen Firn gehängt, um das hohl geschwollene, weggreifende Ich fortzuätzen und die Erde von unreiner tierischer Kruste der fäulenden Ichs zu befreien.

Dadas Freuden: Versenkung, Innendienst mit Herz und Hirn, Beobachtung, freie göttliche Bewegung der schaffenden, messenden, wägenden Hand. Diese Freuden dauern, ohne schal zu werden.

Das neue Vaterland der Idee ist erschienen, das Engadin der Alliebe, die Bergheimat zärtlicher Innquellen, bereit zum Schmuck der Erdrinde mit geschliffenem Kristall. Europas Arbeiter sollen nicht mehr Europas Kriege führen, sondern Europas Berge meißeln und die rauhsten Werke mit Juwelen gottbeseelter Erdheimat schmücken.

In den Geröllseinöden des roten Corvatsch läßt Dada durch Arbeiter einen Stuhl in die Felsen meißeln. Den obersten Teil des Gipfels mit seinem Zinnenriff läßt er in mächtigen kubischen Flächen arbeiten zu einem unregelmäßig polygonalen Riesenblock. Und seine Flächen läßt er mit Platten geflammten Glases bedecken, so hart und dauerhaft, wie die Schweizer Glasfabrik sie nach seiner Vorschrift hat machen können.

Den Sitz seines Felsenstuhles läßt Dada aus Glas in der Form einer gewölbten Schildkrötenschale befestigen, und die hohe Lehne ist ein Mantel starr gefalteten Glases von tiefer Blaustrahlung. Über

dem Mantel steht der mondrunde Spiegel. Habicht,
Falke, Steinadler umkreisen das hohe Auge, und
vor dem blauen Mantel sinken in die Tiefe mit-
bürgerlicher Argwohn und tödlicher Haß gegen den
Eindringling auf uralten Heimatfels.

Reiner, tiefer, prächtiger sind die Farben der
Erdtiefe. Das mächtige Weltherz pulst in den Bildern des Spiegels. Massensterben in Gräben, qua-
lenbedecktes Getrümmer, blutiger Tierjammer wut-
zerrissener Millionengesichter, Todesfratzen mit
schrecklichem Wundtod. Die Katharsis nimmt den
bedingten tragischen Lauf ihrer Greuel.

Aber wer vermag zu ertragen, wie auch nur ein
menschliches Herz bricht — und muß ohnmächtig
daneben stehen! Dada lenkt seinen Spiegel über
den Firn, machtlos, die Wut der Menschenschläch-
terei anzuhalten, und diejenigen zur Freiheit zu
lenken, die noch immer nur das Opfer vor den
Göttern des Blutes kennen. Dieselben, die Flug-
zeuge lenken, Bomben werfen und Menschen töten.

* * *

DER SPIEGEL EUROPAS.

Dem Monde ist eine magnetische Kraft zu eigen, deren Strahlung die Meere der Erde folgen. Ein Flutberg steigt zu gemessener Zeit empor und überrollt den Ozean auf seinem zum Horizont hinangewölbten Rücken.

Ein Flutberg menschlicher Seelenkraft erscheint über dem Meer der Völker: die Idee für die Omnes ruft die Seelen zur unlöslichen Verschmelzung. Der verbindende sanfte Mond der Völker erscheint und wandelt hin im Strahlenkleid der menschlichen Ekstasen. Mit seinem allgegenwärtigen Licht umfaßt er die Landschaft der Kräfte und Bezauberungen. Leidenschaftlich empfunden, stark erlebt ist die Idee nur wenigen geistig sichtbar. Ein Haupt denkt diese Idee: der zornige rote Christus betritt die Wolken zum Gerichte und stürzt die Gäste der Welt in die Tiefe. Auf der Flut von Morgen gen Mitternacht drückt sie ihre leuchtende Spur in die Millionen Geistigen. Und aus der Flut erhebt sich die Tat, die den Erdball in ungewisse Zukunft schleudert und die Freiheit in ihrem blutigen Wirbel beschwört.

Ein unsichtbarer Flutberg bricht aus den feindseligen Fronten empor, aus Krampf und Leid von Millionen Todbedrohter und Verdammter. Er rollt von Osten heran und pflanzt seine schwarzen Wimpel auf Deutschland und Frankreich, und bedeckt die Götzenbilder der zerbrochenen Völker mit seiner stillen, mächtigen Woge: den russischen Pantokrator, die Kriegsgötter Germaniens und den Gladiatorenhelm Frankreichs. Vergeblich haben die Götter schrankenlosen Wahnes Kriegsmaschinen in die Finsternis eingebaut: Die Idee des einen Hauptes, die Idee im mächtigen Schweigen, in dem unauflöslichen Licht von Millionen Geistigen lebt fruchtbar und wirkt.

Ewige Blutnacht Bartholomäi über Europa! Die Idee steht reinster Sonne in dem einen Herzen auf, im gemeinsamen Herzen der tödlich Gelockerten und Opfergekrümmten. Weihnacht des künftigen Europa, du beschwörst die Schande der Völker, du wehklagst und tötest.

Ruhelosigkeit, geheime Furcht, fieberige Schrekken bewältigen die Mächtigen. Sie wechseln die nächtliche Schlafstätte, sie verlieren den ursprünglichen Stolz der Überzeugung, sie fürchten gewaltsamen Tod, sie haben die persönliche Ehre verloren, sie gleichen dem gehetzten Napoleon, der den Giftbecher nimmt, ihn aber fortstößt und sich ergibt, um Ruhe zu haben. Auch sie, die jetzt Furcht haben, ergeben sich den Giftmischern, um Kirchhofsruhe zu haben, um den Qualen zu entrinnen. Der Gladiator Frankreichs, der Dilettant des Thrones, der sich selbst als Friedensfürst bezeichnete, samt seinen Teutonen, Emanuele, der König der heiligen National-Selbstsucht — vor ihnen erscheint der makellose Spiegel Dadas und zeigt ihnen im weißen Rund das Bild des armen Zaren, der unter einer Salve von Narren „glücklich" verscheidet.

Mit kundiger Macht sendet Dada die Strahlung in die Nächte der Machthaber und Ehrsüchtigen. Auf Tribünen, im Auto, inmitten öffentlicher Ansprachen, bei der Fahrt durch die Städte, bei militärischen Schaustellungen, bei städtischen Prunkaufzügen, inmitten von Banketten, Militärs und Deputierten: erscheint die Grimasse des glücklich Verschiedenen. Das Scharren eines Stuhles im Saale, das Knirschen eines Schuhes oder seidenen Kleides, ein elektrischer Schlag, schauernd vom Ganglion des Großhirns bis in die Eingeweide — das Gottesauge schaut auf den Gladiator. Das Fieber des Tigers wird weiß und kalt. Die Teutonen tauschen im starren Krampf Puppenbewegung der steifen quadratischen Häupter. Allen, die Feinde sind, Feinde sich, dem All, allen, allen Soldaten, die dem Schlamm des Krieges entronnen sind, selbst den Kindern des neuen Raubtiers aus Atlantis erscheint die schreckliche Idee im Spiegel: die Drohung der Selbstzerstörung.

Der Flutberg naht. Er überrollt den Ozean, er hat seine Breite, niemand ist ausgenommen, wo ist Gang und Richtung zu erkennen! Vor dem Kristall am Corvatsch steht der Beschwörer und betrachtet den Gang eines Käfers auf seiner Hand. Und der die Tiere in Menschen sieht und die Götter in den Tieren, sinkt in die Kniee und betet.

***

DER FIRNDOM.

Dada hat kein Vaterland.

Er meidet und fürchtet, das trunken und satt vom Blut ist: Patriotismus, Nationalniedertracht, Irredenta, Pöbelwahn, Heroismus des stumpfen, irrsinnigen Maschinentodes. Schutz und Höhe der Felsen, leichte stille Lüfte und reines Blau der Idee Europa — in ihrer Hut bildet sich das Wunder der Freiheit.

Die Eisbärenflanken des Berninafirns erglühen im zartesten Gold- und Weinrot, und zu seinen Füßen ruhen die Felsen in scharlachner Tiefe: eisig rot, lila, blau. Auf diesen Alpenbergen will Dada die erste Schöpfung eines erneuerten Europa der Arbeit und wiedergeborener Künste errichten. Noch ruhen die Gletscher und Firne in mondlicher Sanftheit der Hänge, in Stille von dünnster Klarheit, in der das Herz scharf dröhnt, als höbe es sich selbst aus der Brust, um in ungeheurer Höhe zu kreisen und sein Blut zu vergießen. Die Erdrinde erhebt die rauhste und erhabenste Sprache zur Feier und zum Triumph der Menschheit. Dada sieht beglückt seinen höchsten Traum.

Er erhält das Recht, auf dem Bernina einen Dom der Schönheit aus Glas zu errichten zu Ehren der freien Demokratien Europas. Er wirbt eine Arbeiterarmee an. Glasschmelzen und Schleifereien werden gegründet, elektrische Motore arbeiten und treiben Bohrmaschinen, um die Fundamente des Glasdoms in den Felsgrund zu senken. Gewaltige Stahlhämmer klopfen und plätten die Felswände zu geschrägten kubischen oder dreieckigen Flächen, die in kühnen Falzen und Winkeln aneinanderstoßen. Das ganze Massiv bis zur Schneegrenze wird von Geröll gesäubert, und in einen kolossalen, vielflächigen Kunstblock verwandelt, von dem jede Vegetation entfernt bleibt. Unwegsame Schluchten werden flächig ausgemeißelt und als Hohlwege bis zur Firngrenze ausgebaut. Drahtseilbahnen senden ihre Förderwagen zum Firn hinauf. Das Gebirge dröhnt vom Lärm der elektrischen Schleifarbeit, dem Hämmern der Arbeitermassen und den Sprengungen mit Dynamit.

Noch ruhen die sanft gewölbten Hügel des ewigen Firns im makellosen Urlicht und im nächtlichen Schmuck der schimmernden, augengroßen Sterngehänge. Aber Dadas Heer dringt rastlos aufwärts, baut den Firnschnee mit Hilfe der Förderwagen ab, überbrückt die schneetiefen Klüfte mit Glasgewölben, bis der Gipfel in eisiger Herrlichkeit erreicht ist. Das grüne Firneis wird in riesigen Blöcken abgelöst und talab geseilt, und mit ihm werden unten die Dampfkessel gespeist. Die Abplattung des gesamten Gipfels ist rasch im Gange und die Zerstörung des alpinen Urriesen ist in wenigen Monaten geschehen. Eine ungeheure, nackte Hochfläche bleibt als Grundlagerung des vormaligen Firns.

Nichts an dem nackten Riesenkegel soll unbewußt bleiben, das Ganze soll in Form, Fläche und

Farbe gegliedert werden. Dada klettert in jede Felsritze, in die engen Betten schäumender Gebirgsbäche, die bald versiegen müssen, da ihnen das mütterliche Firn fehlt. Er läßt all diese kleinen Schönheitsfehler der Natur mit Glas überwölben und in den Klüften sanft ansteigende, überwölbte Treppen anlegen, die wie Tunnels elektrisch erleuchtet werden. Dada kämpft unter unerhörten Schwierigkeiten vorwärts. Seine Leute stürzen in Abgründe oder gehen an raschen Krankheiten zugrunde. Die Bergnebel verdunkeln tagelang jeden Schritt seiner Maultiere und Arbeiter. Der Föhn, furchtbare Unwetter, gegen die es auf den geplätteten Felswänden keinen Schutz gibt, vernichten die Arbeiterhütten, Menschen und Werkzeuge. Der ganze Bernina gleicht nur noch einer unermeßlichen Baustelle von Kriegsgewinnlern, ein Kegel armseligen Graus inmitten der Eiswildnis.

Die erste farbige Platte von dauerhaftem, sturmhartem Glas wird feierlich unter Dadas Händen an den Fels genietet. Überall wird der Berg geplättet, poliert, gekantet, heroisiert, um schließlich ganz bekleidet zu werden mit grünen, schwefelgelben, scharlachnen, azurnen und irisierenden Glasplatten. Die Kunstnatur in Email geistert wunderlich ins Gebirge.

Auf der platten Hochfläche läßt Dada einen Wald von riesigen, goldroten Säulen errichten und ihre Spitzen durch Glasbögen zur Gestalt einer kristallenen Rose verbinden. Das ist der Rosendom, von dem Dada geträumt hat. Das ist die Krönung des ungeheuren Werkes, des unerbittlichen Glas-

firnes, der den Schweiß von Arbeiterheeren und
das Vermögen Dadas gekostet hat. Als der Dom in
kindlichem Geglitzer und in der Konfektarchitektur eines Ausstellungspalastes förmlich strahlt, ist
Dada ärmer als der bronzene Hammelhirt am Roseggletscher.

Er hat die Genugtuung, unter den Schwibbögen
des Rosendomes die große weiße Glastafel aufgehängt zu sehen, auf der Dadas Aufruf an die künftige Brüderschaft freier Architekten Europas geprägt ist. Kein Gerät befindet sich in der weiten
Halle aus rosenfarbigem Glas, das Licht dämmert
sanft durch die Wände, und das Blau des Himmels dringt allein durch die klaren Glasflächen im
Zenith des Domes. In den Wänden sind die Glaszeichnungen Dadas eingelassen, er, der sich selbst
in diesem Dome als Präsidenten der Menschheit
bezeichnet, hat hier seinen wunderlichen kaukasischen Glastraum niedergelegt. Das ist der Traum
von Pyramiden, Domen, Olympias und hängenden
Gärten aus Glas, vom Schliff des Matterhornes, des
Monte Cristallo. Alle Bergwände sind geplättet,
jede Kante ist stilisiert, jeder sanfte Abhang zur
Terrasse ausgespreizt, Klüfte, Schründe, Höhlen,
Abgründe werden von Glasbögen mit Windharfen
überspannt, darauf der Föhn Urlaute spielt. Die
Täler werden zu geöffneten Enzian- oder Oleanderblüten oder gespaltenen Granatäpfeln aus Glas. Die
heroischen Hochalpen zieren Versailler Rosenlauben mit Rokokogärten aus Glas, die nachts von elektrischem Innenlicht zu feenhaften Girlanden aufstrahlen.

Auf die Blöcke und Zacken uralter Wildgletscher sind Glasfelsendome gebaut. Über die Seen des Engadins und des Kantons Luzern sind Feststädte und Tempel auf Glassäulen bis zu den Berggipfeln erhöht, über den Bodensee bis zum Säntis hängende Gärten und Festterrassen mit türmenden Söllern und Sälen für Zusammenkünfte ganzer Städte und Provinzen. In diesen Tempeln und Festpalästen wird die Musik Mozarts von verborgenen mechanischen Instrumenten jederzeit tönen: alles ist leicht, spielend, heiter, still. Es gibt nur die Pflicht, zu schweigen und das Glas zu verehren.

Dada ruft die Architekten zu den Entzückungen des Glases und Europas Arbeiterheere zu dem männlichen, rauhen Werke der Erdbezwingung. Gemeinsame Opfer, Qualen, Kämpfe, Arbeiten, gemeinsame Werke, Frucht, Belohnung, Genuß in den Glasdomen der Alpen.

Danach dehnt Dada den Zauberkreis aus. Die Erdrinde erscheint, die Südsee, das farbige aber dunkle Asien. Die Nächte dieser kosmischen Meere sind durchglüht von riesigen Lingams oder Hörnern. Otaheiti, Neuseeland, Guinea sind durch Glasbögen auf Feuertürmen im Meere verbunden. Im Meere schweben Glastürme, denen Äroplane sich nähern.

Über den Erdball von Nord nach Süd sind gestaltete, farbige Weltnebel gewölkt, um nächtlich diejenigen zu erfreuen, die der Plakate von Liebigs Fleischextrakt und Zuntz' Kaffee müde geworden sind. Aufschießende Sternkristalle, rote Diskusse, grüne Saturne, gelbe Oktoëder aus sphärischem

Quarz bindet Dada magnetisch zwischen Pol und dem Gleicher und furcht den Tageshimmel mit dem Fluge kubischer Projektile, anderer, als die der Zerstörung! Sie streuen aus den Lüften farbige Flugblätter zur Verherrlichung gemeinsamer Arbeit, gemeinsamen Genusses im Park Europa.

Dada verheißt Wunder dem armen Menschenwurm des Erdsternes, ihm, der von härtester Fabrikfron erschöpft ist und sich in Kriegen zerfleischt, die seinen Fabriken entspringen. Der Präsident der Menschheit ist an den Rand des schäumenden Wahnes gelangt, die Menschen durch Glas zu erlösen. Verarmt, unfähig, das Glaswerk fortzusetzen, ohnmächtig vor der gepanzerten Gleichgültigkeit demokratischer Regierungen, die schließlich nur der abgesonderten vaterländischen Selbstsucht zu leben verstehen.

Dada muß den Firndom dem Verfall überlassen. Langsam, aber unbezwinglich ist die Rache des kastrierten Bernina. Die Schnee- und Eisgeschiebe erneuern sich, die Verankerungen lockern sich, Eisbäche sprengen die Glastunnels, der Sturm bricht die Glasbögen, und die Glasplatten werden vom Eis bedeckt und stürzen in die Tiefe ab.

Neugierige Fremde aus St. Moritz kommen und starren auf die unermeßliche Narrheit aus finstrer Kriegszeit und spotten ihrer. Eines Tages steigen Bewohner des Engadin zum Corvatsch auf und verjagen Dada mit Steinwürfen von seinem Felsensitz wie einen räudigen Hund und zertrümmern seinen Spiegel.

***

[2924]

GRAUBÜNDEN.

Selbst die republikanische Schweiz mit ihrer zwieschlächtigen Seele und ihren innerpolitischen Fehden ist nicht die Stätte jener Freiheit, die Dada vergebens sucht. Er hat Hymnen auf ein Vaterland gedichtet, das Slowaken und ähnliche Halbslawen unter sich teilen. Er hat Glasdome für ein Europa bauen wollen, von dessen Rumpf köstliche Glieder abgeschnitten wurden, und dem der Jugendsaft verluderte und giftig wurde. Sein Ruf nach einer antiseptischen Glasarchitektur der Alpen verhallt ohnmächtig vor dem Empörergeschrei der von Kriegsknechtschaft befreiten Völker. Wo wird Dada eine Nation finden, die seine magnetische Erleuchtung und Erwärmung der Erdrinde zur Reife bringen würde! Wo soll er Helfer werben, um den Plan der Ausgleichung der kosmischen Klimate und der Vermondung des Erdkörpers zu verwirklichen.

Aus den wilden Eitelkeiten des Rosendomes mußte er zurückweichen und zu spät einsehen, daß für die Erhabenheit eines Gebäudes seine Höhenlage unwichtig ist. Der Azursaal des Rosendomes hätte dasselbe Blau des Himmels gezeigt, wenn er auf einer geringen Anhöhe am Vierwaldstättersee oder am Rhein bei Basel gebaut worden wäre. Das Parthenon brauchte keinen alpinen Sockel, und für Paestum genügte das Mittelmeer. Nachdem Dada den Bernina zerstört hat mit der Gedankenlosigkeit, die kein Bewußtsein hat von dem innigen Zusammenhange des ganzen Naturlebens, machte er es sich von neuem bequem auf einer Geröllhalde des Steinreichs, inmitten der verkarsteten Riesenalpen Graubündens. Eine Herde von Ziegen, Hammeln und Rindern, sowie allerlei nützliches Kleinvieh und Hunde nennt er sein eigen, er hütet selbst seine Arche und nährt sich von ihr. Er hat eine Almenmatte und ein Felsenhaus aus Geröllsteinen, für Hirten hergerichtet, gepachtet und betreibt Viehzucht und Milchhandel. Inmitten seiner Tiere führt er täglich das genüßlich phallische Dasein eines „Ketzers von Soana", das ein modischer Dichter erotisch-geistlich seiner großstädtischen Lesewelt dargestellt hat.

Dada liegt den ganzen Tag ausgestreckt herkulischen Leibes im saftigen Würzgras der Alm. In den Alpenkräutern blüht der tiefäugige Enzian, und starke Felsen über ihm halten dichte Kissen von Sonnenglut um die regungslose Halde, auf der die Hammel fressen. Der istrische Apoll im blauen Leinenkittel liegt träg auf dem Bauche und bestaunt seine eigenen vom Sonnenlicht goldgefärbten Beine und Arme. Die Schwingung des tiefen Tals ründet sich sanft empor gleich dem Bauch seiner guten sattgefressenen Rinder, die nach ihm brüllen, um ihm die Lasten anzukündigen, die sie im Leibe für ihn tragen. Dada liebt dankbar und zärtlich seine ernährenden Freunde, und stärker als je von Italias und Derobeas Gnaden hüllt seine Glieder schwelgerisch mästende Fülle in der Sommerfrische Graubündens.

Dada bewundert die Tiere, und ihr Leben wandelt als ein endloses Schauspiel an seinem müßigen Gaffen vorbei: Sie fressen, darum müssen sie sich regen, spielen, sich vertragen oder sich bekämpfen. Sie lagern sich, flüchten, begatten sich, sind grausam und leidenschaftlich, ungestüm und feurig boshaft. Dada liebt besonders das unverschämte Glück und die sachliche Einfachheit der Begattung seiner Tiere. Er hört das schwere Ruhegebrüll der Rinder, die den Schatten in der Mittagsglut und das klare Bächlein lieben.

Dada spricht mit den Tieren, gemäß dem verschiedenen Charakter ihrer Laute, und folgt mit seiner Erkenntnis den Bahnen ihrer instinktiven Bewegungen, um die Rätsel ihrer Sprechzeichen und vielgestaltigen Stimmen zu entziffern. Er hat einmal jeder großen Sprache des europäischen Menschen wahlverwandt angehört, und er meidet fortan die Menschenworte und was ihresgleichen, um in den Tierlauten gleichen Sinn und Trieb zu erkennen, nur mütterlich traulicher und treuer. Dada lebt entzückt in den hymnisch-orphischen Kräften der Tiere, in der strahlenden Energie ihres natürlich Bösen, in der furchtbaren Schöpferkraft, die frißt, tötet, zeugt und schweigt. Er lebt ihren Alltag, ihre Feiern, ihre herdenhaften Beziehungen, die er mit denen des antiken Menschen vergleicht. An kalten oder regnerischen Tagen schließt er sich mit den Tieren in dem gemeinsamen großen Wohnraum des Felsenhauses ein, und diese in Jahrtausenden familienhafter Hausgenossenschaft erzogenen Tiere sind Tag und Nacht sein Trost, mitleidsvoll und sorgend lebt er in ihren Augen, ihren Freuden, ihrem Kranksein und Sterben.

Über die Laute der Felsen und Bäume und Erdtiere werfen Habicht, Geier, Adler und Falke ihre Mordschreie empor in die Lüfte bis zum Bereich, wo die tierischen Laute verlöschen vor dem freien Genius des Schweigens, der im stillsten Glanze der feinsten Bindung ferner Erdkräfte schwebt. Die magnetische Rinde hält wohltätig die Sonnenstrahlung in ihrem Bereich gesammelt, hüllt sich mit ihr, und läßt sich durchdringen und wärmen von ihr zu immer erneuerter Fruchtbarkeit, um das Traulich-Wohlbewohnte zu begründen.

Erde und Gebirge haben lange auf den Menschen gewartet. Das Tier, das zärtlich geliebt wird, hat die Felsen mit warmen Vliesen bedeckt, um sich in der Sonne liebkosen zu lassen. Die Felsen träumen gern von den guten glücklichen Tieren und beschwören Gemse und Steinbock Albatros und Adler zu ihren Wächtern und Spähern. Vor der Frühe bedecken sie sich mit Tau und sie fürchten die eisige Vernichtung und den Haß der Menschheit. Dada ist unter den letzten einer sterbenden Erdrasse, die Tiere genannt werden, weil die Menschen ihren Haß auf sie abgeladen haben.

Die Gipfel Graubündens nehmen die Formen riesig ruhender Tierhäupter an. Übertierische Gestalten von Kranich, Hund und Widder stehen hochaufgerichtet in die Felsen gemeißelt. Über den Felsen erheben sich die Göttergestalten der großen Tierrassen, sitzend über dem Erdkreis gegründet: Löwe und Stier. Das brummende Moo der Stiere, das erzene Geschmetter der Böcke, die Urstimmen aller Geschöpfe, die von den Seen bis zu den Schneezinnen Graubündens schweifen, dichtet Dada, und bildet in ihren Lauten die Veden und die ägyptischen Gebete, die Stier und Widder als Götter anriefen. In die milden Hammellaute übersetzt Dada die Brünste, Ängste, Untergänge der Tiere in Urwut und Urklang.

* * *

DER ROTE WIDDER.

Der feurige Widder, der trotzende Liebling der Herde, der Gott seiner Rasse wird in Dadas Felsenhaus geboren. Zur Kraft erwachsen, tritt er eines Morgens rot und stark auf die letzte Felsenstufe und geht auf über Dadas Felsgipfel: Sonne der Tierheit, die nicht mit Blut gemästet und nicht von den düstren Flecken der Verwesung angefaßt ist. Sein Gehörn ist edel geschweift, der Bart feurig und züngelnd, die feinen, bergharten Gelenke sind zum Sprung gestrafft.

Sorglich schreitet Dada mit der gewölbten Brust und den milden Armen des Vaters der Tiere auf dem Grate und tritt dicht zum Widder. Er legt beide breiten Hände auf das honigglänzende Geweih und spricht ruhig und stark in den wenigen Urlauten, in denen er das Geheimnis der Tiersprachen gefunden hat. Dada bringt langgezogene, wohltönende, weibliche Laute hervor, denen der Bock mit gemessen kriegerischen Geschmetter antwortet. Die harte Trompete des Bockes beherrscht den Gipfel, marschiert, befiehlt, hält Ordnung, während Dada hineinzutönen versucht und mit verschämtem Verlangen um Gleichberechtigung wirbt, nicht etwa für den Bock, sondern für sein Menschen-Ich. Hier folgt das Gespräch übersetzungsweise, das Dada kunstgemäß mit wenigen, aber immer verschieden gefalteten Tierlauten durchgeführt hat.

„Lieber Sohn, ich will dir die schöne weiße Zukkerkante schenken, die drüben auf den Bergen hängt, und die feinen rosa Wolkenlämmer, die im tiefen Blau grasen, verlocken feurige Hammelbeine zu Galopp und Sprung. Willst du zu ihnen, mein Widder?"

Der Widder erwidert in Urlauten, feurige Blitze seiner Bosheit fahren zum Talgrund:

„Ich sehe viel weiter und will viel weiter, als du willst, lieber Herr. Deinen Zuckerkant lecke ich bald mit roter Zunge, und auf die rosa Wolkenlämmer setze ich meinen Bockstritt. Versuch mal diesen Galopp."

Der Bock zieht zehn scharfe Bogen hart um Dada auf dem gefährlichen Felsgrat, aber schließlich gesellt er sich wieder neben seinen Gebieter und Dada legt von neuem die Hand auf das honigglänzende Gehörn.

„Über hundert Gipfel im Norden setzest du mit harten Läufen und dann gelangst du in das tiefe Land, das der Krieg beschattete mit Zerstörung und Verwesung. In diesem Lande wurde täglich und jahrelang das unzählbare Menschenfleisch von köstlichen Nationen der ganzen Erde mit Feuer und Stahl gemahlen, und die eklen Sümpfe wurden mit Blut gedüngt. Der Ätna, der Sudan, die Kalahari, keine Wüste der Erde droht vergiftet von Greueln wie dies Land. Auch dein armer Vater Dada war in diesem Lande gefangen, bis ich entwich!"

Der Widder mit honigglänzendem Gehörn schüttelt Dadas Hände fort, springt im Ruck vor Dada und senkt drohend das Horn zum Angriff, seine Augen brechen Feuer aus, seine Stimme donnert von Urlauten:

„Du dicker Butterschlegel, hochtrabendes Faß voll Regen, Säusler von Zuckerkant, kamst zu Anfang mit deinem Zweifel an dir selbst. Und als alles vorbei war, schlugst du an deine stumpfe Brust und schriest „Meine Schuld". Wohlan, Dada, der Widder aus dem Sternenbild, nicht der Nachtmahr deiner Verbrechen im Kaukasus, die ewige Jugend der Welt empört sich und stößt dich fort, weil du dick, erstickend träg von Worten schwillst, weil die Freiheit auf gewölbter Sonnenbahn erglänzt und dich verwirft.

Du hast geduldet, daß jene sich zerfleischten, die du trösten und vereinigen solltest. Du mitsamt der Helena, um derentwillen du getötet hast, habt die Würfel geworfen um des Lebens willen, du bist der antiken Hure nachgelaufen, dem lateinischen Popanz und einer dacischen Mänade. Mit Mummenschanz von Urlauten, Glasbergen und Ziegensprache hast du genüßlich das Leben beklebt und deinen Bastardsinn verraten.

Wenn ich dich mit den Hörnern hinabstieße, was würde es den bösen Tälern schaden, denen du entlaufen bist! „Unsere Schuld!" ruft ihr. Ein Chor der Unmündigen zeugt von sich selbst. Die sich selbst nicht zu befehlen vermögen, treten unter die ratlosen Besserwisser der Völker und verwirren die geringe Vernunft, die nach ihren Verbrechen und Bluträuschen erwachen will. Hohle Raketen der Wortkunst schleudert ihr unter sie und ihr schämt euch nicht und gebt euch preis, die ihr unfähig zu einer Welt ohne Blut und Tränen seid. Unschuld, Unverwelklichkeit der edlen Seelen habt ihr nicht gekannt!"

Im heftigen Sprung schlägt der Bock mit dem Gehörn den Istrier zu Boden und entweicht nach Norden. Dada erhebt sich vom jähen Sturz, zerschunden, bleich, gepeitscht von kreisenden Schwänzen der aufgerufenen Schrecken. Er erhebt die dicken Arme, um sie auf den eigenen Schädel niederwirbeln zu lassen. Stierlaute quälen seine Kehle. Die hundert Tschakos seines ukrainischen Attentats zertrümmern seinen Verstand. Er bricht in Klagen menschlicher Worte aus.

„Meine Schuld! Wann wird uns Zuchtlose, Gehorsam Entwöhnte die Liebe binden. Wann werden wir fähig zur sittlichen Erlösung sein, wir Betrüger und Mörder. Wann werden wir im engsten frei sein, im Schaffen beständig!

Du Widder hast mich aus der Schmach meines genüßlichen Zuschauertums aufgerissen. Du hast mich schaudern gemacht vor der baren Trägheit und der mörderischen Leere. Denn durch die Leere mordete ich das Leben. Ich habe noch nie ein Volk geführt, ich habe mich noch nie im Ätna gebadet, ich habe noch nie einen Sohn gezeugt, wahnsinnig vor Entzücken und Schmerz. Ich habe mich im Abgrund des Todes an den ärmsten aller Gedanken geklammert und ich habe gezagt. Ich habe des Menschenwurms letzte Furcht und schmählichste Ohnmacht erlitten und ich habe nur nach neuen Unterpfändern meines liebelosen, armseligen Daseins gespäht.

Du Widder hast mich niedergeschlagen in dem bescheidenen Stolze meiner Tierfreundschaft, darum grolle ich dir nicht. Denn ich will mich umwenden zu der niederen Behausung und mich aufrichten zu schaffender Arbeit, die mich zu der glücklichen Pforte des Ausganges leiten wird. Glücklicher Ausgang, zu dir steige ich empor und ich feiere dich, indem ich lebe.

Flüchtig und ruhelos war ich von Europa krank. Von jetzt ab werde ich glücklich an dir, Europa, neues Vaterland, das ich gegrüßt habe mit früher, heiliger Liebe. Ich werde arbeiten für dein Glück, lichtes Europa, mit dem schaffenden Werk, das die Völker versöhnt.

***

HANS SIEMSEN

AUCH ICH · AUCH DU

AUFZEICHNUNGEN
EINES IRREN

*

KURT WOLFF VERLAG

[2935]

BÜCHEREI "DER JÜNGSTE TAG" BAND 75
GEDRUCKT BEI POESCHEL & TREPTE IN LEIPZIG

COPYRIGHT BY KURT WOLFF VERLAG · LEIPZIG · 1919

I.

Es ist hier nicht alles, wie ich es mir wünschte. Am Tor steht der Kaiser, der läßt uns nicht hinaus. Er trägt einen roten Rock und läßt mich nicht hinaus, wenn ich mir ein Brieflein kaufen will. Er erzählt auch nichts und macht ein großes Gitter, damit wir uns nicht mit den Damen unterhalten, die draußen vorbeipromenieren mit ihren geputzten Kindern. Er macht das Gitter auf und zu.

Aber gestern hat mir die Mariandjei dies Büchlein gegeben. Recht handlich zum schreiben. Da will ich nun beginnen:

DIE GROSSE RECHTFERTIGUNG.

Das wäre vielleicht nicht einmal so schwierig. Es wäre vielleicht alles noch in Ordnung zu bringen.

Ich bin nur leider nicht mehr ganz bei Trost. Ja, Trost fehlt mir. Jeder hat den seinen. Aber für mich ist wohl keiner mehr übrig geblieben?

Ich hätte nur gerne einmal alles recht klar. Solange ich selbst noch etwas davon weiß. Weil ich der Einzige bin, der etwas weiß. Jeder glaubt, etwas zu wissen. Ich allein weiß wirklich etwas.

Ohne mich rühmen zu wollen! Ach! Wen habe ich nun schon wieder beleidigt? Ich bitte um Entschuldigung! Ich beeile mich, um Entschuldigung zu bitten.

Ich weiß natürlich sehr wohl, daß ich nichts weiß. — Obwohl das nun wiederum auch wohl vielleicht nicht ganz richtig ist, denn: Nichts ist ja wohl nichts. Jedoch: Nichts wissen, das ist schon viel.

Sie denken vielleicht, ich treibe Scherz? Ich spiele ein wenig Sokrates? Aber das liegt mir fern. Liegt mir völlig fern. Hören Sie nur noch einen Augenblick zu, lesen Sie nur noch ein wenig weiter! Ich werde sogleich das Richtige sagen.

Wenn ich einmal, angenommen, wie man so sagt, nichts weiß, ja, was weiß ich denn dann? Es muß doch etwas sein. Wie könnte ich es sonst nicht wissen? Nichts zu wissen, muß doch etwas sein. Nur etwas. Nur ein wenig. Das ist aber nicht zu unterschätzen! Das ist sogar gewiß sehr wichtig, außerordentlich wichtig, dieses Nichts. Ich möchte sogar behaupten, es ist „die Ursache!"

„Im Anfang schuf Gott Himmel und Erde." So etwa könnte man sich die Sache vorstellen. So etwa könnte man geradezu behaupten: „Nichts" war die Ursache der Angelegenheit.

Aber Sie lächeln schon wieder, meine Dame. Sie lächeln bereits über mich, über den „Bajazzo". Nun, wie Sie wollen! Bitte, ruhig zu lächeln. „Lache, Bajazzo! Und schminke Dein Antlitz!" Vielleicht ein wenig Gesang gefällig? Vielleicht könnte man ein Lied anstimmen?

Ich bemühe mich, Ihnen zu gefallen, wie Sie sehen. Ich bemühe mich um Ihre Gunst. Ganz einfach gesprochen: Ich möchte Sie herzlich bitten, mir Gehör zu schenken. Ihr Ohr zu leihen, sozusagen.

[2938]

Und, wenn ich bitten darf, ein wenig Vertrauen! Vertrauen ist es, worum ich bitte. Ich betrachte es als von Gott. Eine Gabe vom Himmel. Ohne Ansehen der Person. Aber kein Almosen! Nichts von Verführung! Leere Hände, gilt es, zu behalten.

Jedoch! Jedennoch! So komme ich nicht zum Ziel. Es ist schon alles wieder verdorben. Ich sehe, ich bin bereits wieder verloren: Habe mich hinreißen lassen, rede und rede.
Die Götzen glänzen mit ihren Perlen. Ihre Haare triefen von Fett und Öl. Ich aber sage Euch: Gottes Bild ist nicht unter ihnen!

Bin aber selbst der schuldige Teil. Ich gebe mir alle Mühe. Ich möchte alles Mögliche tun. Habe bereits auf alle Weise versucht, glücklich zu sein. Aber vergeblich.
Obwohl hier von Glück nicht die Rede sein kann. Wollte um etwas anderes bitten. Was ich benötige ist Vertrauen. Jeder Gott benötigt Vertrauen. Glauben sozusagen. Glaubwürdigkeit. (Jetzt aber hören Sie einmal mein Herz! Es schlägt. Es kichert. Es lacht sich eins. Weil ich da eben „Gott" erwähnte. Scheinbar so nebenbei erwähnte: „Jeder Gott benötigt Vertrauen." Jeder.
Nun, wollen abwarten. Werden schon sehen!)

Aber hier beginnt nun bereits mein Unglück. Abgesehen von Schuld und Unschuld, beginnt hier nun bereits mein Leidensweg: Es kann ja nicht länger verborgen bleiben: Bin leider so wenig vertrauenerweckend.

Ja, unzweifelhaft: Ich errege Gelächter. Man lacht über mich. Und niemand glaubt mir.

Ich bitte aber eines bemerken zu dürfen. Gelächter steckt an. — Vielleicht würden sonst doch nicht alle lachen. Vielleicht wenn Sie es unterließen, zu lachen, würde ich weniger lächerlich erscheinen. Vielleicht, daß sich dann doch einer fände. Vielleicht fände sich dann doch jemand, der an mich glaubt, der an mich glauben möchte?

Ich bitte darum. Ich bitte ergebenst, nicht lachen zu wollen!

Werde aber trotzdem lieber gehen! Werde gehen! Bemühen Sie sich nicht weiter! Lachen Sie getrost!

II.

Ich werde in den Wald gehen, in den Sterbewald. Zwischen den Büschen unsichtbar verschwinden. Ich werde mich beeilen, zu verschwinden, zu verschweigen. Ich werde mich verschweigen im Wald. In den Büschen will ich mich verzweigen. Pst! Bitte nicht darüber zu reden!

Als er in den Wald gekommen war, fing die Nacht an! Als die Nacht gekommen war, fing der Mond an. Hörten die Sterne auf zu singen und die Schlange sprach: „Du hast mir noch immer nicht den Kopf zertreten. Aber ich habe Dich in die Ferse gestochen."

III.

Werde nun sogleich mit der Erzählung beginnen. Werde mich vorstellen, mit Verlaub:

Mein Name ist: Tot.

Überlegen Sie wohl die Bedeutung dieses Namens! Ich bin tot. Ich habe mich erschlagen.

Glauben Sie, daß es Gelächter erregt? Ich denke: Man wird darüber reden. Leicht möglich, daß ich auf diese Weise Eingang fände. In Kreise vielleicht, in Zirkel, Klubs, Geselligkeit?

Allerdings, meine Hände! Sind leider wohl nicht rein genug? Zwar leer. Ich habe leere Hände. Habe immer darauf Wert gelegt. Aber nicht rein! Habe wohl verabsäumt, sie zu waschen.

Hier wäscht sich alles fein und säuberlich. Eine Hand wäscht hier die andere. Mit Geld und guten Worten und so weiter.

Ich habe statt dessen einen seltenen Namen. „Tot." Herr von Tot.

Aber, um immer ehrlich zu bleiben: Mein eigentlicher Name ist das nicht. Vom Wind verweht. In die Sterne gestreut.

Namenlos bin ich genannt.

Namenlos irr ich von Land zu Land.

Namenlos elend.

Namenlos tot.

Einmal hatte ich einen Namen. Wie lange ist das her?

Weiß Gott! Wie oft bin ich seit dem gestorben!

IV.

Ich gebe mir alle Mühe, mich zu ordnen, meine Verwirrung zu ordnen, meine Verirrung. Hören wir also den Tatbestand!

„Zwei Uhr dreißig Schleichpatrouille. Die neunte Kompagnie stellt hierzu einen Unteroffizier, vier Mann. Freiwillige vor!" Freiwillig! Ein sehr kühnes Wort. Bitte, Ihre Aufmerksamkeit darauf zu richten! Aus eigenem Antrieb, könnte man sagen. Freiwillig, wie Gott die Welt erschuf! Freiwillig trat ich vor.

Weshalb blieb ich nicht freiwillig stehen? Wie gemütlich war doch der Unterstand! Wir hatten Kerzen an jenem Tag. Wir hatten Feuer. Wir hatten geheizt. Wir krochen so mollig in unsere Betten. Nebeneinander. Warm und geborgen. Die kleine Kerze hätte geschienen. Flacker-Schatten hätten sich bewegt. Die stämmigen Stämme, die Balken der Decke! So eng, so niedrig alles, traulich und warm. Viele Frühlingstage wären gefolgt!

Was trieb mich an? Weshalb nur mußte ich alles verlassen?

Und wenn nun ich fein nicht gegangen wäre?

Ein anderer für mich. Ganz einfach! Ein anderer hätte alles erlebt. Was zu erleben war, fertig wie eine Uniform. Fertig waren die Gänge da, die Schritte, das Stolpern, offen lagen die Gräben, die Löcher. Schon hingen die Granaten über uns. Alles bereit. So ging ich hinein.

Des Menschen Wille ist sein Himmelreich. So ging ich in mein Himmelreich.

„Jeder empfängt zehn Handgranaten. Sie gehen Birkenwaldweg! Sie Märchenwald! Sie Adjutantenweg!"
Wie hübsch das klingt: „Sie Adjutantenweg!"

Schon klirren die Glocken des Drahtverhaues. Ein Stern steigt zum Himmel und fällt. Ein fernes Maschinengewehr klatscht Beifall. Etwas verfrüht.

Die Beine sind uns vom Winter geschwollen. — Und der Bauch von Läusebissen. Oh nicht sehr repräsentabel stellen wir uns zu diesem Stelldichein. Lichtscheu. Wir kriechen am Boden. Und des Menschen Sohn zertritt uns den Kopf.

Die Leuchtkugeln haben die Sterne verdunkelt. Zwei Uhr dreißig. Wir sind da.

V.

Wie mir doch alles unter den Händen zerfließt! Alles läuft mir so leicht davon, so leichtlich läuft es mir aus der Feder. Als hätte ich meine Freude dran!

So will ich denn ehrlich berichten, wie ich gesündigt habe. Meine Zunge ist so schnell, schnell geworden vom vielen Lügen. Meine Feder gleitet so gleißnerisch. Ich war Literat. Man muß das gestehen. Dagegen scheint kein Kraut gewachsen? Dagegen scheint der Tod nicht viel zu helfen. Diese Gewohnheiten scheinen sich nicht zu verlieren im Tod. Ein Brandmal! Ein Schandmal! Ein Schandmaul! stehe ich da.

HERR v. TOT
Literat.

Ich spielte mit Worten. Ich dichtete umher. So fröhlich gaukelten wir durch die Welt!

Auf Seidenbetten saßen wir gern. Tranken. Musik. Und süßen Wein. Da klingelte oft die Gartentür! „Herein, Ihr liebenswerten Gäste!" Der Bettler mag vorüber schleichen! Seine verhungerten Tiere im Arm.

Da dichtete es sich süß. Da war es Wollust, zu vergehen. Da schrieben wir auf zärtlichem Papier:

> Du goldene Melatyle!
> Verwirrter Silberfinkenstrom!
> Die schwankenden Gefühle
> Entgeistern in den Dom.
>
> Die lieben Nebelfalter
> Umschmeicheln meinen Schmeichelsinn.
> Bald kommen Tod und Alter.
> Welt, nimm mich hin!

Recht gefällig diese Melodie, nicht wahr? Zu gutem Essen und etwas Wein!

VI.

Viel haben die Generäle Schuld.

„Stillgestanden!"? Das ist nicht von Gott.

Aber ist es nicht noch trauriger, währenddessen süß zu tun?

VII.

„Stillgestanden! Augen rechts!" Rum ta ta, rum ta tata. „Augen gerade — aus!" „Ich bestrafe den Musketier Roessingh mit drei Tagen Mittelarrest, weil er vor seinem Herrn Major eine nachlässige Ehrenbezeugung gemacht hat. Ich bestrafe den Musketier Tiemann —"

Und wir alle standen dabei, ohne ein Wort zu sagen, ohne zu Hilfe zu eilen.

Ei, wie wurden wir da umhergeschwenkt. In Gruppenkolonne — links schwenkt — marsch! Nach rechts und links und mitten aufmarschiert!

Aber da steht Ihr feinen Damen und seht uns zu und lacht und geht vorüber.

Es lebe der Kaiser! Er verschließt das Gittertor!

Mach es nur zu vor den schönen Damen. Sie sollen nur gehn mit ihren Sonnenschirmen!

Die Mariandjei hat mich eingeschlossen. Ich habe die schönen Damen beleidigt.

VIII.

Es ist so traurig, daß mir niemand hilft! Wie soll ich denn allein die Welt aufbauen? Da habe ich lieber ein Gedicht gemacht.

Ach Gott, ich bin so einsam wie ein Watt
Wie verloren gegangen in Paris-Stadt

Wie ein lange gefangen gehaltener Adler
Und wie ein Gott, der keine Mutter hat.

Das habe ich aber schon mal gemacht.

IX.

Als ich mich zum erstenmal erschlug, war ich achtzehn Jahre alt. Ich war mein Bruder aus Frankreich und hieß Pierre. Wie Kain den Abel habe ich mich erschlagen.

Freiwillig waren wir losmarschiert. Lichtscheu. Am Boden krochen wir. Kein Stacheldraht zerriß mein Herz. Hart gierig lag ich auf der Lauer.

Oh weh! Ihr tapfern Jäger, Ihr kühnen Helden! Ihr lauert dem kleinen Hasen auf. Dem gehetzten Häslein zerbrecht Ihr das Rückgrat und freut Euch hoch über seinem Blut.

Da schlug mein Herz voll Gier, als mein Bruder heran kam, mein französischer Bruder, mein kleiner Peter. Ganz dicht ging er an mir vorüber. Ich freute mich hoch über seinen wehrlosen Rücken. Und kroch ins Dunkle hinter meinem Bruder.

Da fuhr die höllische Leuchtkugel hoch. Da sah er mich an. Da hob er seine Hände. So unschuldig war das Brüderlein!

Ich aber warf die Granate. Ich warf die Granate, während das Brüderlein die Hände hob.

Da hatte ich viel Beifall. Da fuhren die Leuchtkugeln hoch. Da klatschten die Gewehre eifrig Beifall.

Da kroch ich zu dem Brüderlein. Derweil es noch lebte.

Um es zu pflegen, Ihr schönen Damen?

Um mich zu verbergen, Ihr Liebenswerten! Um mich zu verbergen vorm Beifall der Gewehre.

Da hat das Brüderlein mich sehr beschützt! Es weinte, das liebe Kind. „Camarade! Camarade!" Da trafen ihn all die Kugeln, die mir galten. Da war er ganz still. „Camarade, camarade!" Da schlugen die Kugeln noch in die Leiche.

X.

Sehr hübsch habe ich das erzählt. Nicht wahr, meine Lieben? So ein wenig poetisch und mit Gefühl. Ohne die werten Ohren zu verletzen? Die zarten Öhrchen, die sanften Seelen?

Bin nämlich Literat. Ein tüchtiges Handwerk! Es dichtet sich so köstlich über Leichen!

Die Mariandjei hat mir verboten zu schreiben. Aber ich weiß den Ort zu finden! Über Abgründen schreibe ich. Über Abgründen!

XI.

Und wenn ich nun nicht gegangen wäre? Wenn ich nun diesen schweren Gang freiwillig nicht gegangen wäre?

Ein anderer für mich! (Bitte, zu erinnern!)

Nun. Also. Endlich! Heraus damit!

Ich bin nicht gegangen. Ich blieb zu Hause. Ein anderer ging für mich.

Ein anderer ging. Wir hatten es uns bequem gemacht.

Da kam das liebe Peterlein, der deutsche Peter kam, das unschuldige Kindlein, mit einem roten Rock von Blut. Wie dem Kaiser sein Rock, so rot von Blut.

„Ich habe einen erledigt, Mensch." (Ja, Mensch! O, Menschlein, höre wohl zu!) „Wir haben einen abgesägt."

Da saßen wir alle und hatten es nicht getan. Da saßen wir alle mit feinen Händen und hatten nicht einmal Wasser für den Peter, für seine kleinen schmutzigen Kinder-, für seine unschuldigen Mörderhände. Er mußte sich selber darauf pissen.

Das hat mir die Mariandjei verboten. Hier haben wir immer Wasser. Oh, so viel Wasser.

Da hat der Peter mir alles erzählt. Da lag er neben mir und hat mir alles erzählt, wie ich es selbst erlebt habe. Oft genug. „Ich habe getötet." Mehr hat er nicht erzählt. Ohne ein Wort zu sagen, hat er's erzählt.

Da lagen wir, Brüder, nebeneinander und das Brüderlein draußen lag auch dabei, lag da so schaurig in seinem Blut.

Hört die Stimme des Blutes!

Ich hörte sie nicht.

Ich habe mich fremd verhüllt in meinen Mantel. Ich habe mich herzoglich verhüllt vor ihm. Vornehm habe ich mich eingewickelt. So bin ich in Anfechtung gefallen und schlief. So bin ich tief gefallen und viel in Schlaf.

Da hat sich der Peter davongemacht. Da lag er allein und hat sich davongemacht. Da hat er sein Gewehr an die Brust gesetzt und hat sich erschossen im Wald und fiel.

Da lag ich und schlief, lag erschossen im Wald und lag auf dem Feld in meinem Blut. Da lagen wir Brüder brüderlich verstreut.

XII.

Paragraph zehn der Kriegsartikel? Feigheit! Wer sich unerlaubt entfernt. Wer seinen Truppenteil verläßt. Fahnenflucht wird mit dem Tode bestraft. Strafe wird mit dem Blute bestraft. Blut wird be-

straft. Alles wird bestraft. Da regnete es Strafen.
Hagelte es Strafen.

XIII.

Da bin ich in den Wald gegangen und habe den lieben Peter gesucht.

Da habe ich eine Raupe zertreten. Da habe ich eine Schnecke zertreten. Da habe ich den Peter gefunden und habe mich zu ihm gelegt zu seinem Herzen und weinten beide um unsern toten Freund. Da weinten wir freundlich um unsern Freund. Da sind wir alle drei gestorben. Der Pitter, der Peter, der Pierre und ich. Da lagen wir verstorben im Wald. Da lagen wir unter die Büsche verstreut. Da lagen wir brüderlich verstreut im Wald.

Bis zum Abend. Da mußte ich auferstehen.

XIV.

Nun spiele ich immer Auferstehen. Aber ich muß es heimlich tun. Die Brüder sind nicht da. Ich bin allein. Und die Mariandjei hat mich angebunden.

Als ich kam, gab man mir ein Feiertagskleid und alle Türen gingen auf und zu. Aber in letzter Zeit sind viele verschlossen. Es gefällt mir hier nicht mehr.

Auch den Kaiser mag ich nicht mehr leiden.

XV.

Als ich ein Kind war, schlug man mich. Einst hatte ich eine Raupe gefangen, eine große Raupe, auf einem Blatt. Da bliesen die Soldaten vor dem Tor, bunte Husaren ritten ins Manöver.

Hei! wie ich, Knabe, da fröhlich lief! Wie ich da lief! Und im Laufen zertrat ich die Raupe, zertrat auf dem Kies ihren Schlangenleib.

Oh, wie zerkrampfte sich da mein Fuß im Schuh! Oh, wie zerkrampfte sich da mein Herz! Als ich da ausglitt auf ihrem schlüpfrigen Leib, als da der Kies unter meiner Sohle knirschte.

Da warf ich mich in den Wald. Da verging ich im Wald. Da vergrub ich mich unter den Büschen im Wald. Da machte ich keine Schularbeiten mehr — und wurde geschlagen, weil ich die Raupe nicht und nicht die Henkersstelle sehen wollte.

Eigentlich wäre nun dies der Anfang. Ja, eigentlich wäre nun dies der Anfang meiner Geschichte. Aber wie soll ich Euch das erklären?

Haben Sie noch nie eine Raupe oder eine Schnecke zertreten? Ein Mäuslein vielleicht? Vielleicht eine kleine Mause-Mutter mit zwei, drei kleinen Mäuslein im Bauch?

XVI.

Die Mariandjei sieht nicht gerne, daß ich schreibe. Ich sollte ihr lieber ein Bildlein malen.

Da habe ich ihr ein Bildlein gemalt. Den Wald habe ich ihr gemalt; unsern Sterbewald. Mit einem schönen Rosenstrauch. Da liegen der Peter und der Pierre, da liegen wir alle drei, wie wir verstarben, wie wir uns da so im Walde verstreuten unter dem Rosenstrauch, so dahingestreut. Und da komme ich nun gegangen. Immer komme ich so durch die Nacht zu uns gegangen, wie wir daliegen und uns beweinen und uns fein brüderlich befreunden. So zwischen den

Bäumen durch den Wald komme ich da mit Trost gegangen.

O so freudig in meiner Trauer komme ich da durch den Wald heran. Lautere Freude um die zerwehte Stirne. Und die Sterne immer vor mir her! Wie ein Gleichnis komme ich daher. Tag und Nacht bin ich da der Gleiche.

So hab ich ihr das Bildlein gemalt und habe es ihr auch im Schlafe gewidmet. Mit einem Vers. Den habe ich selbst gemacht.

DAMIT SIE KEIN VERGNÜGEN DARAN HAT.
    Tag und Nacht gleiche
    Nachtbleiche, Blindschleiche!

Ich mag auch die Mariandjei nicht mehr leiden.

Ich will lieber in unsern Sterbewald! Da warten auf mich, daß ich komme, die lieben Brüder. Ich habe sie so lieb gehabt. Ich habe sie so von Herzen lieb.

XVII.

Ich habe mich wieder verleiten lassen.

Ach, die Verwirrung ist so groß! Ach, wie das Dunkel wächst! Und die Mauern auf allen Seiten!

Man hat mir Stangen vor mein Fenster gegeben. Da soll ich meinen Verstand daran ordnen. Aber die Ordnung schneidet so hart in die Seele.

Ich verzage. Ich glaube verzagen zu müssen. Hilft mir denn niemand? Ich bitte darum.

Ach fände sich doch einer, der mir hilft! Ich glaube, ich kenne die Welt nicht mehr? Und soll sie doch aufbauen, ganz allein. Aber wenn niemand mir helfen will, so mag ich nicht länger der liebe Gott sein.

Ein einziges Wörtlein fällt mir noch ein:
Ich bin nicht gegangen — und bin doch schuldig.
Ich habe nicht getötet und bin doch schuldig.
Vielleicht ist es das? Vielleicht sind wir deshalb hier versammelt? Weil wir es nicht getan haben. Weil es die andern lieben Brüder, dieweil wir unschuldig blieben, tun mußten.
Unschuldig! Das ist wohl meine Schuld?

Ach, wie bitter brennt doch die Ordnung! Sichelt so grausam durch die Seele!
Aber Ordnung muß sein, sagt die Mariandjei. Sonst werde ich nie meine Prüfung bestehen.

XVIII.
Nun aber zu Tanz und Musik zurück!
Vielleicht gelingt uns noch einmal ein Blick!
Einen Blick zu tun in die erwünschte Nacht,
Die uns zu Kindern Gottes macht.
(Später aber!)

XIX.
Es traten einige Damen bei mir ein. Ich habe sie nach Kräften unterhalten. Es hieß, meine Mutter wäre darunter. Ich habe sie, nach Kräften, unterhalten. Um Verzeihung gebeten für langweiligen Brief. Kurzweilig gesprochen. (Siehe Goethe!)

Möchte mich zurückziehen, wie Sie sehen. Habe keine Zeit. Bin müde.

Ich habe vielleicht Ihre werte Geduld ein wenig auf die Probe gestellt. Machen Sie sich nichts daraus, meine Damen! Ich mache mir auch nichts daraus, wie Sie sehen. Ich befinde mich hier sehr wohl. Das Zimmer scheint allerdings ein wenig nüchtern. Es scheint allerdings allerlei abhanden gekommen. Bitte immerhin Platz zu nehmen!

Wo waren wir doch gleich stehen geblieben? Ich glaube, die Nacht war angebrochen?

Ach ja, wir wollten uns zurückziehen! Schuldlos wollte ich mich zurückziehen. Dies Zimmer mit meinem Bett vertauschen. Ich erinnere mich, ja, ich erinnere mich.

Herr Tot und lebendig
Literat
Gr. Hurenstraße 12.

Mein kleines Sofa wartet, mein seidenes Sofa. Bitte nur, Platz zu nehmen, meine Damen! So legen Sie doch den Hut ab! Verdammt! Mein Täubchen, legen Sie sich doch ab.

Machen Sie sich nur keine Gedanken! Beunruhigen Sie sich nicht um andere Leute!

Sieh da, sieh da, noch immer der alte Bettler. Noch immer geht er vorüber mit seinen Tieren. Und die Fenster schließen nicht mehr ganz dicht. Man hört das Gewimmer. Schade! Man hört das Gewimmer.

Aber deswegen keine Beängstigung, bitte: Es ist ja nicht unsere Schuld. Wir haben keine. Wir werden uns fleißig die Hände waschen. Mit Geld und guten Worten und so weiter. Wir nehmen uns einen Stellvertreter. Das ist mein neuester Trick. Eine alte Sache.

Jeder schickt eben den andern. Den lieben nächsten, den nächsten besten, den Allernächsten. Je näher, je besser! Je lieber, je besser! Damit man auch was zu weinen hat. Den Bruder vielleicht? Oder sonst irgendeinen? Und haben wir keinen, so machen wir einen. Die Welt darf nicht zugrunde gehen! Ich werde Ihnen ein Kind machen, wenn Sie erlauben. Einen Sohn werden wir uns machen, einen kleinen Bruder. Der liebe kleine Bruder mag für uns gehen! Den lieben kleinen Bruder werden wir schicken. Der soll für uns den Peter erschlagen. Der mag sich das Blut von den Händen pissen!

So kommen Sie nur auf mein zartes Sofa! Da lassen wir flink den Vorhang herunter und spielen fleißig Papa und Mama. Das Brüderlein mag die Schuld auf sich nehmen.

Das steht vor seinem Hauptmann und sagt: „Jawoll!" Ei, da wird es umhergeschwenkt! Ei, da fliegen die Befehle! Da regnet es Strafen. Da hagelt es Strafen.

Wir aber ziehen uns leise zurück. Wir ruhen so süß an unserer Brust. Komm doch, mein Täubchen! Laß länger mich nicht warten! Komm nur, du liebenswerte Sau, der Kaiser braucht Soldaten!

XX.

Die Mariandjei ist auch nicht mehr da. Man hat mir alles fortgenommen. Nur noch die Stäbe sind da. Die Ordnungsstangen. Mich in Ordnung zu halten, damit ich nicht falle. Damit ich nicht in Versuchung falle.

XXI.

Wenn ich nur einmal noch aufgeklärt würde! Ein wenig auferleuchtet, ein wenig erhellt!

Ich muß noch etwas vergessen haben? Es war gewiß eine wichtige Sache. Etwas zu sagen oder etwas zu tun. Ich fürchte, es blieb noch etwas zu tun!

Lieber Gott! So fing es an. Aber wie mag es weiter gehen?

Lieber Gott! Mache mich fromm! Komm Karline, komm!

Ich habe solche Angst, ich könnte sterben.

XXII.

Ich wollte erzählen, wie ich schuldig war. Ich wollte erzählen, wie ich unschuldig war. Aber das wichtigste habe ich vergessen. Ich wußte noch etwas. Das war so wichtig! Kann es von Euch mir denn nicht einer sagen? Ich bitte doch so herzlich darum.

Was war es doch nur?

Was mag es doch nur gewesen sein?

Bohuslav Kokoschka

Adelina

oder

Der Abschied

vom neunzehnten Lebensjahr

Aufzeichnungen

Kurt Wolff Verlag · München

Bücherei „Der jüngste Tag" Band 76/77
Gedruckt bei Poeschel & Trepte in Leipzig

Mit einer Zeichnung von Oskar Kokoschka
Copyright 1920 by Kurt Wolff Verlag, München

Mir selber gewidmet

Motto:

Hier liegt begraben ein neunzehntes Lebensjahr.
Was Leben war
Ward zum Kadaver
Unter einem Buchdeckel.
Mit dem versah er
Die Gruft,
Daß in der Weltluft
Seines ferneren Lebens
Dies Leben sich nicht zersetze . . .

„Ihr naht euch wieder, schwankende Gestalten"
(Goethe)

Ach, meine Kammer!

Ich bin jetzt Florestan in deinen Mauern, und Feuchtigkeitsflecken an den Wänden und von mir behütete zarte Spinnenwebe in den Ecken nehm ich als Tränen und Zeichen der Trauer, und daß meine gütige Kammer Eins ist mit mir und meinem Kummer...

Odaliske, Plakatschönheit, langer Nagel an der Wand rostet ein in ihrer weißen Stirne... Luise, Handelsschülerin, Lukretia, erblüht, groß geworden und vergiftet im Odem der Kärntnerstraße, Franka H. und zwölfjährige Dorothea... Flüchtlinge vor dieser Welt, denen ich ins Stammbuch schrieb: Wie dies Buch in meiner Hand, voll weißer Blätter, unbeschrieben..., et cetera e, ihr alle seid mir wie: Aden, Freemande, Brisbane, Amboina, Yokohama, Mahé, seligstes Hinlallen, Erinnern des greisen Weltreisenden, Einsamen im Lehnstuhle, bei dem kalten Schein der Lampe, Junggesellenzimmer — Museum, vor dem Schlafengehen zu Gott...

Ich ziehe den weißen Vorhang vom Fenster weg und ein lichter Einbrecher kam in die Kammer . . .

An einem Morgen war das, und ich stehe am Fenster und lächle meine Kammer an.

Ja, diese Blätter werden davon berichten. — — —

Lateinischer Himmel über den Telegraphendrähten von einem Dach zum andern!

„Wirklich!"

als er den Saum des Vorhangs in der Hand hält . . . Sonntag, und die liebe Amateurstimme, das ist ein böhmisches Dienstmädchen. Es hat noch keinen Liebsten und deshalb läßt es sich Zeit. Und zwischen seinem Singsang der Klang von silbernen Löffeln, die gerade in die Schieblade verwahrt werden.

Fenster sind sämtlich offen, und die Stockwerke herunter an Fenster und Wand brennt die Sonne. Julisonne im März!

*

"Ach ja, und von Adelinen ahnen Sie wohl nichts. Ich hätte, ja, ebensogut hätte ich sagen können: Adelina. Adelinen..."

"Gehen wir, ich bitte Sie!" Eindringlich sagt es Luise zu ihrem Galan.

Ja, es war ein Galan mit lila Strümpfen und dem Girardi in der Hand. Denn seine Haare waren gebrannt.

Er blies seine Brust auf, schüttelte das Hosenbein zurecht und "erfüllt ihren Wunsch".

"O, guten Tag, Fräulein Emma! Entschuldigen Sie; ich weiß es, ich habe Sie heute schon mehrere Male gegrüßt, aber ich versichere, für Sie habe ich immer ein echtes, ja echt — man nimmt so in die Hand und sagt echt — echtes Gefühl der Freundschaft gehabt. Sie waren es doch, die sagte, zu kurzen Hosen paßten gestreifte Strümpfe mit rotem Rand? Sie lachen? Ja, Sie glauben doch nicht, ich hätte etwas getrunken? Ach, Emma!"

Aber Emma war schon weg.

Ja, er hatte plötzlich zu reden begonnen, ohne daß es jemand geahnt hätte, zu wem.

Da verhielt sich ein Mensch die halbe Stunde, die er hier war, vollkommen ruhig, einmal sieht er an seiner linken Achsel herab und an seinem linken Mundwinkel zieht etwas, dann verhält er sich wieder ganz wie vorher.

Plötzlich aber redet er, redet, und ein junges Mädchen steht auf, sagt etwas zu ihrem Begleiter, und beide gehen fort.

In diesem Augenblicke kommen Emma und Olga. Sie

sind wieder da und haben etwas Listiges auf dem Herzen. Sie haben etwas ausgeheckt, Emma und Olga. Ach, man war gespannt, auf ihren Gesichtern stand geschrieben: Man verspricht sich Erfolg von dieser Unternehmung.

„Wir fragen Sie, in wen sind Sie eigentlich verliebt?"

„In wen? Wie?! Was?!" Er springt auf. „Das heißt also . . ."

Plötzlich beruhigt er sich und sagt: „Fräulein Emma und Fräulein Olga, bitte setzen Sie sich da neben mich, so, links und rechts, ja?

Ich werde Ihnen eine Geschichte erzählen:

Da hat jemand ein Schauspiel geschrieben. Gegen Schluß des vierten Aktes, denken Sie sich — geben Sie her den Schirm, bitte (es war ein Riesenschirm), ich werde ihn halten — gegen Schluß des vierten Aktes, die erste Persönlichkeit der Stadt im Kreise ihrer Familie.

Im Hintergrunde ein leuchtendes Transparent: "Es lebe hoch usw., die usw.", und Volk. Und jetzt, glauben Sie, Fräulein Emma und Fräulein Olga, daß ich es jetzt so machen werde, wie der:

Aufrecht: "Was da auch kommen mag", bleich, die Hand ausgestreckt. "Das ist noch nicht alles", sagt die Hand. Er schüttelt den Kopf.

Nein, der Kopf weiß noch mehr!

Und die Augen schließen sich wieder, und der Mund öffnet sich abermals, dieser widerspenstige Mund, der alles ausplaudert.

"Was sagt er?" fragen viele Stimmen. Was fällt

diesem Menschen ein?" liest man auf allen Gesichtern. Ja, ja, in der Tat, alles das hat mit dem Transparent nichts zu tun . . .

Er blickt zurück in den Kreis der Familie, da steht die, leuchtenden Auges und ihr Auge sagt: "Du herrlicher Mensch, stark sein!"

Da muß er (ach er muß), er will es, der Dichter; leise muß er zu seiner Frau sagen: "Betty, fasse dich und ertrage was jetzt kommt." Und es ist dies keine Regiebemerkung. Ja, das sagt er. Und Betty faßt sich, die Gute ..!

Dann wendet er sich zum Volk, und ein schwarzer Sprung im erbleichenden Gesicht plaudert alles aus. Alles.

Wie hübsch sich das ausnahm von der dritten Galerie (dieses einzige Mal, das ich in einem Theater war). Gleichsam ein Pointejunges, das auf der Pointe selber saß, die sich vier Akte hindurch geschwollen völlerte. Und jetzt, jetzt war es ihr endlich gegönnt, durch einen schwarzen Sprung aus einem bleichen Gesicht zu platzen. Wie ein Donnerschlag!

Herr Rohrland muß sagen: "Wie ein Donnerschlag!" Und es ist dies keine Regiebemerkung. Und sie tut es, die Pointe.

Selbst das Volk auf der Bühne zog ab.

Das ist die Tat der Pointe!"

Emma und Olga sehen sich an. Ach, daß sie beide denselben Gedanken hatten! Ist er verrückt?

Sie sahen sich an und lachten, Emma und Olga.

„Ja, in wen Sie eigentlich verliebt sind, wollten wir ja wissen?"

Er holt tief Atem, lehnt sich zurück und steckt die Hände in die Hosentaschen.

Dann fing er wieder an:

„Sie waren gespannt auf eine Pointe, die der ganzen Sache so gewissermaßen eine Krone aufzusetzen hätte; sehen Sie, eine Pointe", und er wog mit der Hand...

„Ich aber würde Wahrheit erzählen, liebes Fräulein Emma und Fräulein Olga, o Wahrheit," sagte er glühend. „Und Wahrheit hat keine Pointe. Nein, sie bedarf ihrer nicht! Holla, sie geht nicht auf dem Schreibtisch spazieren!"

Er sprang auf und eilte fort.

Einmal sah ich sie beisammen sitzen. Sie und ihn. In einer Nische des Hotelparks. Sie besahen sich gerade ein fadendünnes Goldkettchen, ein Medaillon war daran.

Und er mußte sie lehren, wie man das Medaillon öffnet und wieder zumacht. Und gleich, gleich nimmt sie es ihm aus der Hand.

Ach, voll Eifer ist sie . . .!

Da entdeckt sie etwas darin, und die Freudenröte breitet sich über ihr Gesicht. Strahlt sie nicht? Sicuro, sie strahlt . . .

Und dann, was tat sie nicht alles mit ihrem Medaillon und in ihrem Glück! Sie legt das Medaillon auf den Handrücken, läßt es da eine Weile so liegen und betrachtet es, das gelbe, glatte Gold, auf dem hellen Handrücken.

Dann, als sie sich das Medaillon um den Hals hängen will, nimmt er es ihr aus der Hand, schaut ihr in die Augen, hängt es ihr um.

Mit eigener Hand . . .

Sie hält sich still und willig. Es leuchtet aus ihren Augen, frattanto sie vor sich hin auf den Boden blickt . .

Windstill war es im Garten.

*

Dieses Medaillon ist von ihm.

Wohl, wohl, ihm, dem kahlrasierten Herrn. Aber wartet nur bis die Jahreszeit kommt, da man die Haare wachsen läßt! Hähä! . . .

Aber wo gerate ich hin!? Elastizität! Elastizität!

Da sehe ich, wie ein Herr plötzlich in seinen Taschen sucht. Seine Finger übereilen alle die Gegenden an seinem Leib, wo Taschen sein könnten; da bin ich bei ihm und lächle: Bitte?

Er springt auf, nickt, nickt und brennt sich die Zigarette an, und die Hand in der Rocktasche bleibt darin. Dann verbeugt er sich, ich sehe an ihm vorbei und auf die Bank, und von da blicken mich zwei graue Augen an. —

Ob man will oder nicht. Es ist nichts auszusetzen an ihm . . . Und ich gehe wieder fort und an der Brustwehr entlang.

Da bleibe ich stehen, gerade da, und aus der Brusttasche nehme ich die Karte von Damenhand und lasse sie in das Wasser fallen.

Fast möchte ich sagen: Mit Elastizität.

Es macht ein paar Ringe, das Wasser.

Es ist ihm ganz gleichgültig, dem Wasser.

Bitte, wäre es vielleicht löblich, von einem Stück alten Papier, Anderer (des Wassers), glückliche Ruhe zu stören?

Nein, das nimmermehr.

Und es ist schon so gut wie es ist, und ich lobe Gott den Herrn:

O mögest du mir dieses in meiner Einfalt so naseweis geredete, nicht als Sünde anrechnen . . .!

*

Der, dieser glattrasierte Herr!

Wie lange ist es wohl, daß ich mir ein Reklameschild gemerkt habe . . .? O, genau gemerkt . . .

Eine Engelshand streicht über mein Angesicht, wenn ich an dieses Reklameschild denke . . . Und es ist doch nur ein gewöhnliches Reklameschild, Wind und Wetter haben sich daran gut getan.

Freilich, es gehört noch ein Stückchen Trottoir dazu und ganz, ganz wenig von der Straße, strada, gerade genug für einen schmalen Fuß . . .

Und meine Sehnsucht ist:

Wenn ich mich damals, damals an dieses Reklameschild gedrückt hätte, ganz platt daran . . . Und wie mir später einfiel, mit dem Kopf genickt und mit dem Hut . . .

Vielleicht . . . Vielleicht . . .

Aber für diese meine Sehnsucht ist keine Erfüllung mehr, nein. Und das Datum, das könnte ich noch genauer aufschreiben. O, viel genauer!

Aber das brauche ich wohl nicht, nein, denn ich habe es ja im Gedächtnis . . .

*

Auf der Promenade vor dem Hotel Viertelsiebenuhrsonne.

Der Asphalt ist wie mit rötlichem Goldpapier belegt. Eine Brustwehr ist da, aus Schmiedeeisen, und ihr entlang eine Reihe wohlsituierter Bäume. Und da sitzen die Passagiere des Hotels bis spät in die Nacht. In angenehmen Korbstühlen und die Bäume machen: wmw... Und dann reden die Passagiere nur ganz gedämpft. Oder sie schauen auf das Meer hinaus. Auf das Meer...

Eine kühle Windwoge kommt vom Meer, die Meerbrise, und fältelt den Saum eines farblosen, spinnewebedünnen Schleiers zwischen Zeige- und Mittelfinger einer Sechzehnjährigen.

Und die ist Frau... Ihre Rechte aber ruht in der Hand ihres Mannes, der mit ihr logis genommen hat im Hotel.

Als die Passagiere des Zuges Nr. 54 noch eine halbe Stunde zu ihrem Ziel hatten, riefen sie: der See, der See! Also war es der See und nicht das Meer? Aber als sie das riefen, war es ihr Thalatta. Und somit ist es das Meer. — Und weit weg von der Brustwehr taucht ein Dampfer auf. —

Alles sieht die Lichter und vielleicht auch noch den weißgestrichenen Schiffskörper. Das nicht mehr, daß auf dem Bug „Himmelsschlüssel" aufgemalt ist und Blumen dazu, mit Liebe.

Und aller Augen begleiten das Schiff auf seiner Fahrt. Auf dem einsamen Meere draußen, Ozean...

Sie reden jetzt fast nichts, die Passagiere des Hotels, sie schauen nur und horchen noch so nebenbei auch auf die

(Miniatur-) Wogenkämme, die sich unter der eisernen Brustwehr brechen.

Zerschellen Tag und Nacht!

Rote Feuerpunkte im Dunkel, unter den tiefen Baumkronen, in den Strandkörben und hinter, d. h. ober den Lehnen der Rohrsessel. Aber das ist nichts Gefährliches, nein, das sind nur Zigaretten... Viele von den Herren haben weiße Strandanzüge und biegsame Stöckchen, und einer ist unter ihnen (von denen mit weißen Strandanzügen und biegsamen Stöckchen), der seinen Schädel glatt rasiert hat, ganz glatt.

Aber ich weiß es, warum er ihn so glatt rasiert hat. —

So eine kleine Schwäche ist Schuld daran, eine kleine menschliche Eitelkeitsschwäche, wie ich in diesem Falle erklären müßte...

Hähä!

Und ich stehe an der schmiedeeisernen Brustwehr und nehme einen Brief aus der Tasche, den ich gestern geschrieben habe, um ein Uhr nachts, und jetzt lasse ich ihn ins Wasser fallen, an einer ganz ruhigen Stelle. Das Wasser macht ein paar Ringe, das ist seine ganze Aufregung...

*

In fünf Minuten Abfahrt.

Und ach, die Träumer vom Hotel!

Jeder, der gerade nichts zu sagen hat, seine Gedanken schon weit und dabei plötzlich tief aufatmet, verspürt den leisen Schauer auf dem Rücken und er sieht seinen Gefährten an...

Sogar die Apparate, ach die Apparate, auf dem Bahnhofe tragen etwas bei und machen einen Höllenlärm.

Ich schreite die Waggons ab, in gemessener Ruhe, wie eine Ew. Herrlichkeit.

Dann, da bleibe ich stehen, bei dieser Bank mache ich Halt. Es sind ja so viele Bänke hier auf dem Perron, aber gerade, accurato, bei dieser Bank machte ich Halt...

Da sehe ich ja genau in einen Waggon hinein!? Bitte, alle Ehre seinem Fabrikanten; eine junge Dame darin nimmt einem Herrn eine Hauskappe ab. — —

Hauskappe?! Reisekappe...

Nein: Hauskappe, und nichts habe ich gesagt, nein...

Jawohl, und sie haben auch faktisch ein kleines Zimmer für sich in diesem Waggon. Ein Zimmer mit Betten...

Aber ich habe noch etwas zu sagen, ich bin noch nicht fertig, noch etwas sah ich von meiner Bank aus, auf dem Perron...

Kusch!

Die junge Dame streicht mit ihrer Hand über sein Haupthaar... Und was war das für ein Haupthaar...?

Kusch!

Sie streicht darüber hin und lächelt und der breite Ring

glänzt an ihrer Hand und ein Medaillon hing an ihrem Hals, das sah ich auch . . .

Und er, was tat er?

Er, er schaut unter ihrer Hand . . . Hand . . . auf zu ihr . . ., wie man das so tut.

Und das Haupthaar, ja das Haupthaar . . . weißgefleckt . . . weiß-ge-fleckt. Der Zug rollt davon.

Und während ich dem Verbot zum Trotz, just über die Schienen steige, sag ich zu mir: Guten Grund hast du, es zu bedenken, daß noch windig deine Erfahrungen sind . . .

Da faßt mich ein Uniformmann.

*

Der Brief hinter dem Spiegel.
Paris, den ...

Mio Signore!

Ihren kleinen Brief, den Sie mir nach Trouville schrieben, habe ich heute hier vorgefunden, er wurde mir nachgeschickt. Wir bleiben noch einige Zeit in der Seinestadt, dann geht's nach Hamburg und von da schauen wir, daß wir nach Hause kommen, das heißt von nun an Chigago. Ich bin neugierig, wie ich mich in meiner neuen Heimat fühlen werde. Jetzt werde ich wohl längere Zeit meine Lieben und mein Goldorangenland nicht sehen!

In Trouville war es ganz hübsch. Wir waren die ganze Zeit im Kasino beim Baccarat, ich habe sogar ein wenig gewonnen. Courmachen ist dort nicht üblich, die Menschen haben nichts im Kopfe als das Spiel und le neuf ist ihnen lieber, als die reizendste Frau.

Hier habe ich sehr viel zu tun. Herbsthüte anschauen, Briefschreiben und Dummheiten kaufen. Mein Mann ist furchtbar nett zu mir, er hat sich bereits alle meine Gewohnheiten gemerkt und respektiert sie. Augenblicklich schreibt er die Adressen auf unzählige Karten, zu denen ich Grüße dranzuschreiben habe; an Sie ist auch eine darunter.

Also ich grüße Sie herzlichst und verspreche Ihnen auch eine schöne Ansichtskarte aus Chigago zu senden.

Adelina Farweller.

P.S. Grüßen Sie meine Freundin, die Luise, von mir, wenn Sie wieder einmal bei der Handelsschule warten, Sie Araber!

*

Ich will alles aufschreiben, der Reihe nach und wie es vorfiel!

Am 25. Dezember, am Weihnachtstage, war ich wieder im Hamerlingpark. Luise war da und alle die anderen. Alle hatten sie Weihnachtsgeschenke mitgenommen, zeigten sich die und besprachen. Luise brachte einen großen schwarzen Muff, aus Astrachan in Sibirien.

Ein Neuling, Hella, war auch da, und ich fragte Lockenberg aus. Lockenberg, der alle kannte.

Da promeniert Luise an uns vorbei, sie hat einen breiten, schwarzen Samthut mit einem Kranz weißer Samtrosen darauf. Die tiefschwarzen Haare, romantisch um ein ophelienbleiches Antlitz, stark gewellt. Und laut sage ich:

Heute ist die Luise schön.

Zu Lockenberg sage ich das und Luise geht an uns vorbei.

Sie hatte sich umgedreht und mich angeblickt. —

Ich fühlte: An Luise, oder: Ferne Lilie ... etcetera etcetera ...

Dann, wie sie wieder an uns vorbeikommt, bleibt Luise stehen: „Gute Nacht, Herr Lockenberg..." — und mir bot sie die Hand ... Sie sah weg, lächeln mußte sie ...

Zu ihrem Profil sagte ich einmal nächtens: Julia, Desdemona ...

(Nein, Luisenamen ist für sie der süßeste.)

„Die schönen, weißen Rosen auf Ihrem Hut" ... sage ich.

Sie sah noch immer weg. Ach, ich hielt noch immer ihre Hand . . .!

Und die Schönbauer? fragt Luisens Freundin Mary plötzlich. (Ach, jetzt konnte ich auch schreiben: Luisens . . .)

Luise blickt Mary an. Mary hatte ihr von der Zunge gesprochen.

„Niemals!" sage ich langsam und dann: eine lange Pause . . .

„Fräulein Luise, ich erkenne Sie heute nicht mehr" . . . Lockenberg sagt es plötzlich und damit schneidet er sich eine lange Gedankenreihe in seinem Kopfe ab. (Ich hielt noch immer ihre Hand . . .)

„Soll ich euch vielleicht Sessel herbringen!"

Es war die Schönbauer. Sie war auf einmal da, in einer Entfernung von fünf Schritten sagte sie dies und machte dabei einen Hofknix. Luise wandte sich ab.

„So, jetzt muß ich schon gehen", sagte sie schnell. Locken= berg bedenkt laut: Es ist halb sieben!? Er hatte die Uhr in der Hand. „Um halb sieben muß ich schon zu Hause sein", antwortet Luise . . .

Luise ging mit den Vöglein schlafen . . .

*

Werther hatte Luise geliebt, mit der ganzen Hingebung seines noch nicht zwanzigjährigen Herzens. Da geschah etwas und das kam so:

Es war der zehnte März, ach, damals war ihr Herz noch der Buchenhain mit der süßen Melancholie des Vogelliedchens darin, und der kühlen Gruft, die so lange für ihn bereit stand. In die er sich dann bestatten wollte, die Hände über der Brust gekreuzt, und nach jener unglücklichen Liebe . . .

Aber Luise rät: „Und Mary?"

(Von Adelinen ahnte sie nichts.)

„Die Mary ist mir nichts, Luise . . . !"

Wie ein Pilgrim erschöpft hinsinkt an den Stufen vor der sich verschließenden Pforte, auf der Fahrt ins gelobte Land. So war dieses „Luise".

Sie schwiegen beide, dann Luise:

„Nein, ich kann nicht, Bob." Bob stammte aus dem Roman „Starke Herzen" im Frauenjournal.

„ . . . Bob, Sie haben sich nur gespielt."

Es hatte sich nur gespielt Bobchen, und da war jetzt alles umsonst.

Es regnet.

Er, Bob, sah wie die weiße Taube ohne Ölzweig zurückkam . . . Luise blieb unerschütterlich.

Aber das merkte Bob, es kam sie hart an, ja. — Und da gibt er ihr Bedenkzeit. (Ach, da schon alles verloren war.)

Zwei Wochen gibt er ihr.

Und Luife ift noch einmal gut zu Bob und ift es ein-verftanden. „Alfo ja" nickt fie . . .

Er fah, daß fie in der Hand, die die Schultafche trug, Schneerofen hatte. Eine liebe Schulfreundin hatte ihr die wahrfcheinlich gefchenkt. Der Luife . . .

★

Im März, dem 28., war es, da ging Luise mit zwei Freundinnen, und es war schon warm.

Er ging ihnen nach.

Nach einer Weile entdeckten sie ihn, aber Werther ging nur nach und ging an ihnen vorbei, als sie zurückblieben.

Plötzlich kam Luise auf ihn zu, directement.

Sie fragte lieb: „Wünschen Sie etwas von mir?"

„Luise, warum danken Sie mir nicht, wenn ich Sie grüße?"

Pause.

„Wir sind gesehen worden, von jemanden von der Schule, und dann..." nach einem Gedankenstrich erklärte sie, „habe ich Ihnen schon gesagt: Nein."

„Warum: Nein?"

„Ich will nicht."

Da regte sich in ihm etwas:

„Aber Sie hätten doch früher einmal gerne gewollt?..." Mit den Fingern streicht er geräuschvoll über Bartstoppel im Werden.

„Sie werden doch nicht sagen, daß ich Ihnen nachgelaufen bin?" Sie stützt die linke Hand in die Hüfte.

„Nein, das nicht", und seine Hand fällt herab.

Eine Freundin kam auf Luise zu. Sie wollte sich empfehlen, die Freundin.

„Also gute Nacht, ich habe keine Zeit," sagte Luise. Und sie bot ihm die Hand.

Werther trat an sie heran: „Luise, liegt Ihnen an Ihrer

Freundin mehr wie an mir?" Und Gesichtsmuskel zucken, die Freundin war schon da.

„Natürlich", sah sie ihre Freundin an. „Also gute Nacht", und daran ändert niemand etwas. Sie hielt ihm ihre Hand hin.

25. Dezember, denkt er ... und ihm, ohne ihn anzusehen, bot sie die Hand. Und das war am 25., Monat: Dezember.

Er hatte es sich genau gemerkt. Seine Rede zu Lockenberg war: Heute ist die Luise schön. Es war sechs Uhr, abends. Luise hatte sich nach ihm umgedreht.

Und dann bei der nächsten Runde kam das mit der Hand.

Das im Hamerlingpark. Schnee und darauf Laternenlicht, und Mond um sechs Uhr ...

„Luise, ich kann Ihren Entschluß nicht so ruhig hinnehmen", sagt er heftig.

„Sie müssen", schließt sich ihr Mund.

Plötzlich war sie ganz anders. Um ihren Mund ein Lächeln und „müssen" hingesagt, langsam, das war der Genuß. —

Luisens Freundin sieht zuerst sie, dann ihn an.

Die Freundin war ernst und sicher blutarm, und ihre Augen waren, als ob sie beständig nachsähen.

„Also gute Nacht", sagt er kurz. Ihre Hand nahm er nicht.

*

5. Mai.

Inkognito schreibe ich jetzt an meinem Tagebuch. Mein Glück!

Ich muß es auf jemanden abwälzen, deshalb schreibe ich inkognito fortan.

Ach, mein an Leid gewöhntes Herz!

Das wird gewiß wieder mein längstes Tagebuchblatt.

Ich werde nicht versäumen, auch das kleinste Unbedeutendste aufzuschreiben und mich daran freuen.

Heute, den fünften Mai, ist es bereits der dritte Tag.

Ich wollte alles schon am ersten Tage aufschreiben, aber es blieb nur dabei, daß ich die Feder in die Hand nahm.

Ich sah immer anderswohin, und die Worte fielen mir aus der Hand. Ach, in welchem Fiebertaumel befand ich mich!

Jetzt, am dritten Tage, habe ich mich schon mehr gesammelt, kann nun schreiben. Ach alles, alles!

Aufschreiben, und nichts vergessen . . .

Diesmal war es im Schönbornpark. Und da ich Schönbornpark schreibe, denke ich wieder an alles, was im Hamerlingpark geschah. Auf dem Boden latern- und mondbeglänzt der glatte Schnee, um sechs Uhr . . .

An das mit der Hand . . .

Aber jetzt habe ich schon ein weißes Blatt vollgeschrieben. Also: Fräulein Kammacher ging mit mir in der Allee und sagte: „Jetzt sollte ich daheim sitzen und lernen. Mineralogie. Wir haben ja so viel auf," fing sie zu klagen an. „Der Schremmer sagte: Besonders die Kammacher werde ich mir am Freitag ausleihen. So ein ekliger Mensch! Aber das gute Fräulein Kammacher geht mit Herrn (pst!) spazieren. Ich steh halt morgen um sechs auf."

Das sagte sie.

Er sah sie an und lachte und zog die Schultern über die Ohren. In diesem Augenblick kommt Luise mit ihrer Freundin.

Ach diese beiden, unzertrennlich waren sie!

Ich nehme die Gelegenheit wahr und grüße. Sie dankte, aber sie sah ihn nicht an . . .

Das ganze Stück Weges, das sie ihn sehen mußte, hatte Luise auf den Boden geblickt und so geht Luise an ihm vorbei . . .

Jetzt sah ich auch, daß sie ein neues Kleid anhatte Das stand ihr gut . . .

Luise und Freundin kamen an die kleine Parkpforte, da will Luise die Stufen hinunter und meine Füße bleiben stehen: Er hatte etwas gesehen . . ., gleich bedenkt er sich aber und setzt seinen Weg fort.

Was er zu Fräulein Kammacher sagte?

Gott mag wissen, was es war, sie lachte hell auf. An was haben S i e jetzt gedacht, rief sie . . .

Luise aber wird von ihrer Freundin am Arm gezogen und Luise muß wieder herein in den Park.

*

Als Werther einige Stunden später in sein Zimmer trat, begegnete er sich in dem kleinen Wandspiegel, er sah bleich aus. Sein Blick verweilte nicht darin; er sah überhaupt nirgends hin, obgleich er die Augen offen hatte. Der Türschlüssel fällt zu Boden ...

Er hatte die Tür mit aller Ruh zugedrückt? Werther stand eine Weile und sah dorthin, wo der Schlüssel fiel, dann geht er ans Fenster, läßt den Rollvorhang herunter und warf er sich aufs Bett.

Jetzt war Werther sich gewiß, daß er alles verdorben hatte. Sein Schuhabsatz bohrt sich in die zarte Rohseidene, die er immer so schonungsvoll behandelt hatte, aber plötzlich steht er auf, schlägt die Bettdecke zurück und warf er sich wieder hin, und Messingbett kreischt auf ...

Sein Gesicht drückt sich in den Polster, Schultern rissen am Körper. Er weint: ...

Luise hatte wieder ihr neues Kleid an, sie war heute allein ... Es war im Hamerlingpark, um 6 Uhr.

Als sie sich zum zweitenmal begegneten, kam sie auf ihn zu und machte einen Scherz, sie sagte lieb: „Soll ich Ihnen aushelfen, heute?"

Sie lachte und sah ihn von der Seite an. Die linke Halbschuh(...)schuhspitze stellte sich auf dem Wegsand auf und so blieb Luise stehen, die linke Hand in den weißen Spitzen am Hals. Und der kleine emaillierte Amor hing daran und hielt sein Füllhorn ...

Da wurde in Werther ein böser Gedanke lebendig; er fühlte, wie dieser seinen ganzen Körper angriff, und mit einer von tausend Gefühlen gepeinigten Stimme sagt er langsam: Nein, danke...

Luise stellte den linken Fuß nieder, fast stampfte er, ihr Kopf machte eine unvollendete Bewegung, die Finger ließen die Spitzen los, aber die Hand blieb an der Brust. Selbst der kleine Amor wird konfus und verliert das Gleichgewicht unter seinem Füllhorn. Luisens Mund öffnet sich, und schweigt...

Plötzlich fixiert sie ihn, einen Schritt zurücktretend, ihre Nasenflügel beben, etwas Hartes liegt in ihrem Gesicht und sie macht Kurzsichtigkeitsfältchen bei den Augen...

Sie lachte auf, ha, ha!

Er verharrt auf seinem Platz.

Pause.

Luisens Freundin kam gerade die Stufen in den Park herauf. Luise ruft sie an, und eilt ihr mit ausgebreiteten Armen entgegen...

Er drehte sich langsam auf dem Absatz herum, die Hand auf dem Rücken und schaut ihr nach, Lächeln im Gesicht...

*

Einst

Mai, Firmlingssonntag.

Warum so traurig, fragte ein fünfzehnjähriges Fräulein mich. Aber ich wußte es ganz bestimmt, ich war nicht traurig. —

Warum höre ich niemand heimlich hinter der Tür flüstern: Heute hat er wieder seinen melancholischen Tag.

Jeder geht darüber hinweg, summt sein Liedchen und merkt nichts.

Ich hörte mich: Ach, das ist nur heute so. Und vielleicht ist es nur Laune. Aber wie oft tröstete ich mich so?

Nein, Launen können nur verwöhnte Hündchen haben, oder doch nur minderwertige Menschen. Und ich möchte doch kein minderwertiger Mensch sein. Und wollt ihr jetzt noch, es sei Laune, kann ich euch erwidern: Könnte da ohne jedes Arg sein, was ich sage, tue und denke? Aber alles und alles habe ich lieb und so kann es wieder nicht Laune sein . . .

In der Adriaausstellung hörte ich, wie die Kalanderlerche leise trillert.

Aus einem kleinen, finstergemachten Bauer kam dies Vögleintrillern.

Aber es fand keine Beachtung, nein, man hörte es ja kaum.

Wenn sie aber viele Meter hoch oben in der Luft singt, unter dem Himmel, im Äther... wer lauscht ihr da, der kleinen Kalanderlerche?

Der liebe Gott, basta.

Die Hände gekreuzt über die Brust, den Kopf auf die Seite geneigt, so ist er ganz Ohr... Dann sah ich einen Firmling...

Blaßgelbe Halbschuhe. Und Strümpfe von blaßgelber Seide. Und ein blaßgelbes Seidenspitzenkleid, darunter ein rosa... War es wohl schon ein sechzehnjähriges Fräulein und das Kleid, schon etwas länger war es...

Schmale langsüße Beine, wie die der kaffeeschänkenden Luisen in den Frühlingsgärten auf den Wandgemälden... Offenes, kastanienbraunes Haar, Langlocken, Locken der Jenny Lind.

Die Kähne glitten unter den Seufzerbrücken weg, und die zahllosen Wimpel, von einem Mast zum andern, flattern im Maiwind und die Schnüre, an denen Glüh= lampen aufgehängt waren, baumelten.

Ein Boot legt an, und in dieses wird er einsteigen, der Firmling... der Gondeliere, Plecha von der Donaulände, graziös reicht er die Hand ihrem Leben. Und die Augen des Firmlings glänzen, und unter seinen Augen glüht es heiß...

Ach, wie ich diesen Firmling gleich liebte und alles...!

★

Westbahnhof. Im Gewühl der Menschen schreibe ich dieses:
Wir fahren aufs Land!

*

Ich machte die Milchglastür hinter mir zu. Das Milchglas zitterte leise und die Milchglasgenie, mit dem Fruchtkorb auf dem Kopfe, zitterte mit.

Es war zwölf Uhr und ich ging schlafen.

Mein Großvater, der Herr Waldförster, hatte gesagt: Trab, trab, Kinder, schlafen gehen, und damit meinte er seine vielen Enkel, die alle in Großvaters und Großmutters Stuben zusammengekommen waren, aus der Stadt und von dort und von da.

Großvater und Großmutter hatten diamantene Hochzeit zu halten gehabt und auch ein wenig getanzt. Und jetzt war es zwölf Uhr nachts und Wein, Braten und Torten, Birnen und Nüsse lagen verlassen auf der langen Tafel.

Und als er das gesagt hatte, der Großvater, sagte ich auch gute Nacht und fromme Wünsche, war folgsam und ging in das Zimmer, das Großvater und Großmutter für mich bestimmt hatten.

Über den Gang ging ich und hier war es schon längst stockfinstere Nacht, auch als in den Stuben noch heller Sonnenschein brannte und nicht die vielen Lichter, die Großvater und Großmutter angezündet hatten, zu ihrem Fest in der Augustnacht . . .

Über den Gang ging ich und machte die Milchglastür hinter mir zu . . .

Welch herrlich feuchter Grasduft, der das Zimmer erfüllt!

Die Fenster waren offen und weiße Vorhänge schwankten langsam und blähen sich auf. Jedesmal, wenn ein Wind=

zug draußen an den Baumblättern herabglitt, der auch die Hirschzungen am Fenster nicht ruhen ließ . . .

Ich gehe einen Augenblick ans Fenster und spreite meine Ellenbogen auf das weiße Fensterbrett. Ach, alles hier war mir lieb und teuer.

Die Garten- und die Wiesenvögelchen wollten noch nicht schweigen!?

Von ganz hinten im Garten hörte ich einen Vogel. Aber es war keine Nachtigall, nein, ich hätte noch nie eine gehört, antwortete ich einmal auf eine Frage . . .

Da trillert plötzlich irgendwo eine Lerche empor. Von meines Großvaters, des Herrn Waldförsters Graswiese!

Jetzt um zwölf!?

Was mochte ihr da eingefallen sein?

Aber ganz oben verstrickte sich ihr Gesang wie eine zarte Spinnwebe im Buschgezweig und brach ab . . .

Ich gehe vom Fenster weg und die Kommode (liebes altmodisches Wort), ein Klavier, Stühle, Vasen und Photographien blickten mich freundlich an, obwohl ich ja hier nur ein Fremdling war . . .

Dann legte ich mich in das Bett. Auf dem Sofa.

Corra und ich hatten sie ausgeführt, diese eine Improvisation.

Decken und Leintuch! Es fröstelte einem beim Hineinlegen, so frisch waren sie und die Zusammenlegefalten konnte man von der Tür aus sehen, bei aller Dunkelheit — —

Um zwei Uhr früh zündete ich die Kerze an, Adelina, dann las ich deinen Brief . . .

Der Türpfosten

Wenn ich zurückdenke, an den Pfosten der Türe zum Vorhaus mich erinnere!

Nachtfinsternis, draußen spielt sich ein Gewitter ab. Und Corra geht und macht den einen Flügel der Vorhaustüre zu. Damit der Regen nicht so hereinkartätschte.

Mein Großvater, der Waldförster, hat es aus dem Zimmer heraus anbefohlen.

Ach, und was jetzt folgt, hat Corra wahrscheinlich einmal auf einem Bilde gesehen: ... Corra stellt sich neben mich, faßt meinen Arm und:

"Schau das Gewitter an..."

Die Wolken hingen in dicken Fetzen und romantisch, braune Kupferkessel, fast bis zur Erde, und die Bäume bogen sich und pfiffen und schüttelten mit Riesenlaubbüscheln, benahmen sich wie hysterische Weiber.

Ein reißender Bach fuhr bereits an den Vorhausstufen vorbei, in den der Regen hineinprickelte. Bei jedem Blitze, mit Siebenmeilenstiefeln über Land, sah sie mich an...

Ach, schaute zu mir auf. Und ich: Jedesmal aufwärtsblickend: Sie vertraut sich dir an... Sie vertraut sich dir an...

Aber eine dritte Person in der Nachtfinsternis neben uns!?

Hans!?

Ach, er hat sogar ein Butterbrot!

Plötzlich fühle ich etwas an meinem Arm.

Butter!?

„Mein neuer Anzug!!"

Corra zieht mich ins Gewitterlicht. (Sie hüpfen ordentlich vor Ausgelassenheit, die zwei . . .)

Und sie faßt ihre blaue Schürze, Corra „Komm, komm . . ."

und wischt sorgfältigst Butter von meinem Ärmel . . .

Sie liest dabei in meinen Augensternen.

Auch das, was ich in meinem Innersten denke: Nie, nie werde ich dir dies vergessen . . .

(Der Anzug war mir nichts . . .)

Wir gingen wieder auf unseren Platz in der Nachtfinsternis, ihr Arm schlüpft unter meinen: Ich beschwöre mich: Pst . . . Pst . . . p . . p . .

Ein weißes Blatt Papier wirbelt in der Gewitternacht empor!!

„Das ist das Blatt, das wir im Gartenhaus vergessen haben, das Blatt, das wir im Gartenhaus vergessen haben!!!"

Sie gerät in Bewegung, sie klatscht in die Hände, und auf drei Sekunden ganz an mich gedrückt, wag ich's nicht, mich zu rühren . . .

Ach, es wollte gewiß zu den verlassenen Abendsternen,

dieses weiße Blatt Papier . . . Es kämpfte einen gräß=
lichen Kampf mit der Gewitternacht.

Liebes, weißes Blatt Papier, diese deine Sehnsuchten nach
den Abendsternen, nie werden sie erfühlt werden . . . viel=
leicht wirst du noch aufgespießt von einem rechtwinkeligen
Blitz. Auf dieser, deiner Irrfahrt . . . !

Morgen finde ich dich in einer Feldlache, zerweicht,
zerknittert, beschmutzt . . .

*

Sommerfrische

I

Der Regen hatte aufgehört, man konnte wieder die Sonnenschirme ausspannen, und also nahmen sie die, Mutter und Schwester, und gingen aus.

Der Herr Sohn bleibt zu Hause?

Bei diesem schönen Wetter bliebe er zu Hause?

Er wolle ein wenig üben, sagte er . . .

— Nun so solle er üben.

Und damit hatten sie ihre Schirme genommen und waren gegangen, Mutter und Schwester.

Er trank ein Glas Wasser, dann ging er auf sein Zimmer hinüber.

Da waren die Fenster offen und er schloß sie. Nein, ein halbes konnte ja offen bleiben und so ließ er ein halbes offen.

Draußen liegt die Luft wie stille See. Eine graue Taube läßt sich vom Schlag herunter, sie hält die Flügel ausgebreitet und bewegt sie nicht. Dicht über dem Boden beginnt sie mit den Flügeln zu schlagen und in Blätter, die da liegen, kommt Leben; die Blätter gleiten einen Menschenschritt an der Erde hin und das ist für sie wie eine Erinnerung an eine glückliche Zeit . . .

Da sie noch an den Zweigen hingen, an dem schlanken Stengel!

Ja, die Blätter wollten es mit den Vögeln halten, das stille Leben da auf dem Baume hatte ihnen nicht mehr behagt und im Winde sich schaukeln war ihnen nicht genug. Hinflattern, wohin es ihnen beliebte, wollten sie.

Da lagen sie nun, irregeführt, im Staub und spürten die Lebenskräfte schwinden.

Ja, da mochten sie jetzt sehen, wie es ihnen erging!

Die Sechsuhrsonne hing an olivengrünen Tapeten, an kastanienrotem alten Gerümpel.

An dem wächsernen Christus unter dem Glassturz fließt ein dünner, gelber Strahl vorbei.

Der kam durch ein Loch in der Gardine.

. . . Er blickt auf die glänzende, weiße Tür; es war ihm so wohl . . . Er nahm seine Noten vor.

— — Chopin? . . .

Ja, Chopin würde er spielen.

Er legt das Heft auf das Pult und stimmt. Ein paar Striche, Griffe übers Griffbrett herunter, dann faßte er die Geige mit dem Kinn, stieß mit der linken Hand den Ärmel zurück und: Piano . . .

Das rechte Handgelenk bog sich sanft, ruhig wie ein Schwanenhals und die süßen Triller flogen wie kleine Kalanderlerchen ans Fenster und setzten sich dort auf dem Fensterhaken . . .

Wer spielt denn da oben? — Er hielt inne.

— Ich! —

— „Ich?" wer „ich?"

Pause.

. . . Ein Damenlachen beugt ihn zum Fenster heraus. Mit der Geige unter dem Arm, da prallt er zurück, die Blonde in Trauer stand unten.

An der Hand hatte sie ein vierjähriges Mädchen. Das hielt eine Puppe im Arm und sah dorthin, wo Mama hinsah . . .

2.
Nach vier Tagen.

— Sie sind der Violinspieler?

— Ja.

Er lächelt. Sein rechtes Knie zittert, er habe noch um Entschuldigung zu bitten, sagt er.

— Nein, der Herr nimmt dir deine Blumen nicht, sei still, Martha . . . Was war es, was Sie spielten?

— Chopin. Ein Nocturne.

Sie überging ganz, was er vom Entschuldigen gesagt hatte.

— Chopin . . ., sie sah an ihm herunter. Ihr Blick hielt bei seinem Knie und blieb da:

— Ja, wie komme ich da jetzt aus diesem Wald heraus?

Er deutet mit der Hand:

— Dann kommt eine Bank, von da geht ein Weg hinunter, gerade bis hinter das Haus des Herrn Presoli.

— Wie, Sie wissen sogar wo ich wohne? die schwarze Glacéhand am Kinn.

— Sie standen unter dem Tor und redeten mit ihm, Herrn Presoli, er hielt die Mütze in der Hand. Und dann gingen Sie mit ihm in die Zimmer hinauf; an einem Freitag war es.

— An einem Freitag? Ja, ja, da bin ich hiehergekommen.

Sie heftet die Augen auf einen Punkt und sagt das so hin, dabei klopft sie mit dem Finger auf die weißen Zähne.

— Also guten Tag!

— Gestatten Sie, daß ich Ihnen den Weg bis zur Bank zeige?

— Ach nein, danke! Jetzt finde ich ihn ja.

Sie lächelt und nickt, dann ging sie.

Er verschwand schnell. Hinter einem Baum sah er ihnen nach. Das Jäckchen des kleinen Mädchens war schwarz, kaum so groß wie ein Bilderbuch und der kleine Hut war schwarz, nur das Röckchen war weiß und die Strümpfe und Schuhe waren wieder schwarz . . .

So trippelt es einher neben seiner Mama, die behend und aufrecht zwischen den Bäumen hinuntersteigt . . .

Er ging hinauf bis zum „Kamm".

3.

Der Sonnabend fiel aus den Bäumen. Auf dem Waldboden, in den dürren Nadeln blitzte es, daß es in den Augen weh tat.

Plötzlich wandte er sich um: Sie stand unten auf der Fahrstraße...

Ein Holzweib sagt etwas zu ihr und die Frau öffnet die kleine Handtasche...

Sie stieg langsam herauf.

Durch das Weggesträuch mit ihren langsamen Schritten. Plötzlich ist sie zwischen den Bäumen verschwunden. Aber da kam sie schon wieder auf den Weg heraus und er ist froh...

Das Gesicht zurückgewandt, den einen Fuß vorgestellt, verweilt sie und schaut hinab zu den roten Dächern...

Als sie wieder ihren Weg fortsetzt, tut er so, als wäre er wegen der Aussicht da und stellt sich auf.

Ein paar Schritte noch und sie war heroben.

Jetzt sah er auch, was sie in der Hand hatte, ein Babyhut war es, aus weißem Leinen. Den hält sie sich vor das Gesicht. Wie sie an ihm vorbeikommt, hat sie ein graugrünes Kleid an und weiße Handschuhe bis über den Arm hinauf.

Da setzt sie sich auf eine Bank und legt den Arm auf die Lehne.

Sein Herz klopft und treibt ihm das Blut ins Gesicht und als er sich der Bank nähert, werden seine Beine unsicher. Er vermag es nicht, den Arm zu heben und zu grüßen...

Aber zwei Augen gingen mit ihm und um den Mund war ein Lächeln, das sagte: Ja, ja, ich bin es, mein Lieber.

Die Schuhspitze klopft auf dem Boden . . . Der Arm auf der Banklehne spielt mit dem weißen Hütchen und der andere liegt wie eine schöne, weiße Schlange im Schoß . .

Er atmet auf, als er auf dem Plateau anlangt. Das hieß „der Kamm", und es hat der Wind freies Feld da.

Er lächelt mit sich und blickt zu Boden; in seinem Hirn ging es drunter und drüber . . .

Er sieht sich nach ihr um, da schaut sie zu ihm herauf: Er geht langsam zurück.

Und vorbei . . . Nein, er wagte es nicht.

Sie verzieht den Mund und „du Kipfel" heißt das.

Nach zehn Minuten taucht er wieder auf. Aber er ging wieder bis zum Plateau —

Sie schaut in den Wald hinein, fächelt mit dem weißen Kinderhut, da kommt Presoli.

Wie der auf dem Plateau ist, stützt er sich auf seinen Stock, steht so, betrachtet sich die zwei und denkt wohl: Ei ja . . . Ein Blick nach ihm hin, er trollt sich und verschwindet.

Das kleine weiße Hütchen auf dem Knie, spitzt sie den Mund, und sie pfiff . . .

Er wagt es; aber gerade jetzt stand sie auf und ging hinunter!

Er eilt ihr nach. Rechts von ihr: Verzeihen Sie, ich möchte Ihnen das geben . . .

— Was? fragt sie im gröbsten Dialekt.

Hinter ihrem Festungswall, dem Babyhut, und sie ist brennrot im Gesicht.

Er hält ihr einen Brief hin mit der rechten Hand.

— Haha!

Dasselbe glaubt auch der Wald, denn er wiederholt es.

Sie nimmt den Brief mit der Linken. Eine feine Hand ist in dem weißen Handschuh, hinter der weißen Kappe lacht die Frau.

Nicht ganz so groß ist sie wie er. Ihre Schritte erinnern an die blendender Stufen vor dem Leichenwagen, denen der Galopp versagt ist.

— Er läßt sie über den Weg und sie geht hinunter.

... Nun war er wieder auf dem Plateau. Und viel weiter unten, da stand sie, ihr graugrünes Kleid nach der neuesten Mode.

Das Körpergewicht ruht auf dem rechten Bein, so stand sie und las. Vom Gemeindeplatz tönten die Glocken herauf. Dann geht sie rasch weiter und ihre rechte Hand mit dem Blatt Papier schwenkt übertrieben stark in der Luft.

4.

Mondnächte, wie in dem Tanzmärchen, da das adelige Fräulein Strohlendorf plötzlich mitten auf dem Märchen-Waldboden stand, hergeweht von den Cephyren. Auf einem Bein, Kopf hintenüber, erstarrt, in Hingebung ... Unbekanntem ...

... Und eine Hoboe die Sterne herabflötet zu ihr ...

— Auf dem „Kamm" hatte der Wind seine letzten Seufzer ausgehaucht. Kein Hälmchen rührt sich. Das einzige, was sich regt, das Flimmern der Sterne. Da raschelt es im Laub und zwischen den Bäumen kommen zwei daher. Im grünen Mondlicht, das an den Bäumen herabfließt, am Boden weiterrieselt und irgendwo unter dem modernden Laub in die Erde lautlos hineinrinnt. Puck, Bohnenblüte, Oberon.

Langlangsam . . .

Kommen zwei daher, eng aneinander, sie stehen Brust an Brust, dann gehen sie wieder . . .

Warum hast du mir das nicht gesagt? fragt sie. Keine Spur von Dialekt. Das Lächeln mit geschlossenen Augen, das zittert in ihre Stimme hinein . . .

5.

Auf dem Fußweg im Lärchenwald kollert ganz plötzlich der Mond.

Der Junge ging da und taumelte, bald über den Weg, bald zwischen den Bäumen und hielt die Hand ans Gesicht gedrückt.

Er setzt sich auf einen Baumstrunk . . .

6.

Die Front des Hauses ist im Dunkeln. Der Mond steht verklärt auf dem Dachfirst und schaut von da in den Himmel hinauf.

Ein einziges Fenster ist schwach erleuchtet, ein unschuldiges Lichtchen brennt hinter den Scheiben.

Drei weiße Fensterpölster sind da, die schimmern durch die Nacht . . .

Jetzt kämmt sie sich, denkt er, und sitzt auf seinem Holzstoß im Schupfen. Die Torflügel sind ausgehoben und die halbe Welt liegt vor dem flügellosen Tor und der Himmel darüber ist angefüllt mit Sternen.

Ein Fenster ist weit geöffnet und ein Fensterhaken hängt nach.

Aber er baumelt nicht, nein, nein, die Luft liegt wie Öl.

Jetzt hast du dein Licht ausgelöscht?!

. . . Leise hustet jemand im Zimmer.

Jetzt kommt sie ans Fenster! denkt er, und seine Hände legen sich langhin auf den Holzstoß . . .

Vor dem Tor wächst ein Halm, der bewegt ein einziges Mal seine Spitze, dann steht er wieder kerzengerade . . .

. . . Da ist sie?!

Aber es war das nur der Vorhang, der plötzlich vom Mondstrahl getroffen wurde.

Eitel Silber rauscht armdick aus der Brunnenröhre und in die Kufe und das ist das einzige Geräusch auf dem großen Hof.

Er wartet und wartet, und auf seinem herrlich mit Wasser frisierten Scheitel glänzt der Mond.

7.

Die Sonne ist schon fort. Ein hochrotes Wolkenband brückt über den Himmel weg. Unter ihm fährt der Abendzug weg. Eine weiße Säule, schräg in den Himmel, über sich . . .

Das Kinn an den Hals gedrückt, stand er da. An seinem Leib konnte man die Rippen zählen, durch das dünne Sommergewand.

*

Ich wandere, beschließe ich. Bleibt ihr alle da, wollt ihr nicht mit mir!

Ich habe Mond und Sterne auf meiner Seite, sie gehen mit mir. Das ganze Firmament!

Ich laufe auf dem Schienenweg und probiere die Sterne aus.

*

Die Reise

Ich bin reisefertig.

Corra ging noch einmal hinauf in ihr Zimmer, um die Jacke; die Abende werden jetzt schon kühl. Ich stehe an den Pfosten der Türe zum Vorhaus gelehnt und warte. Und das macht mir Freude, daß ich hier so stehen darf, gelehnt an den Pfosten und warten . . .

Und sie lassen mir ihn, den Pfosten, die hier heroben sind und hausen. Menschen voll Güte . . .!

Ich stehe an den Pfosten gelehnt und überschaue von da aus die große weite Welt.

Corra kommt. Sie hat ihre Jacke, im Gehen ruft sie dem Küchenmädchen zu, ob sie die Levkojen hineingenommen habe. Marie?

. . . Ja, tönt es zurück.

Levkojen? frage ich.

Ja, sagt sie und lächelt. Und so kommt es, daß meine Augen noch einmal über das Haus gleiten müssen . . . Und heimlich verabschiede ich mich von den großen, weißgetünchten Schornsteinen und von dem Himmel, der gleich hinter dem Dachfirst anfängt. Die paar Wölkchen, die ganz rot dahergesegelt kommen, inbegriffen. Und dann vom Dache extra. Das hat seine helle, ziegelrote Farbe schon ein wenig eingebüßt.

— Liebe Corra, laß mich deine Jacke tragen.

— Nein, ich habe meine neue Jacke mitgenommen, du verdrückst sie mir.

Und ich lasse ab, von diesem meinem Wunsche und denke bei mir: Corra hat eine neue Jacke mitgenommen und im Geiste lege ich den Finger auf die Stirne: Die neue Jacke...

Jetzt vergesse ich, mich noch einmal umzusehen! Nach dem Pfosten der Türe zum Vorhaus zu schauen... Und die weißgetünchten Schornsteine? Aber alles ist schon untergetaucht und verschwunden... Ja und das mit der Jacke war unser ganzes Gespräch. Corra geht zwei Schritte weit neben mir, dann drei... Und jetzt geht sie gar lächerlich nahe neben mir... Corra?

Ich werde grob und sage zu mir: Halts Maul! Und jetzt erinnere ich mich, daß sie tralala machte.

Wer nun war daran schuld, wie ich, daß sie nun wieder weit von mir in der Herbstsaat herumstieg!

Eine ganze Straßenbreite weg stiefelfelt (...) sie in der Ackererde.

Corra kommt zu mir herüber, legt ihren Arm auf den meinen, schaut mir ins Gesicht (...) und sagt: du, du kannst meine Jacke tragen...

... Und sie gibt ihre Jacke...

Die neue Jacke...

Und sie tut das ganz offen, ohne sich ein Blatt vor den Mund zu nehmen.

Meine Arme waren lahm ... Meine Füße gingen mechanisch. Corra hängt sich sogar in mich ein.

Und sie gehen fort, eine geschlagene Stunde, miteinander ... Und, du, du kannst meine Jacke tragen, bleibt unser ganzes Gespräch ...

*

Istrianische Kalklandschaft

Aus roter Erde,
Sparsam windgestreut in Kalkfelsenspalten,
Hängen Büsche Salzkristalle.
Und in dunkle Meeresfalten
Rollen Steine.
Weit,
Ein einzig Fleckchen Erde,
Gott behielt es sich zu seinem Acker.
Sonst alles tot und leer . . .
Wär nicht ein flüchtig Rad
Zweier Delphine,
Enteilt es übers Meer,
Stille stünd' die Zeit . .

*

Wien, 30. September 19..

Plötzlich waren Sie wieder da, bei Vater, Mutter und Schwester.

Ein Wagen stand vor dem Tor, unter der Laterne.

Den Wagenschlag öffnet eine Frau, im Tor hat sie gewartet und lange dagestanden und die Straße hinauf und hinunter geblickt, ein weißes Taschentuch an den Mund gedrückt.

Jetzt war der Wagen da und sie eilt zum Wagenschlag und öffnet ihn.

Und da ist es eine junge Dame im Reisekleid, die aus dem Wagen steigt, langsam und bleich. Ihre Hände in grauen Handschuhen ringen sich um den Hals der Frau und so bleiben sie, Mutter und Tochter . . .

Zugleich schlägt oben in den Stockwerken ein Fenster zu und ein Schrei, der, an den geschlossenen Fenstern der stillen Gasse noch fortflatternd, sich zerstört . . . Und die den Schrei tat, ein junges Mädchen, Leonarda, die Schwester der Dame im Reisekleid, kommt aus dem dunklen Tor hervor, sie weint laut, stürmisch faßt sie die Angekommene unter dem Arm, die Schwester, die noch immer und wortlos an dem Hals der leise schluchzenden Mutter hängt.

Der Kutscher schaut vom Kutschbock herab auf die drei; eine Gruppe vor einem dunklen Tor in stiller abgelegener Gasse, bei dem gelben Schein einer Laterne, verweilen drei Frauen, leise schluchzend die eine, während das junge Mädchen seinen Gefühlen freien Lauf läßt,

laut weint, zu allen Fenstern hinauf, in der stillen Gassen=
nacht . . .

Und das Gesicht der Dritten liegt bleich, auf dem Hals
der Mutter, ohne Träne, unbeweglich, mit zugefallenen
Lidern wie ein Marmorgesicht . . .

Und dann in dem dunklen Hausflur, sehe ich, wie sie
nun langsam den Fuß vom Boden abhebt und vor den
andern setzt.

Das Marmorgesicht liegt auf der linken Achsel der
Mutter und an derselben Seite geht Leonarda mit kleinen
Schritten und stützt mit beiden Händen die Schwester.

Und ich habe sie erkannt, Frau Farweller . . .

―― ―― ―― ―― ―― ―― ―― ―― ―― ―― ―― ――

Und Ade sagten Sie, Frau Farweller, und blickten zur
Erde hinab, flogen auf mit zwei Flüglein ins Himmel=
reich . . . Angemeldet, abgemeldet . . .

Und da stand ich, bei dem Tor, drehte mich, stieg vor
dem Tor auf dem Trottoir herum, und ging an der Häuser=
reihe, an den Wänden, wieder zurück . . .

Und da fällt es mir ein, wie ich diesen Weg auch oft
mit Ihnen gegangen bin, als Sie noch Schulmädchen
waren, damals.

In respektierter Entfernung natürlich.

So sagen wir eine Straßenbreite, bis zu Ihrem Hause.
. . . Sie sprachen noch eine Weile mit der Freundin, einem
Vize-Adelinenwesen. Es war ein heißer, weißer Sommer,
der die Menschen matt macht, und Blässe lag auch auf
Ihrem und Ihrer Freundin Gesicht. Dann gebt Ihr Euch

die Hand ... Sie gehen durch den Hausflur und bei der Stiege bleiben Sie stehen, Ihre Füße kommen gerade da zusammen und so bleiben Sie stehen ...

Mit der linken Hand halten Sie die Schultasche und die rechte ist darauf gelegt ...

Ihre Gestalt sehe ich im Profil ... Ein weißes Alltagssommerkleid sagten Sie ... Und Ihr Kopf wendet sich mir zu und nickt. Und ganz allein mir galt es ...

Pronti!

Ich gehe augenblicklich über Felder, springe über Gräben. Einen großen tiefen Graben habe ich auch zu überschreiten gehabt. Ein incredibile langes Brett! Es stammte gewiß aus Nordamerika, eine Conifere!? Brett aus den Felsen-Waldbergen, Grizzlys Heimat ...!

Friedliche Tiere habe ich aufgescheucht, aus ihrem Schlaf, aber es war nicht Absicht, junge Frau, Sternennacht ...

Warum weine ich?

*

Oh Cinema...

(Kein Auge blieb trocken). —

Da kommt sie, das Unglückswesen, sagt eine weibliche Stimme hinter mir.

Und wirklich! Immer bist du es, die ich heute zum drittenmal sehe, Hermia, dieselbe.

Jedesmal behielt ich dieses Bild im Herzen:

Das Bukett Rosen mit dem Brieflein: Graf... In den Handschuhmacherladen hinein...

Nein, der „Graf" war dir nichts. Nur ihn, ihn küßtest du, als du seinen Brief küßtest, und die Rosen küßtest und an Mund und Augen und Wange drücktest... Hermia..., daheim, in deiner Kammer...

Eines Abends, nach Geschäftsschluß: ob ein Wiedersehen möglich wäre...? Nein, nein, nein, Hermia schüttelt den Kopf, und wie sie die Rosen lieb anblickt. (Nein, gewiß, nimmer würde sie von euch ihre Hand lassen...)

Dann, hinter dem Haustor blickt sie noch durch das Torfensterchen und macht mit der Hand Pa...

Und oben in deinem Kämmerlein, Hermia:

Gleich Wasser, für die Blumen, o, wenn man all den Duft mit einemmal einsaugen könnte...!

Arme Hermia, dann war es wohl die erste im Reigen der unruhigen Nächte . . .

Nächsten Tages. —

. . . Welche Freude es für ihn wäre, sie Sonntag nachmittag am Jägerweg erwarten zu dürfen, zu einer Automobilfahrt! —

„Vielleicht um vier Uhr, wenn es Ihnen recht ist?"

Graf Udo Ferdinand N. —

Ein weißer Mädchenschirm, der im Wegsand stochert; Wind, alter Lebemann, vermag nicht abzulassen von eines jungen Mädchens weißem Kleide!

Weiß, der Sommer prallt daran ab.

Das Automobil schwankt heran.

Hermia kehrt dem plötzlich den Rücken und geht drei Schritte:

Nein, es kann nicht wahr sein, nicht wahr sein! Hermia, es ist das Glück . . . Es lächelt dich an . . .

So denkt Hermia, und neigt den Kopf, denn sie sieht da die Steinchen im Wegsand nicht mehr. Feuchte Augen trüben den Blick . . .

Eine Stunde später: Die Bank am Waldespfade . . . Beide setzen sich . . .

Einstweilen nimmt er das Blatt weg, das auf ihr Knie gefallen war . . .

Auf das himmlische Knie unter dem weißen Kleide . . .

Horch, was ist das? —

Nichts, Waldesrauschen. —

Das Automobil wartet. Auf der breiten Straße mit den Kilometersteinen. Der Chauffeur trinkt sein Bier und liest die Zeitung: Die parlamentarische Kommission der konservativen Rechten ...

Er legt die Hand um ihre Taille. Sie erbebt, erhebt sich, wächst empor, und wie die Lilie im Zauberwald..., streift langsam seine Hand ab ... behält ... sie ... in ihrer Hand ...

Vielleicht strömt ihr bisheriges, stilles Leben an ihr vorbei?

Vielleicht eine Szene hinter dem Ladentisch? Wie sie gerade mit der Schere ein widerspenstiges Haarlöckchen abschnitt, sorgenfrei ...

Sie wendet langsam ihr Gesicht ihm zu: die Augen blicken ernst, der Mund ist halb offen.

Er sieht ihre eingefallenen Wangen und wie die Brust atmet. Und Hermiens Augen werden groß und matt, wie es die Sonne jetzt tut im Westen.

Hermia steht auf dem Felsgrat. Und in blauen Tiefen sieht sie die Sphären schwingen. Wird Hermia schwindelfrei sein, und die Tiefe unter ihr nicht ihren weißen Nacken lähmen?

Wird sie es vermögen, den blauen Tiefen noch rechtzeitig ihr nicht weniger tiefes Blauauge zu entreißen, hinter sich zu blicken und einem schwachen Mädchenfuß alte Kraft und Sicherheit wiedergewinnen zu lassen, froh und befreit niederzuwandern zwischen Bergblumen?

Siehe, aber sie vermochte es nicht, Hermia, als sie hinaustrat auf den Felsgrat ihres Lebens. —

Hermia hatte nicht gelernt auf Felsgraten zu tanzen.

Die schwingenden Sphären nahmen sie an sich, komm zu uns, komm zu uns, riefen sie und Hermia fühlt, wie sie aufgehoben wird, abgehoben von dem Fels unter ihren Füßen, und hinabgleitet: — Sie fällt ihm um den Hals, Hermia, Graf Udo Ferdinand N., und birgt ihr Gesicht an seiner starken Brust.

Sein ist Hermia und die Seele blickt auf . . .

* * *

Harmonium solo.

Und dann wird es das alte Lied: Hermia liegt zu Bett. Das hat an Kopf und Fußende ein kaltes, eisernes Gestänge. Und da sind noch viele Betten, und eines sieht dem anderen ähnlich auf ein Haar . . . Neben dem großen Bett steht ein kleines Bettchen. Es ist nicht die Himmelswiege, es ist das große Bett aber en miniature.

Darin bewegt sich das Würmchen . . .

Hermia aber liegt stumm, dann und wann tun sich die großen Augen auf und schauen die Zimmerdecke an . . .

Neben Hermiens Bette sitzt die alte Wärterin, sie stickt.

Sie hat zeitlebens nur Anna geheißen und Kranke gepflegt, an Peppo gewürgt, und Peppo ist es in den Geschichtchen der Hermien, die hier im Spitale liegen und mit großen Augen der Wöchnerin zur leeren weißen Saaldecke schauen, nach den Bildern ihrer Erinnerung.

Und jetzt war Peppo sogar Graf, Graf Udo Ferdinand N., erzählt Hermia...

Vielleicht könnte sie sich ein wenig im Bette aufsetzen? Anna ist ihr behilflich.

Nein, sie kann es nicht, Hermia, sie ist noch zu schwach und sie sinkt wieder zurück.

Die schönen schmalen Hände liegen wieder neben dem Körper, bleich auf der Decke...

* * *

In den ersten Nachmittagsstunden, das Krankenzimmer liegt an der Sonne. Ein Sperling singt auf dem Fenstersims Frühlingslieder. Hoch oben unter der Saaldecke ist das Fenster, und es ist offen. Unter ihm schläft das Kleine in seinem Bettchen. Es hat sich mit den Ärmchen müde gespielt.

Hermia erzählt. Sie erzählte so gern...

Sie wünscht, daß Anna ihr das Etui mit dem Medaillon herüberreiche. Anna tut es und mit einem mitleidsvollen Blick (der von Hermia nicht gesehen werden darf). —

Hermia nimmt das Medaillon heraus. Wie sind die Hände so langsam und die Finger spitz...!

Sie schaut das Medaillon an und ihr Hals macht dabei unter dem Kinn eine Falte. Er muß den Kopf ein wenig heben, der Hals, daß die großen Augen das Medaillon sehen können und da macht er die Falte. Können denn die Hände das Medaillon nicht höher halten? Nein, sie sind zu schwach.

Hermia legt das Medaillon in das Etui, gibt dieses der Anna zurück... Sie möge es zu dem kleinen Ferdinand neben ihr ins Bettchen legen.

Will sie sich denn schon vorbereiten zum Sterben?

Ja, abends war sie tot. —

Sie starb an Schwäche. Ganz still, niemand hörte es...

...Die Ärzte breiteten ein weißes Leintuch über sie.

Als der junge Graf endlich (zu spät!) auftauchte, geschah es, daß er sich über das sanfte Bild warf, das das weiße Leintuch behütete, und nur noch dieser heutige Tag seine Zeit lang von jener frühen Morgenstunde trennte, da das Zügenglöckchen ertönt — (Harmonium solo). Er weint. — Die Ärzte lassen ihn allein, und geben auch der Wärterin Anna einen Wink.

Dann küßt er das Händchen des kleinen Ferdinand. (Nach ihm so benannt...)

Die achtzehnjährige Ninette hatte sich den kleinen Ferdinand, süß schlummert er, auf den Arm genommen. Neben ihm stand sie, dem großen Ferdinand, und da küßte der große Ferdinand das Händchen des kleinen Ferdinand. —

Sie, Ninette, herzte ihn noch eine Weile und legte ihn wieder in sein Bettchen zurück, das kein Himmelbett war. Dann bekam er eine andere Mutter...

*

Waldelfe

> „Oft wandelt die Liebe in Haß sich! —"
> Doch wenn ich dich Blümchen anseh,
> Nun schon vergilbt, kein Duft mehr
> An dir, zwischen zwei weißen Blättern:
> Kannst ärger du wüten, o Schmerz,
> So wüte!
> Nicht scheint mir begreiflich dein Spruch...

Werther schlug die Zeit tot.

Plötzlich ging er ein Stück Weges zurück und kehrte wieder um...

Der Wegsand war feucht vom Regen in letzter Nacht.

Einer lauen Sprühregennacht, die Schuhe drücken sich leicht im Sande ab.

Er ging und sah auf den Boden, die Hand plötzlich an der Wange... Da war es das zweite Mal, daß er zurückging.

Die Sonne war im Untergehen und ihr ganzes Dekorationsinventar stellte sie zwischen den Bäumen auf, und zwischen den Bäumen wandelt plötzlich jemand daher.

Luise...

Sie hatte wieder ihr neues Kleid an. Und so schön war sie, als er sie so ruhig dahergehen sah, mutterseelenallein.

Hinter ihr ging die Sonne unter . . .

Ach, er blieb stehen und hielt den Atem ein. Wenn sie ihn nur noch eine kleine Minute lang nicht bemerkte! Und er blickte zum Himmel, daß ihm die Bitte erfüllt werde . . .

In der Hand hatte sie eine einzige, kleine Blume, die mit der Hand hin und her, langsam durch die Luft strich. Luise neigte den Kopf ein wenig zur Seite, und wie gewöhnlich, blickte sie auf den Boden hin.

Sie sang leise . . .

Da stehen sie sich gegenüber. Sie atmet schnell, kneift den Mund zusammen und heißrot steigt es in ihr Gesicht, und das ist nicht Luisens Farbe, und über der linken Braue steht eine kleine Falte.

Einige Minuten vorher konnte sie ein Lied singen . . .

"Fräulein Luise, es war nicht Absicht", er spricht's in den Wald hinein.

Lodernde Fackeln stehen auf im Umkreise und das Feuer rauscht und knistert, und gelbe Flammen gehen nieder und erlöschend im Gleitflug vor Luisens Füßen.

Herbstwald . . .

Sie sagt nichts; der Wald rauscht. Sie hält das Gesicht zur Seite gewendet und blickt weg. Das Weiße in ihren Augen glänzt.

Jetzt war sie wieder wie damals im Hamerlingpark, um sechs Uhr abends.

Als er das erste Gespräch mit ihr hatte . . .

Sie legt die Finger ineinander und läßt sie so auf dem Schoße ruhn.

Nach einer Weile sagt er: „Fräulein Luise, so allein sollte ein junges Mädchen nicht gehen, im Wald, in der Nähe einer so großen Stadt!"

Sie blickte ihn an, aber sah wieder weg:

„Sie haben ja einmal gesagt, alle Mädchen sind Ihnen gleichgültig."

Sie schaut auf einen Punkt und drückt die Lider zusammen, und die Kurzsichtigkeitsfältchen sind wieder da. Sie ging. Langsam setzt sie einen Fuß vor den andern ... Er ging unschlüssig ihr nach, da sah er die Spur, die zurückblieb, wenn sie den Fuß vom Boden abhob.

Er stand bei ihr, er zitterte; „Luise!" er wendet das Gesicht ab. Es brandet über den Wipfeln und saust fort.

Werther: Augen schließen und Niagara übers Herz ... Ein leidvolles Lächeln.

Ach, wie er sich hielt mit fester Hand. An seinem Mundwinkel zog es. „Ich weiß nicht, was Ihnen so schwer fällt", plötzlich sagte sie es, mezzavoce; sie steht wieder, ihre Fingerspitzen berühren seinen Arm und sie blickt ihn an ...

Welcher blinde Zufall wollte da unbedingt, daß er ausgeliefert werde?!

Und sollte sein selbstloser Plan nicht in Erfüllung gehen, nein? Er war doch hierher gekommen, um zu leiden, still, ohne einen Laut ...

Da kam sie daher und drohte mit einer Frage, ihm alles zu vernichten.

„Darf ich mit Ihnen gehen?" fragt er plötzlich ganz ruhig. Es sah wirklich so aus.

„Ja, aber weil sie mir schon bange gemacht haben."

Über der linken Braue stand wieder die kleine Falte. Sie war wieder hart. Luise war wieder hart.

Er ging mit.

Nein, er konnte es nicht begreifen, sie war es, die er hier traf? Und sie hatte sich jetzt gerade unter seinen Schutz gestellt.

Er sah dies Bild: Die Hände vor der Brust, blickt sie ängstlich zurück, während er dicht vor ihr stand und bei ihr..., seine Hände über sie hielt und sie schützte...

Ach, wie gern würde er Qualen erdulden!

Da, mich, seid einmal gütig in eurem Leben, würde er ausrufen. Nach peinvollen Minuten: Meine Wunden lassen mich noch eine halbe Stunde am Leben?

„Ja, eine knappe halbe Stunde", sagen sie darauf.

So ist es gut, antwortet er.

Und zu Luise gewendet: Jetzt kann ich dich noch begleiten, und er lächelt glücklich. Bei der Tür zu dir erst werde ich stürzen, aber ich kann dann noch nachblicken, du... Und da wendet er sich noch einmal zu jenen Männern und winkt ihnen mit der Hand: Ich bin Euch dankbar, gut waret Ihr, ich bin Euch dankbar...

Da merkte er plötzlich, daß sie ihn die ganze Zeit von der Seite ansieht. Und da er sich zu ihr wendet und dies sieht, sagt sie: „Sie sehen leidend aus, waren Sie krank?"

Da wird in ihm all sein Leid wieder wach, lebhafter denn je, eine Garbe von weichen Gefühlen drängt es nach außen; da preßt er sie an sich, seine Hand zuckt, so wild

reißt er sie an sich. Der linke Arm schlingt sich um ihren
Kopf und die Hand drückt auf die Stirne; ganz sinnlos
ist er und merkt nicht, daß er ihr mit dem Finger am
Auge weh tut. Er bedeckt sie mit heißen Küssen, Mund,
Wange, und benetzt sie mit Tränen . . .

Dann läßt er sie los, wendet sich ab, und bedeckt sein
Gesicht mit der Hand. Sie steht da, und in ihrer Rat=
losigkeit streicht sie sich mit den Fingern über das Gesicht.
Da eilt sie zu ihm hin, legt die rechte Hand auf seine
Brust und die Linke zieht die seine vom Gesicht weg . . .

„Wein' nicht", sagt sie. — — — — — — —

Solchen Phantasien gab er sich hin, die seine Land=
regenstimmung vollends herunterbrachten. Das Rosa der
durchschimmernden Augenlider war das Letzte, was ihm
von dieser Welt im Bewußtsein zurückblieb, bis auch das
weg war; sein Kopf sank matt zurück, er verfiel in traum=
losen Schlaf.

Da lag er hinter dem Busch, hingefallen wie ein Selbst=
mörder.

Er lag so mehrere Stunden . . .

*

Abend

Bauplätze, allerhand Graswuchs, um Tümpel im Lehm=
boden.

Eine Allee, ein Geländer lief mit, flog es in die Ferne
wie telegraphiert, auf, ab, auf, ab, längs abschüssiger
Wiesengründe.

Ein kleiner Hügel, der aus dem Tal herauf will, klam=
mert sich an die Straße. Aber das kostet ihm den Kopf,
auf seinem Rumpf stellt Stadtrat Sch.s Antrag Bänke
auf: und alte Alleebäume müssen die Eindringlinge re=
spektieren, und sie tun es mit einer in langem Leben er=
worbenen Gelassenheit, vollführen hinter den Bänken einen
Halbkreis und gehen weiter, schweigend, einen schnurge=
raden Trott.

Und hinter Hügel und Geländer der Brand von Rom!
Die Uhr ist sieben.

Zwei Männer stehen da, dem einen hängt die Pfeife
aus tabakschwarzen Zähnen, der andere hält die Hände
hinter dem Kopf verschränkt und gähnt, auf der Straße
wird es finster.

Nach einer Weile sind die Bäume schwarz, das Ge=
länder schwarz und die Grasspitzen Silhouetten, die in
den Himmel stechen.

Ein Paar lustwandelt.

Er hat seinen Arm um ihre Taille geschlungen, so gehen sie und haben keine Eile.

Vielleicht lese ich in einigen Tagen in der N. F. P.: "Die Anna H. kam täglich in den Laden, wo Kropetz bedienstet war, um das Fleisch für den Mittagstisch ihrer Dienstherrschaft zu holen. Die jungen Leute fanden Gefallen aneinander und bald entwickelte sich zwischen ihnen ein Liebesverhältnis. Dies sollte aber bald getrübt werden.

Eines Tages mietete sich Johann W., der aus Mähren zugereist kam, im Nachbarhause der H. ein. Das Dienstmädchen erkannte in ihm einen Bekannten aus ihrem Heimatdorfe und sprach nun öfter mit diesem. Auch ließ sie sich von ihm zu einer Sonntagsunterhaltung führen, da sie ja Schulkameraden seien, wie er sagte. Kropetz stellte die H. tags darauf zur Rede. Sie erklärte ihm den Sachverhalt und sagte noch: "Dir bleib ich ja doch treu, wenn ich auch einmal mit ihm geh . . ." Kropetz glaubte seiner Geliebten.

Doch es war nur Schein. Als . . .

Heut Nacht regnet es, sagt sie. Ihre Stimme ist seltsam bewegt . . .

Er blickt sie an mit seinen Rehaugen.

"Georg . . ." sagt sie . . .

Der Polizist steht plötzlich wieder da, er hat den Helm in der Hand und wischt ihn mit dem Taschentuch trocken; es war tagsüber sehr heiß.

Es ist der, der vor Gericht dann aussagt: Die zwei wären ihm gleich nicht ganz richtig vorgekommen . . .

Dann gerate ich auf einen Pfad. Der hat auch sein Geländer, das sich in die Baugründe hineinekelt, es aber bald aufgibt, wie es einsieht, daß es hier nichts mehr zu schützen gibt . . .

*

Der Mond, ein Wachtposten!

B. Kokoschka.

Berichtigung zu Seite 2.
Vorletzter Takt, linke Hand, ist statt des Akkordes E B zu lesen Es B.

sei - nen fahl...

Wiedererwacht aus einem Halbschlaf, der drei, vier Stunden gedauert hat, sieht er, wie sich graues Morgenlicht auf den Fußboden hinabräkelt, und er hört die treue Amsel singen . . .

Fort fliegt sie; führt er die Hand an die Stirn, läßt sie daran herunter und über die Wange gleiten, und die Augen schlagen auf.

Sie blicken auf den weißen Polster unter der Wange, feucht noch von Tränen im Schlaf. — — — — — —

Hat es nur einmal mit diesem elenden Regen sein Ende, ging er auf und ab im Zimmer.

Am Fenster stehend sieht er nach des Kaufmanns Markus Vieldbich altem Haus, es bekommt einen neuen Anstrich. Meergrüner Lack.

Gestern war erst das oberste Drittel meergrün. Heute standen die Anstreicher bereits auf dem Pflaster. Die Arbeit ging unaufhaltsam von statten. Das Gerüste wirkte wie übereinandergestellte Dächer und der Regen konnte die Arbeit nicht behindern.

Er wandte sich vom Fenster weg, da erschreckt er im Spiegel: Die Augen lagen tief in den Höhlen und die Lider waren grau. Und jetzt merkte er erst, daß es ihm zur Gewohnheit geworden war, sie nicht ganz offen zu halten, sah er genau hin, waren tausend Fältchen da. Auch war das Gesicht nicht ganz rein.

Ja, mit ihm war es abwärts gegangen. Er war wie ein winziges Insekt, das an dem heißen Lampenzylinder herabfällt.

Luife? Nein. Seitdem sie von ihm gesagt hatte, mangelnde Galanterie seinerseits hätte sie beide auseinandergebracht, schien sie ihm ein gewöhnliches Wesen. Sie hieß auch gar nicht Luise, wie die Gattin Napoleons, und Mutter des Königs von Rom. Sie hieß Aloisia, nach dem braven Großvater, und spielte falsch auf dem Klavier.

Was war es dann, das ihn nicht ruhen, ihn mit zuckenden Nasenflügeln in tollste Lustigkeit ausarten und plötzlich wieder in heller Verzweiflung in einen Stuhl zusammenbrechen ließ?

Abends bei der Lampe, und dem trauten Gespräch im Familienkreis, ihm Sehnsucht die Brust durchgreift und er aufspringt mit dem heißen Wunsch: Ach! Laßt mich eine Gewalttat verüben!

*

Der Abschied vom neunzehnten Lebensjahr

       22. November 19 . .

Ich richte mich im Bette auf, und denke: 22. November . . .!

Ein zu Tode ermatteter Luftzug streicht zum Fenster herein! Neben meinem Bette, wo zwei Asternstöcke stehen. . . . „Weißaster und Astern in anderen Farben, ihr seid Totenblumen, und euer ist der einsame Friedhofgarten!

Euer Hauch ist der der Grüfte, und das Licht der Sonne liebt ihr, kommt es, getrübt, durch ein Kapellenfensterchen . . .

Wohlan!"

*

Kärntnerstraße

Lichtreklamebilder, Passanten, Lungerer.

Laternenträger: Maxim, Süßes Mädel, Moulin rouge, Bajadere, Maison de danse, Fledermaus . . .

Schöne Frauen, mit ihren in kostbare Pelze gezwängten Dickbauchmännern, Freunden, Freundinnen . . .

"Auto bitte"

Winternacht . . .

Mizzi, Antschi, Viki, Lu=Lukretia . . .

Lukretia wandte plötzlich den Kopf nach mir. "Bubi . . .", sagte sie.

Eine Goldplombe hatte sie im linken Mundwinkel.

★

Lukretia

Bei des Himmels Morgenkerzen
Hüll' ich mich in meine Decken,
Von dem vielen Drücken, Herzen
Kann ich kaum die Glieder recken.
   Wie der Wind am Sparren zieht
     Pfeift zu der Arbeit sich ein Lied.
Ich bin so matt ...
Vorüber geht die Nacht,
Und schlafen will ich jetzt
Eh' noch erwacht
Das Geheul der Stadt!

*

„Die Küche wollen Sie auch sehen", lächelte sie. Vier Uhr, Winternachmittag.

„Also dann kommen Sie, Wettl ist nicht da, wir können also ruhig eindringen in ihr Reich."

Sie wendet den Kopf zurück und lacht.

Durch ein dämmeriges, kleines Zimmer: „das gehört Wettl." Sie drückt eine weiße Tür auf und bleibt an ihr stehen: „Das ist die Küche."

Weiß in Weiß, ach, wer da ein Fisch sein könnte!

Unter diesem bis ins Gelbweiß gewaschenen Beil, welche Wonne zu sterben . . .! Oder der Hase, dessen Herzblut hier abrinnen durfte . . .

„Kochen Sie auch hie und da, Fanny?"

(Stefanie! Stefanie!) Ich durfte „Fanny" sagen . . .

„Selten, für meinen Mann des Abends, dann und wann, eine Kleinigkeit. Wenn Wettl sich fortbettelt."

Sie spielt mit den Fingern hinter dem Rücken an der Tür und lächelt.

Ach, der es sein durfte, für den diese Hand mit dem Kochlöffel in der Pfanne umrührt!

„Bitte, Fanny, nehmen sie da diesen Löffel. Diese Pfanne stelle ich auf den Rechaud."

Sie lachte und steht bei dem Rechaud, plötzlich sagt sie: „Ich hab eine Idee."

Sie nimmt meinen Kopf in beide Hände: „Ich hab eine Idee!"

Sie dreht den Gashahn auf. Ich muß mich setzen. Da setz dich, sagte sie . . .

Sie machte die Kredenztüre auf.

Butter, Honig und Milchbrot.

Sie kocht Kaffee...

Fanny kocht für mich und sich Kaffee... Ich darf hier schon „mich" zuerst sagen; Fanny und ich wissen ja den Grund: Poesie, Poesie...

In der Küche Weiß in Weiß.

Und sie trinken dann beide den Kaffee...

★

Der Seufzer

Wind, Waldraſer, Waſſerſchlinger, Abſtürzler, Hochtouriſt,
Und was du noch alles biſt,
Möchteſt ſein; — —
  Plagſt dich viel,
Ich ſpann einen Seufzer dir vor
Und raſcher biſt du am Ziel!

An meine Mutter

Mein Herz schlägt warm,
Von deinem Blute,
Mutter, haſt du zu viel mir drein getan
Von deines Herzens Gute?
Ich fühl's voll der Unmäßigkeit!
In deine lieb verſchlungenen Hände
Möcht ich's legen heut
Und ſagen:
   Es gellt
Im Ohr die Welt
Mir, ſieh, ich kann nicht leben!
Und möcht mein Leben, leiſe, daß du's nicht merkſt
Zurück dir geben . . .

Heute geh ich an dem Laden des Herrn Markus Vieldbich vorbei.

Ein Plakat hing an seinem Ladentisch herunter, das habe ich im Vorbeigehen gesehen. Und ich konnte es dort entdecken, weil ich langsam vorbei ging.

Und als ich zum viertenmal vorbeigehe, steht Herr Markus Vieldbich in der Ladentüre. Da machte ich eine kleine Schwenkung, geradewegs in den Laden hinein. Herr Markus trat höflich zurück. Und ich kaufe.

Ja, einmal schickte meine Mutter Mandeln und Rosinen weg in eine andere Stadt. Es war eine ganze, kleine Kiste. Aber noch andere süße Sachen waren darin, insgesamt war alles an ein arges Leckermaul.

Eine Schnur brauchte sie, Nägel und Siegellack, sie meine liebe Mutter.

Also ich kaufe Mandeln, Rosinen, eine Schnur, Nägel und Siegellack.

„Bitte, ach, nehmen Sie doch dieses Plakat zum einpacken: ‚Marke Odalisk' ist die beste. Zu haben in allen Wein- und Mineralwasserhandlungen."

Und er packt mit Odalisk Mandeln und Rosinen. Ach, keinen Grund hatte ich, bange zu sein!

Jetzt wird bezahlt.

Herr Markus macht eine Reihe Zahlen vom oberen Rand des Papiers bis zum unteren; dann fährt sein Bleistift vom unteren Rand mit immenser Schnelligkeit zweimal nach dem oberen, ein Strich, fertig, Punkt.

„Bitte sehr, bitte schön."

Ich lege das Geld auf den Tisch. Ob es seine Richtigkeit habe?

Herr Markus streicht mit der Hand darüber hinweg.

"Stimmt, haargenau."

"Das Papier, mit dem Sie mein Paket gemacht haben?"
O, das koste nichts. Das wäre ihm noch schöner. —

In der Finsternis habe ich das Plakat geglättet.

An der Wand taste ich nach einem Nagel.

Jetzt werden die Fenster geschlossen; Gardine herunter!

Ist auch die Tür abgesperrt? Ja. —

(Mein Herz... Mein Herz...!)

Licht!!!

"Marke Odalisk ist..." Ich suche nach einem geeigneten An= Anredewort.

"Od... Odalisk... hiemit mache ich Sie zur Königin in meinem Reich!"

Erschöpft sinke ich auf einen Stuhl.

Ja, sie hat die schönsten Augen der Welt...!

*

Ende

ium # ALFRED BRUST

DER EWIGE MENSCH

DRAMA IN CHRISTO

KURT WOLFF VERLAG
MÜNCHEN

[3043]

Bücherei „Der jüngste Tag" Band 78
Gedruckt bei E. Haberland in Leipzig.

Copyright by Kurt Wolff Verlag · München 1919

[3044]

GESTALTEN

CORDATUS
TAMARA
SANNA
STEILZACK
SAAT
WACHTLER
TIOMA BETTY
DIE VERKETTETEN
FESTUS
DER DICHTER
MAUSCHE MICHEL
DER VATER
ALLERHAND VOLK

Morgen. Ein großer leerer Raum mit rissigen Wänden in einem verfallenen Gebäude. Die Wohnung des Cordatus.

CORDATUS (ein Mensch von 30 Jahren, sitzt in abgetragener Kleidung in einer Ecke des Raumes auf dem Erdboden und blickt lächelnd vor sich nieder. Er hat einen dünnen, langen Vollbart. Sein Gesicht zeigt Spuren außerordentlicher Schönheit und geistiger Höhe und Frische. Er spricht alles ganz langsam, klar und deutlich aus. Es gibt in keinem Wort Überstürzung bei ihm. Jedes Wort ist voll warmer drängender Liebe und erschüttert, zuweilen durch eine kleine Bewegung unterstützt. Diese Bewegungen sind aber so sehr selten, daß sie stets auffallen. In der Hauptsache ist er bewegungslos und versteht es, diese Bewegungslosigkeit seiner Umgebung unmittelbar mitzuteilen.)

TAMARA
(ein schönes sechzehnjähriges Mädchen, geht mit schleppenden Schritten diagonal durch den Raum. Sie ist dürftig gekleidet):

Ich hab ein Tier im Bauch. Schneid mir doch das Tier aus dem Bauch.

CORDATUS:
Es ist nichts, Tamara. Es ist nichts.

(Schweigen.)

TAMARA
(setzt ihre Wanderung fort. Hin und wieder bleibt sie stehn wie in lähmendem Schreck und wiegt den Körper dann hin und her):

Ich hab ein Tier im Bauch. Schneid mir doch das Tier aus dem Bauch.

CORDATUS:
Es ist nichts, Tamara. Es ist nichts.

SANNA

(ein liebreizendes Fräulein, vornehm gekleidet, öffnet leise die Tür, blickt vorsichtig hinein und tritt dann mit großen erstaunten Augen in den Raum. Sie erblickt Tamara, die in einer Ecke stehengeblieben ist und sich in den Hüften wiegt, nicht):

Guten Morgen, Cordatus.

CORDATUS

(ohne Verwunderung und von Herzen freundlich):

Du kommst zu mir, Schwesterlein. Setz dich und gib mir deine Hand.

SANNA:

Die Hand geb ich dir, aber setzen kann ich mich doch nicht.

CORDATUS:

Du glaubst gar nicht, wie wunderschön das ist, wenn du dich hier nicht setzen kannst.

SANNA:

Das müßte doch in deinen Augen häßlich sein.

CORDATUS:

In meinen Augen ist niemals etwas häßlich.

SANNA:

Aber du fragst gar nicht, weshalb ich zu dir gekommen bin ...

CORDATUS:

Es ist doch schön hier draußen, dies verfallene Haus vor der Stadt und die wundersüße Wildnis ringsher!

SANNA:

Weshalb bist du dann nicht im Freien?

CORDATUS:

Ich arbeite noch ein wenig. Draußen kann ich nur fühlen.

TAMARA
(beginnt wieder ihre Wanderung durch den Raum):
Ich hab ein Tier im Bauch. Schneid mir doch das Tier aus dem Bauch.

SANNA
(fährt herum und blickt mit starren Augen und blassem Gesicht auf das Mädchen).

CORDATUS:
Es ist nichts, Tamara. Es ist nichts.

TAMARA (nimmt keine Notiz von Sanna).

SANNA:
Das — das — was ist dieses, Cordatus?!

CORDATUS:
Ein fremdes Kind, das da glaubt ein Tier im Bauche zu haben. Ich will es heilen durch mein Wort.

SANNA:
Aber — aber weshalb denn ein Tier?

CORDATUS:
Das sind so die Jahre.

SANNA:
Und — — — (sie sammelt sich) wohin gehst du zu Tisch?

CORDATUS:
Zu Tisch? Ich weiß nicht. Vielleicht kommt eine Wölfin, mich säugen.

SANNA:
Pfui!

CORDATUS:
Pfui? Du bist allerliebst, kleine Schwester.

SANNA:
So höre, Bruder. Ich bin aus einem großen Grunde zu dir gekommen.

CORDATUS:
Gewiß, auch die kleinen Gründe sind bedeutend.

SANNA (eifrig):
Ja — sieh mal. Das wird dir schon einleuchten, was ich dir sage. Die Eltern meinten zwar, das hätte keinen Zweck. Aber ich sagte ihnen, Cordatus habe mich lieb und werde mir meinen Herzenswunsch erfüllen. Und ich redete so lange, bis sie zu hoffen begannen. Und heute früh, als ich fortging, da weinten sie vor Hoffnung. — Hörst du, Cordatus?

CORDATUS:
Ich muß lieben, Kind. Versteh mich recht! Ich bin geboren, um zu lieben. Ich müßte jetzt ein Beil nehmen, das ich nicht habe, und dich damit schlagen. Da ich aber lieben muß, kann ich dich nur mit der Liebe schlagen. Und das ist so sehr schmerzvoll für dich. Denn wenn ich dich mit dem Beil schlüge, würdest du mich hassen, denn dein Körper haßt den Schmerz, da ich dich aber mit der Liebe schlage, trifft es deine Seele, und die liebt mich, wenn ich ihr wehe tu.

SANNA:
Und weshalb denn willst du mich schlagen?

CORDATUS:
Weil du ein schönes Kind bist, in das sich mein Versucher gesteckt hat, um mir das Glück zu stören.

SANNA (klagend):
Du willst nicht zurückkehren! —

CORDATUS:
Nie, nie, nie! Geh heim — und werde glücklich. Und wenn du es nicht können wirst, dann komm zu mir! Ich will dich's lehren, denn ich bin's.

TAMARA (plötzlich laut):
Und es zuckt und es wühlt und es windet. (Überlaut:)
Schneid mir doch das Tier aus dem Bauch!!

CORDATUS (wieder unendlich beruhigend):
Es ist nichts, Tamara. Es ist nichts.

SANNA:
Wir werden alle weinen, die alten Eltern und ich. Wir haben schon soviel geweint um dich, denn du hast uns ja so unglücklich gemacht — mit deinem Glück.

CORDATUS:
Ja — ich habe euch immer mit der Liebe geschlagen. O, daß ich euch mit dem Beile schlagen könnte! — Laß mich allein, Mädchen!

SANNA:
Soll — soll ich dir etwas schicken?

CORDATUS:
Versuche mich nicht! Der Versucher weiß, daß ich noch nicht auf dem Gipfel meiner Stärke bin. Geh hin. Ich muß noch arbeiten.

SANNA (schüttelt den Kopf und geht):
Lebwohl.

CORDATUS (sitzt und sinnt bewegungslos).

STEILZACK
(tritt barhäuptig ein und stellt sich nachdenklich in die Mitte des Raumes. Er ist ähnlich Cordatus gekleidet):
Ich habe etwas gesehn. Drei Menschen hab ich gesehn. Und das bewegt mich. Drei Menschen an diesem jungen Tag.

CORDATUS:
Drei Menschen können dich nicht bewegen, Steilzack.

STEILZACK:
So bewegt mich denn ein Geschehen. Ja — ein Geschehen bewegt mich, ein Geschehen um drei Menschen.

CORDATUS:
Ein Geschehen um drei Menschen ist auch ein Geschehen um die Welt.

STEILZACK:
Sag mir, Cordatus, lieber Herr, darf man einen Menschen töten?

CORDATUS:
Die Menschen kommen immer zu mir, um diesen Raum mit Tragödie auszufüllen. Das ist nicht gut von den Menschen.

STEILZACK:
Aber darf man einen Menschen töten?

CORDATUS:
Man darf nicht, aber man muß.

STEILZACK:
Das ist ein gefährliches Wort.

CORDATUS:
Ich weiß, daß ich ein gefährlicher Mensch in der Menschheit bin. Aber ich liebe. Und alle Liebenden sind gefährlich.

TAMARA
(kniet in einer Ecke nieder und winselt):
Und es ist ein Tier. Und es ist ein Tier. Wenn ich nur wüßt, welch ein Tier das ist!

CORDATUS (ruhig und fest):
Es ist nichts, Tamara. Es ist nichts.

STEILZACK:
Man darf nicht, aber man muß! Aber dann gibt es Gesetze.

CORDATUS:
Ja — Gesetze muß es geben, damit die Unschuldigen gestraft werden und die Sünder sich freuen können. Das alles ist ganz außerordentlich wichtig, sage ich dir.

STEILZACK:
Aber hier — hier ist doch jemand erschlagen worden! Verstehst du: mit einem Beile erschlagen!

CORDATUS:
Ich verstehe dich recht: eine Kraft hat etwas zerstört. Ein Leben hatte sich erfüllt, und da mußte auch die Form zerbrochen werden. Und da traf die Form im Niedergang ihrer Tage eine Kraft in den Stunden eines Aufgangs.

STEILZACK:
Und ich sah, wie die Kraft das Beil dieser Form mitten in die Stirn hieb.

CORDATUS:
Du sahst drei Menschen. Und es geschah große Bewegung. Da kamst du zu mir!

STEILZACK:
Nach den Gesetzen der Menschen muß jetzt auch diese Kraft getötet werden.

CORDATUS:
Das ist nicht immer nötig, aber vielleicht.

STEILZACK:
So sage mir, soll ich hingehn und anklagen?

CORDATUS:
Du sollst lieben.

STEILZACK (laut):
Freund, es ist dein Vater, der erschlagen worden ist!

CORDATUS
(erhebt sich steil, nimmt seine ganze Kraft zusammen und spricht ihm ins Gesicht):
Du sollst lieben!

TAMARA
(die wieder wandert und wiegt):
Ich hab ein Tier im Bauch. Schneid mir doch das Tier aus dem Bauch!

CORDATUS:
Es ist nichts, Tamara. Es ist nichts.

STEILZACK:
Und ich sah den Mörder und weiß sein Gesicht. Und dann sah ich die liebliche Schwester ahnungslos in der wundersüßen Wildnis hier! Soll ich anklagen, Cordatus?!

CORDATUS:
Du sollst lieben! Oder geh von mir. Geh von mir, wenn du nicht lieben kannst!

STEILZACK:
Weshalb denn mußte ich das alles sehn?

CORDATUS:
Das ist Schicksal. Jeder Blick, den wir tun, ist Schicksal und hat Bedeutung.

SAAT
(tritt auf und blickt sich fremd um).

STEILZACK (in schmerzvoller Bewegung):
Cordatus!!

SAAT (ängstlich):
Ich heiße Saat, wissen Sie. Und Sie sind ein gerechter Mensch, wird gesagt.

CORDATUS:
Wenn du Gerechtigkeit willst, so gehe zu den Richtern.
Denn ich bin ungerecht.

SAAT (flehentlich):
Ich möchte Sie, ich möchte dich gern allein sprechen,
Cordatus! Ich möchte dich gern allein sprechen.

CORDATUS:
Wenn du Schicksal hast, von dem du nicht zu allen
sprechen kannst, so schweige lieber. Denn man soll ein
Ding zu allen Menschen sagen können oder schweigen.

SAAT:
Ich bitte dich um eine Ausnahme.

CORDATUS:
Bist du so schwach, daß du nicht schweigen kannst?

SAAT:
Ich bin schwach.

CORDATUS:
Frage mich!

SAAT:
Gibt — gibt es Schuld?

CORDATUS:
Es muß Schuld geben.

STEILZACK (wendet sich ab).

CORDATUS:
Steilzack!

STEILZACK:
Ich höre, Herr!

CORDATUS:
Ist es dieser?

STEILZACK:
Er ist es!

SAAT (versteht nicht).

CORDATUS (sanft zu Saat):
Bleibe bei uns. Und laßt uns jetzt hinausgehn auf den Berg. Da ist viel Licht. Und da sind alle Dinge ganz anders.

(Er geht voran. Saat und Steilzack sehen einander ungewiß an und folgen ihm langsam).

TAMARA (laut hinterher):
Ich hab ein Tier im Bauch. Schneid mir doch das Tier aus dem Bauch, Herr!

SAAT (blickt sich verstört um).

CORDATUS:
Es ist nichts, Tamara. Es ist nichts.

Die Stadt. Ein freier Platz. Im Hintergrunde eine Reihe Häuser.

SAAT
(steht im Vordergrunde, die Hände in den Taschen und blickt zu Boden).

WACHTLER
(kommt. Ein altes Männchen mit listigen Augen voller Neugierde. Er bleibt dicht bei Saat stehn und betrachtet ihn mit großer Aufmerksamkeit):
Ehemmhemm!!

SAAT (sieht sich schnell um).

WACHTLER:
So macht man sich bemerkbar. Ja — sehn Sie, Herr.

SAAT
(wendet sich ihm voll zu und blickt ihn fragend an).

WACHTLER:
Ich heiße Wachtler. Sie sind ganz fremd in der Stadt, wie ich sehe.

SAAT:
Wie können Sie das wissen? Die Stadt ist doch sehr groß.

WACHTLER:
Ja — die Stadt ist groß, aber die Menschen sind klein. Je größer die Stadt, desto kleiner die Menschen. Aber trotzdem: ich weiß alles. Es ist geradezu beängstigend was ich alles weiß. Es gibt in allen Städten Menschen, die immer alles wissen! Alles!

SAAT:
Zum Beispiel . . . Ich verstehe gar nicht.

WACHTLER:
Ja — es ist heute sehr aufregend in unserer Stadt. Von dem Skandal in der Kirche hörten Sie wohl! Nicht? Der heilige Cordatus hat da den Gottesdienst gestört, den Pfarrer von der Kanzel vertrieben und ein Viertelstündchen selber gepredigt, wovon die Leute alle außerordentlich erbaut waren.

SAAT:
Cordatus?

WACHTLER:
Ja — Sie warten doch hier auf ihn, wie ich sehe. Warten Sie nur, es dauert nicht mehr lange, so wird er dort um die Ecke kommen.

SAAT:
Cordatus?

WACHTLER:
Ja doch, sage ich Ihnen. Jetzt ist er noch in den Herbergen, kleinen Kneipen und Diebesspelunken herum, wo die Verbrecher und Betrüger, die Armseligen und Bedrängten und schlimmen Leute ihre Zeit fristen. Die Bürger dieser Stadt behaupten, er lehre diesen zweifelhaften Wesen das lichtscheue Handwerk — aber ich glaube nicht, was die Bürger sagen.

SAAT:
Und Sie warten hier auch auf Cordatus?

WACHTLER:
Ja — er wird dort an der Ecke stehn bleiben und jedem Menschen, der es will, eine wichtige Lebensfrage beantworten. O — die jungen Mädchen und Frauen bedrängen

ihn dann sehr. Und die alten Weiber sitzen herum und weinen.

SAAT:
Und die Männer wollen nichts von ihm wissen ...

WACHTLER:
Hm! Wissen Sie, das ist anders. Die Männer suchen ihn lieber insgeheim auf. Öffentlich sind sie ihm nicht wohlgesonnen.

TIOMA BETTY
(eine schöne stattliche Dame geht, mit den Augen in der Ferne suchend, vorüber).

WACHTLER (blinzelt Saat zu):
Das ist Tioma Betty, unserer Stadt Immerbeweger, eine heiße Hübscherin, aber seit vier Wochen keusch und züchtig. Sie muß ein Gelübde abgelegt haben. Wem? das werde ich in einer Stunde erfahren. — Ha! Jetzt wird es lebendig!

SAAT:
Ich sehe nichts.

WACHTLER:
Nein, Herr! Sie sehen nichts. Aber ich sehe dort den Polizeigewaltigen unserer Stadt hin und her spazieren. Der vornehme Herr dort, der sich den blauen Himmel besieht. Er heißt Festus, wissen Sie, Festus, wie der Landpfleger in der Apostelgeschichte, dem sich Paulus zu verantworten hatte. Ja — Festus.

SAAT (vorsichtig):
Was soll denn das da geben?

WACHTLER (mit prüfendem Blick):
Das kann eine ganz besondere Geschichte sein. Aber ich glaube nicht, daß es die besondere Geschichte ist.

Dazu ist es noch zu frühe. Dieser Festus ist jedoch dem heiligen Cordatus wohlgewogen. Dessen Vater ist nämlich, müssen Sie wissen, der reichste Mann in der Stadt.

SAAT (erstaunt):
Sein Vater lebt in dieser Stadt?

WACHTLER:
Ehemm! Ja. Lebt. Hat gelebt ist wohl richtiger. Aber das weiß noch kein Mensch, daß dieser Vater schon gelebt hat.

SAAT:
Jetzt verstehe ich Sie gar nicht.

WACHTLER:
Das will ich meinen. Sie wissen nichts. Sie sind ja fremd hier. Aber deshalb will ich's Ihnen gern sagen. Dieser Vater ist heute früh im wilden Stadtwald mit einem Beile erschlagen worden.

SAAT (schreit wie gelähmt):
Sein Vater! Das ist ja gar nicht möglich!! Herr!! Hören Sie doch! (Er greift ihn an.)

WACHTLER:
Werden Sie nicht so auffällig, junger Mann. Sehen Sie dort: der Festus ist schon aufmerksam. Ja — man muß immer vorsichtig sein. Aber bleiben Sie ganz ruhig. Ich werde nichts sagen. Das tue ich nie. Ich schaue nur immer zu und weiß von nichts. So werde ich nie hineingezogen. Das nenne ich Leben! Man wird die Leiche finden, dann wird man mit allen Errungenschaften der Kriminalistik nach dem Verbrecher forschen. Wissen Sie, so vom Mord bis zur Hinrichtung den ganzen Werdegang einer Sache, die man im voraus mit allen Finessen kennt, zu beobachten, ist außerordentlich wohltuend.

20

Aber um Gotteswillen, beruhigen Sie sich doch, Herr! Ich bin in der Tat wie das Grab.

SAAT
(versucht es, schnell fortzugehn, schwankt aber hin und her und kommt schließlich nur langsam vom Platze).

WACHTLER (sieht ihm eifrig nach):
Sehr — spannend — ja —. Da kommt auch Cordatus.
(Stolpert mit kleinen Schritten hinterdrein.)

DIE VERKETTETEN
(ein Mann und eine Frau, kommen. Der Mann geht rechts und die Frau links. Sie sind, nicht sichtbar, unten am Handgelenk durch eine Kette verbunden).

DER MANN:
Ich will von dem Menschen nichts wissen. Komm fort, wir gehn hinaus auf die Felder.

DIE FRAU (klagend):
Du bereitest mir niemals eine Freude, niemals! Und besonders dann nicht, wenn ich dich um etwas bitte.

DER MANN:
Aber Kind, sieh hin. Er ist ein Hanswurst. Nichts weiter.

DIE FRAU (dem Weinen nahe):
Was ich für heilig ansehe, das trittst du mit Füßen. Und du bringst mich soweit, daß ich verrückt werde an deiner Seite. Das willst du auch, scheint mir, nur erreichen.

DER MANN:
Weshalb denn haben wir uns nur durch die Stahl= kette so zusammengeschlossen, und weshalb ließ ich dich nur den Schlüssel ins Wasser werfen?

DIE FRAU:
So schnell bereust du das? Doch ja — ich bereue es auch schon.

DER MANN:
Ich glaube, wir sind beide verrückt gewesen. Denn wir können uns ja nicht einmal entkleiden!

DIE FRAU (weinend):
Wir müssen zu einem Schlosser gehn und uns trennen lassen. O — wie ich mich schäme, denn dann weiß es die ganze Stadt.

DER MANN:
Und doch war es nur deine Eifersucht, die diesen Unsinn verursachte.

DIE FRAU:
Reiß mich nicht so! Sieh doch, wie wund mich die Kette gescheuert hat!

DER MANN:
Ja — es ist schmerzhaft, aber du hast es gewollt!

DIE FRAU:
Aber deine Augen schimmerten vor Seligkeit, als ich es wollte.

DER MANN:
Die Ketten sind das Unbedachtsame hinieden.

CORDATUS
(tritt barhäuptig auf. Ihm folgen Steilzack, ebenfalls barhäuptig, Wachtler und eine Reihe von Leuten beiderlei Geschlechts, wie man in einer Stadt einem Sonderlinge neugierig folgt).

FESTUS
(tritt ebenfalls auf. Ein vornehmer, schöner Mann in Zylinderhut und Gehrockanzug. Er bleibt abseits von den anderen stehn).

DIE VERKETTETEN
(drücken sich nach dem Hintergrunde. Der Mann versucht, die Frau fortzuziehn, aber die Frau zwingt ihn durch Widerstand, zu bleiben).

DER MANN (gereizt):
Der Mensch ist doch betrunken! Siehst du das nicht?

CORDATUS (hört es):
Ja — ich trank Wein. Ich trank guten Wein, sehr viel. Hat euch Christus nicht gelehrt Wein zu trinken? Er tat's. Und indem er's tat, lehrte er euch zugleich das Geheimnis des Weins. Aber ihr habt's nicht begriffen. Ich aber, ich begriff es, denn ich bin der ewige Mensch.

DER MANN:
Das ist doch unerhört, was er da spricht! Da müßte doch die Polizei einschreiten! (Unwilliges Gemurmel.) Das hätte schon längst geschehen müssen. Aber die Bürger fürchten das Verbrechergesindel, unter dessen Schutz er steht.

CORDATUS:
Schuld und Sünde sind Bewegungen auf der Straße zur Vollendung, zur Vollendung des Sünders und zur Vollendung der Welt. Schafft eure bürgerlichen Gesetze ab, so gibt es keine Sünde mehr.

DER MANN (in höchster Erregung):
Das ist ein Skandal!

CORDATUS:
Und diese Schuld, das Verbrechen, kommt aus den= selben Gesetzen, durch welche Sonne, Mond und Sterne bewegt werden und durch welche die Menschen ange= halten werden, Gutes zu tun. Christus hat das ver= schwiegen. Und er hat noch vieles verschwiegen, wie es

überhaupt besser ist, viele Dinge auf Erden den Menschen zu verschweigen. Aber eben dadurch hat er ein Feuer angezündet, das brennt noch immer. Schwert und Zwietracht ist er gewesen bis nun.

JEMAND AUS DEM VOLKE:
Und auch du verschweigst?

CORDATUS:
Ja — ich verschweige. Doch ich werde noch einmal alles aussprechen, denn ich bin vom Geist der Wahrheit, der noch nicht gekommen ist.

FESTUS (laut):
Paulus, du rasest. Die große Kunst macht dich rasend.

CORDATUS (versteht und lächelt):
Mein teurer Festus, ich rase nicht, sondern ich rede wahre und vernünftige Worte.

FESTUS (im Abgehen):
Dieser Mensch hat nichts getan.

CORDATUS:
Seht, ich lehre euch die Freude und nicht das Trübe in der Liebe.

STEILZACK:
Jede Freude hat ein Loch.

CORDATUS (begeistert):
Aber neben dem Loche, da ist es heil!

STEILZACK (rauh):
Neben dem Loche ist es heil.

SAAT
(stürzt blutleer schwankend in die Szene und fällt, die Hände erhoben, vor Cordatus nieder):

Ich bin's!! Ich bin's!!!

CORDATUS:
Warum denn, lieber Freund? Man muß das Schicksal niemals drängen!

SAAT
(erhebt sich fassungslos und wankt zurück mit riesengroßen Augen auf Cordatus):

Das — ist — ein — Idiot!

STEILZACK (schnell ab).

CORDATUS (erschüttert).

TIOMA BETTY
(ist gekommen, geht auf Cordatus zu und spricht mit leiser Stimme):

Du hast Tränen, Geliebter!

CORDATUS (legt die Hand auf sie und sagt fest):
Der Tau ist des Regens Hirte!
(Er geht.)

(Das Volk ist bestürzt und bewegt.)

Abend. Die Wohnung des Cordatus.

CORDATUS
(sitzt in seiner Ecke auf dem Fußboden und sinnt).

TIOMA BETTY
(tritt ein. Sie hat ein Tuch um den Kopf):

Hier wohnst du, Freund!

CORDATUS:
Ja — es ist eine gute Wohnung. Laß sie dir gefallen, Tioma Betty.

TIOMA BETTY:
Und du hast keinen Stuhl und keinen Tisch.

CORDATUS (weist auf den Fußboden):
Das ist mein Stuhl und mein Tisch.

TIOMA BETTY
Aber wenn du schreiben willst, Geliebter ...

CORDATUS:
Ich schreibe nie: denken und manchmal reden: das ist Lebenssinn. Und so du keinen Gegenstand besitzest, wird er dir nicht Ärger und Verdruß bereiten.

TIOMA BETTY:
Und wo werden wir schlafen?

CORDATUS:
Dies ist mein Bett, und das ist dein Bett, Tioma Betty. (Er zeigt in verschiedene Ecken des Raumes.) Wir wollen uns zur Ruhe legen.

TIOMA BETTY:
Und weshalb habe ich mich so geschmückt?

CORDATUS (legt sich nieder):
Ich bin dein Bräutigam, Tioma Betty. Und du bist die hochzeitliche Braut.

TIOMA BETTY:
Und so sollen wir leben bis ans Ende unserer Tage?!

CORDATUS:
Du wirst keine Sorge haben.

TIOMA BETTY:
Aber was werden wir essen? Welches ist deine Arbeit, die dir Nahrung schafft?

CORDATUS:
Es ist für den Geist besser, daß der Körper von Wasser und Brot lebe und nichts tue, als zu fressen und zu saufen und dabei stündlich beschäftigt zu sein und Mißbrauch der Gliedmaßen zu treiben.

TIOMA BETTY (ganz verlassen):
Und ich soll mich in diese Ecke legen ...

CORDATUS:
Du wirst müde sein, Tioma Betty.

TIOMA BETTY:
Aber nein, Geliebter. Ich bin gar nicht müde. Ich setze mich zu dir, und du sprichst.

CORDATUS:
Du wirst müde sein, Tioma Betty.

TIOMA BETTY (betrübt):
Wenn du es sagst ›..
(Sie setzt sich in ihre Ecke und legt sich dann nieder.)
Du hast auch kein Licht, Geliebter!

CORDATUS:
Hüte dich vor der Dämmerung, aber liebe das Dunkel, dann kommen die ruhigen Rinder mit riesigen Hörnern.
(Schweigen.)

TIOMA BETTY (aufrecht):
Ich kann so nicht schlafen ..... Ich kann nicht! ..... Hörst du!
(Schweigen.).

CORDATUS:
Steh auf, Tioma Betty. Das Bett ist gut. Es ist das Bett der ganz Glücklichen. Aber ich will, bis du's kannst, noch dein Kissen sein. Komm her und lagere deinen Kopf auf meiner Brust.

TIOMA BETTY (geht schweigend zu ihm).

CORDATUS:
Du schweigst, und es ist gut, daß du das tust. Man muß sehr viel schweigen auf dieser Welt.

TIOMA BETTY
(kniet vor ihm nieder und legt sich hin, den Kopf auf seiner Brust.)

CORDATUS:
Tioma Betty, hast du mich lieb?

TIOMA BETTY:
Ich wäre nicht hier.

CORDATUS:
Schlafe.

(Schweigen.)

CORDATUS:
Wenn du mich lieb hast, Tioma Betty, — schlafe...

TAMARA (kommt behutsam):
Ich hab ein Tier im Bauch. Schneid mir doch das Tier aus dem Bauch!

CORDATUS:
Es ist nichts, Tamara. Es ist nichts.

TIOMA BETTY
(fährt in wahnsinniger Angst wild auf und schreit unterdrückt):
Cordatus! —

CORDATUS:
Wenn du mich lieb hast, Tioma Betty, — schlafe.

TIOMA BETTY
(legt ihr Gesicht wimmernd auf seine Brust).

TAMARA
(legt sich in die andere Ecke, richtet sich auf, legt sich wieder hin):
Und es zuckt und es wühlt und es windet! Wenn ich nur wüßt, welch ein Tier das ist!

CORDATUS:
Es ist nichts, Tamara. Es ist nichts.

TIOMA BETTY (weint krampfhaft).

CORDATUS:
Wenn du mich lieb hast, Tioma Betty, — schlafe...

Nächster Morgen. Berggipfel.

CORDATUS
(barhäuptig, hingestreckt, blickt in die Ferne).

TIOMA BETTY
(kommt leise und bleibt hinter ihm stehn):
Ein schöner Tag.

CORDATUS:
Ehe die Sonne hinunter ist, wirst du vor Tränen ermattet sein.

TIOMA BETTY:
Warum?

CORDATUS (blickt nach ihr):
Du hast ein Buch?

TIOMA BETTY:
Ja — ein Buch. Steilzack hat deine Aussprüche gesammelt und sie niedergeschrieben. Das ist nun »Das Cordatum«.

CORDATUS
(nimmt das Buch, aber sieht es nicht an):
Bücher schreiben ist eine unsittliche Handlung. Ein Buch ist immer ein unanständig Ding. Das Lesen von Büchern aber ist das Schlimmste, denn das ist eine verkehrte Befleckung. (Er wirft es hinaus.) Da fällt's in die Schlucht. Dort mag's bleiben. Was ich gesprochen habe, das lebt. Man soll's nicht sargen.

DER DICHTER
(tritt auf, barhäuptig, achtzigjährig. Tolstoi-Maske):
Es ist gut, daß ich dir begegne auf meinem letzten Wege.

CORDATUS:
Ich habe nichts mit dir zu schaffen, Greis, denn du bist ein Abtrünniger, wenngleich die Armen und Bedrängten dich preisen und das ganze Volk vor deinem Dichtwerk auf den Knien liegt.

DER DICHTER:
Ich weiß, daß ich gefehlt habe, und deshalb gehe ich meinen letzten Weg.

CORDATUS:
Wohin führt es dich?

DER DICHTER:
Fort von den Meinen. Das ist es!

CORDATUS:
Ich will dein Strafer und dein Tröster sein.

DER DICHTER:
Du strafst auch? Ich glaubte, du könntest nur lieben.

CORDATUS:
Die Geistigschwachen und die Hundsköpfigen und die Schweinsohrigen, die Schafsäugigen und die Kotschnäuzigen und die Eselsköpfigen — ja — die liebe ich, Greis. Aber die da geistig stark sind und die Mißbrauch mit dem Geiste treiben, die strafe ich.

DER DICHTER:
Ich weiß vor meinem Gott, daß ich nicht Mißbrauch des Geistes getrieben habe.

CORDATUS:
Aber die Kobolde und nächtlichen Herzdrücker gingen doch nicht von deiner Brust, denn du hast den ewigen Menschen verraten.

DER DICHTER:
Verraten habe ich ihn nicht!

CORDATUS:
So nenne mir das oberste Gesetz.

DER DICHTER:
Geh hin und verkaufe alles, was du hast, und gib's den Armen!

CORDATUS:
Das hast du getan?

DER DICHTER:
Ja — soweit ich nur konnte. Und ich hab keine Schätze gesammelt.

CORDATUS:
Eines aber, reicher Jüngling, hast du mißachtet: »Folge mir nach!« — Das tatest du nicht. Du bliebst bei den Deinen. Und so ist dein halbes Christentum schlimmer als ein ganzes Heidentum. Denn ein halbes Christentum ist keine Religion, aber ein ganzes Heidentum ist Religion. Das Ganze ist immer die Wahrheit.

DER DICHTER (klagend):
Ich sagte dir: ich gehe meinen letzten Weg. Denn nun habe ich auch die Meinen verlassen.

CORDATUS:
Ja — es ist dein letzter Weg. Denn du wirst sterben

noch in dieser Nacht. Was du von diesem Morgen des Entschlusses bis zu dieser Nacht tust, das allein ist lebendig von dir zu ihm.

DER DICHTER:
Und das Kreutzerwerk, und das Evangelium, und das ganze Werk meiner achtzig Jahre?

CORDATUS:
Das wird vergessen werden, Greis. Denn du hast dies alles gewußt und bist feige gewesen. Die geübte Liebe wird leben, die geschriebene Liebe aber wird zuschanden werden.

DER DICHTER (weint).

CORDATUS:
Du hast gewußt: es kann der Mensch auf dieser Welt gar nicht einsam genug sein. Du glichst bis nun der Jungfrau, die da glaubt, ein Tier im Bauch zu haben.

DER DICHTER:
So sage mir! Kann man auf Erden Christus werden?

CORDATUS:
Man kann es. Und wenn man es kann, dann soll man es.

DER DICHTER:
Bist du Christus?

CORDATUS:
Du sagst es.

DER DICHTER:
So laß mich mit dir beten!

CORDATUS:
Ich bete nie!

DER DICHTER (laut weinend):
Bist du Christus?

CORDATUS:
Ich bin's. Und du gehst jetzt hin, um es sterbend zu werden. Ja — das sei dein Trost! Du bist einen Tag in deinem Leben Christus gewesen... Zieh hin...

DER DICHTER (geht).

TIOMA BETTY:
Du bist hart.

CORDATUS:
Er wird gut schlafen.

TIOMA BETTY:
Mausche Michel kommt über den Berg.

CORDATUS:
Ich liebe ihn. Es gibt überall auf der Welt ein paar Gestalten, die jeder kennt, weil sie außerhalb aller bürgerlichen Einrichtungen leben, und die deshalb verlacht werden. Diese Gestalten liebe ich, denn irgendwie verkörpern sie die Sehnsucht der Menschen.

MAUSCHE MICHEL
(kommt unglaublich zerrissen. Er trägt einen langen, grauen Bart. In der Hand hält er einen langen Pfahl als Stock. Über der Schulter liegt ein Sack):
A guten Tag.

CORDATUS:
Wohin, Mausche Michel?

MAUSCHE MICHEL:
Nu, lieber Freind, ich komm fragen, ob Ihr eppes bedarft: e Hemed, e Röck oder Schich...

CORDATUS:
Ich brauche nichts, Mausche. Auch hab ich, wie Ihr wißt, kein Geld.

MAUSCHE:
Ich brauch kein Geld nit vun Eich. Ihr seid a guter Menß... (Lächelnd:) Aber der Messias seid Ihr doch nit.

CORDATUS:
Was kommt's drauf an? Das Rad muß einen Stoß bekommen, wenn's auszurollen droht!

MAUSCHE MICHEL:
Wos kimmern sich die Menßen...

CORDATUS:
Wenn's nicht tausend sind, dann sind's hundert, und wenn's nicht hundert sind, dann sind's zehn. Und wenn's einer lernt: der Schmerz ist das Glück und der Sender weiß und leide mit Liebe, dann ist es genug. Es gibt nur ein Himmelsgebirge, Mausche Michel, nur eins!

MAUSCHE MICHEL:
Ihr seid a großer Gelernter. Recht habt Ihr.
(Er geht.)

CORDATUS (zu Tioma Betty):
Vergiß das nicht: auch die größten Christen waren Juden.

TAMARA (kommt wiegenden Schritts):
Ich hab ein Tier im Bauch. Schneid mir doch das Tier aus dem Bauch.

CORDATUS (schweigt).

TAMARA (zögernd):
Es ist nichts, Tamara. Es ist nichts. (Sie erschrickt).

TIOMA BETTY (erbebt).

TAMARA (geht langsam vorüber):
Es ist nichts, Tamara. Es ist nichts.

CORDATUS (erhebt sich):
Nein — es ist nichts. — Laß uns zu Tale steigen.
Die Menschen rühren sich in den Niederungen.

TIOMA BETTY:
Ich fürchte mich vor den Tälern der Menschen.

CORDATUS:
Bleibe auf dem Gipfel. (Er geht schnell ab).

TIOMA BETTY (folgt ihm langsam, erstaunt).

STEILZACK
(kommt mit mehreren Männern, darunter Saat und der verkettete Mann):
Dort geht er hinunter. Und die Stadthure folgt ihm in der Entfernung.

DER VERKETTETE MANN:
Am Steinbruch können wir ihn erreichen.

SAAT:
Ja — am Steinbruch.

STEILZACK:
Kommt.
(Sie gehen.)

SAAT

(bleibt plötzlich zurück, wankt hin und her, fällt in die Knie und zittert heftig. Dann faltet er die Hände empor und ächzt):

Es haben größere Menschen als ich an Gott geglaubt, größere Menschen! Weshalb gabst du mir, Gott, Eigenschaften, die mich schuldig werden lassen mußten!!!

WACHTLER (kommt angetrippelt):

Ja — mein Freund, die Reue ist etwas Verspätetes.

SAAT
(springt in heftiger Aufwallung hoch):

Stören Sie mich nicht, Mann!

WACHTLER:

Und nun wollen sie den heiligen Cordatus steinigen! Schlecht sind die Menschen, Herr. Schlecht! Die Menschen schämen sich, und aus Scham sind sie schlecht, sage ich Ihnen. Auch Christus wurde getötet, weil sich die Menschen vor ihm schämten. Greulich, au=ßer=or=dent=lich greulich!!! Haben Sie verstanden?!! —

SAAT (weicht zurück):

Ich weiß nicht — — —

WACHTLER (mit steigender Erregung):

Aber dann kommt das Gesetz, Bursche, hörst du, das Gesetz! Und dann werdet ihr gestraft, nicht weil ihr dies oder jenes getan habt, das tun bessere Menschen auch, sondern weil ihr es verludert habt, das Gute und die Liebe in den Dingen zu suchen. Und du stehst vor einem unbegreifbaren Gericht, schweißig, naß wie ein Lamm, das von hinten gesogen hat! Ja — die Frucht wollt ihr nicht, aber die Wollust darf euch nicht genommen werden. Dafür schwebt stündlich das Beil des Henkers über euch. Und einmal fällt es ganz plötzlich! Ihr aber könnt nicht mehr den letzten Gang des Menschen zum Topfe machen. Ihr könnt euch nicht verstecken, wie die Tiere und Vögel es tun, wenn sie sterben. Ihr seid verurteilt, mit Kot in den Hosen vor sittsamer Leute Augen zu verrecken! Dann wird euch das Wort fehlen, das jener, den ihr dort mit Steinen totschlagt, gelehrt hat: Leide mit Liebe!! — Leide mit Liebe!!! — — — Ich bin ein Faun, ja — aber dann ist im Faun Liebe und natürliche Kraft!

SAAT
(steht vernichtet. Nach einer Weile):
Der — Leichnam ist noch immer nicht gefunden worden.

WACHTLER (unheimlich):
Nein — hier — ist er — Bube!

DER VATER
(tritt auf. Die Stirn ist hochgeschwollen, die Haut in der Mitte geplatzt. Das Gesicht ist mit geronnenem Blut bedeckt. Zwei irre Augen stieren umher).

SAAT
(steif wie eine Säule, streckt er beide Arme ganz steil aufwärts).

WACHTLER
(steht gespannt in schiefster Haltung):
Der Körper lebt. Nur der Geist ist tot.
(Des Vaters Augen bleiben plötzlich auf Saat sitzen und werden immer größer.)

DER VATER (mit ruhiger Verwunderung):
Herr Jesus, das ist er ja... Herr Jesus, das ist er ja!
(Er zuckt zusammen, streckt beide Hände wie zur Abwehr weit vor sich und schreit:)

Das Beil!!!
(Dann läßt er die Arme sinken. Eine Welle Wut rinnt über ihn.)

SAAT
(stößt ein unmenschliches Geheul aus, einem Wolfsgeheul ähnlich.
So stürzt er schwankend davon).

DER VATER
(folgt ihm mit taumelnden Schritten).

WACHTLER
(sammelt alle Kräfte und sinnt in die Weite):
Ja — — — immerhin — — — spannend — — —

Später. Ein Abend auf dem Berge.

TIOMA BETTY und SANNA
(sehr einfach, zum Teil abgetragen, gekleidet. Das Haar tragen sie zu langen Zöpfen geflochten).

TIOMA BETTY:
Es wird feucht in den Tälern. Und die Lichtketten fangen an zu tanzen.

SANNA (auf der Erde sitzend):
Wollen wir hinabgehn nach der Stadt oder hier oben übernachten im leeren Raume?

TIOMA BETTY:
Hier oben im leeren Raume, denke ich...

SANNA (zögernd):
Das ist so schmerzvoll.

TIOMA BETTY:
Ich glaube, du hegst noch immer eine Furcht.

SANNA:
Was kann man uns tun. Man hat uns schon alles getan.

TAMARA
(kommt und bleibt abseits stehn).

TIOMA BETTY:
Man darf das Blut nicht hemmen, wenn es brausen will, Sanna. Wir leben, und das heißt verbrauchen und Beziehungen zum Sender durch den Heiland suchen.

SANNA:
Wenn ich die Sterne sehe und den Sommer atme, dann will ich den Gott unmittelbar.

TIOMA BETTY:
Lebe deinen Tag und lebe deine Nacht. Gott nimmt den Menschen niemals anders als durch den Heiland, den er gesandt hat, und unter dessen Stirn eine Erdperiode steht.

SANNA:
Wer hat dir das alles gesagt?

TIOMA BETTY:
Ich habe mir ein Buch heraufgeholt, das lag dort unten in der Schlucht, und da ist das alles ausgesprochen.

TAMARA (noch immer abseits):
Er hat mich gesund gemacht. Wenn ich ihm danken könnte mit meinem Leben, danken...
⟨Tiefes Schweigen.⟩

TIOMA BETTY:
Ob sie ihn nicht doch noch in den Fluß geworfen haben?

TAMARA:
Die Wellen hätten ihn wie einen König vor sich hergetragen, und die Fische hätten ihn auf den Sand gehoben. Und dann hätten die Vögel geschluchzt und die

Tiere geweint, der Mond aber wäre von selber verlöscht in der Nacht.

SANNA (ist aufgestanden):
Es gibt Menschen — so las ich einmal in einem Buche ohne Orthographie — es gibt Menschen, deren Leichnam weder Wasser noch Erde verbergen kann. Die Wogen speien ihn aus, und die Erde bricht auf und wirft ihn auf den Acker.

TIOMA BETTY:
Und warum?

SANNA:
Weil dieser taumelnde Ball die erlösende Wucht seiner Seele als Schmerz empfunden hat. Das stand so in diesem alten Buche geschrieben.

TAMARA (tritt unruhig herzu):
Ich fürchte diese einsamen Männer, die immer so steif und einzeln am Abend in der Landschaft stehn. Warum ist es niemals eine Frau ...

TIOMA BETTY (nachdenklich wiederholend):
Die Wogen speien ihn aus, und die Erde bricht auf und wirft ihn auf den Acker.

SANNA:
Das stand da so schön geschrieben, Tioma Betty, zum Weinen schön geschrieben.

TIOMA BETTY:
Man kann es immer noch einmal sagen: Die Wogen speien ihn aus, und die Erde bricht auf und wirft ihn auf den Acker.

TAMARA:
Jetzt ist er ganz nah bei uns — — der Mann. —

EIN FREMDER MANN
(tritt auf, bleibt aber ganz hart an der Seite stehn und blickt teilnahm-
los aber unverwandt ins Weite hinaus. Seine Kleidung ist vollkommen
zerrissen, sein blonder Vollbart ungepflegt und zerzaust. Sein Antlitz
ist hohl und läßt auf große Anstrengungen schließen).
(Die Frauen stehen hart auf der gegenüberliegenden Seite, nicht furchtsam gerade, doch vielleicht ein wenig betreten.)

SANNA (leise):
Laßt uns zur Stadt hinuntergehn.

TIOMA BETTY:
Fürchtet nichts. Ich bin stark. — Bleibet auf dem Berge, nur hier könnten wir ihn treffen, so er noch einmal zu uns kommen sollte.

SANNA:
Es ist ja so lange her.

DER FREMDE MANN (fern und ruhig):
Wen sucht ihr, Mädchen...
(Schweigen.)

DER MANN:
Ich kenne alle Pfade auf der Erde, und jeder Fußdruck ist mir flüssig in der Menschheit.

SANNA (leise):
Antworte ihm, Tioma Betty. Er ist arm und bloß.

DER MANN:
Und wenn die schweren Sommerregen durch die Lande

streichen und der Boden Schlamm wird und ungewiß, so weiß ich dennoch alle Schritte aller Wesen, denn sie sind durch ihn und mich zu den Dingen.

TAMARA:
Tioma Betty, sage ihm doch ein Wort.

DER MANN:
Armut bindet. Ich bin euer Bruder, wenn ihr arm seid.

TIOMA BETTY:
Und doch birgt ein Wort für verschiedene Menschen immer verschiedene Begriffe. So ist überall immer Babel auf Erden.

DER MANN:
Das ist es. Denn die Menschen haben zuviel Worte erdacht. Dort steigt der Mond, ein Lichtschnitt am Firmament. Hätten die Menschen doch das Rätsel des nächtlichen Feuerzeichens am Himmel ertragen, ohne durch ein Wort zu der Summe der irdischen Begriffe zu drängen, nie wäre der Mensch auf Erden Bürger geworden, sondern Mensch. Vergeßt den irdischen Namen des rätselhaften Gestirns, und es sei Liebe unter dem leuchtenden Bilde und Schweigen, und die unsicheren Dichter werden nicht mehr sein.

SANNA:
Es ist seltsam in dieser Zeit, daß die Menschen alle anfangen, von den wahrhaftigen Dingen zu reden.

DER MANN:
Die Menschen beginnen langsam wieder zu denken. Die auf den Bergen und an den großen Wassern haben

schon immer gedacht. Und nun sind die Berge und die
großen Wasser auch zu den anderen gekommen.

TIOMA BETTY:
Kennst du Cordatus?

DER MANN:
Ein Name ist ein Begriff, unter dem man sich dieses
oder jenes vorstellt. Aber es gibt nur eine Weltanschauung,
denn es gibt nur einen Gott. Und diese eine Welt=
anschauung hat der Mensch nur dann in voller Reinheit
errungen, wenn er in sich gegen alle Dinge keinen Wider=
stand mehr ausspürt.

SANNA:
Kennst du Cordatus?

TAMARA:
Er lebte wie die Lilien auf dem Felde und wie die
Vögel unter dem Himmel, frei, ganz frei und auch so
frei den Steinwürfen der Menschen ausgesetzt.

DER MANN:
Wenn ich dem emsigen Treiben der Vöglein zuschaue,
ist mir, als müßte ich gleich in ihre Nester kriechen.

TIOMA BETTY (nachdenklich wiederholend):
... so er in sich gegen alle Dinge keinen Widerstand
mehr ausspürt.

SANNA:
Lebst auch du den letzten Heiland Christus?

DER MANN (tritt näher):
Lasset uns von Christo reden.

TIOMA BETTY:
Um die christlichen Dinge ist es schlecht auf Erden bestellt, denn es rufen alle Priesterlichen zu dem Heiland: Salbater, Salbater, Salbater ...

SANNA:
Sprich, was du glaubst ...
(Die Mädchen treten näher.)

DER MANN:
Christus sprach: Ich will den Vater bitten, daß er euch einen anderen Tröster gebe, der bei euch bleibe ewig. Und der Tröster, das ist der heilige Geist, welchen mein Vater senden wird in meinem Namen, wird euch alles lehren und euch erinnern alles dessen, das ich euch gesagt habe. Wenn dieser Geist der Wahrheit kommen wird, der wird euch in alle Wahrheit leiten. Denn er wird nicht von ihm selber reden, sondern was er hören wird, das wird er sagen, und was zukünftig ist, wird er euch verkündigen. Derselbe wird mich verklären ...

TIOMA BETTY:
Und du glaubst — — —

DER MANN:
— — — daß ein Heiland diese Welt bis in alle Ewigkeit erkannt hat! Seht — der Tröster ist noch nicht gekommen in die Menschheit. Denn das Feuer, das der Heiland Christ entzündet hat, brennt noch immer. Doch es wachsen die wahrhaftigen Streiter ringsher und verkünden, daß auch Christi Wunder nur Gleichnisse sind.

Und die Verkünder sind nicht Schriftner mehr, sondern Dichter, die ihr Leben als ein Dichtwerk leben! Das sind die Großen, die den Wind bewegen nnd auf Erden himmlisch sind.

TIOMA BETTY:
Und die Stadt Jerusalem, die vorerst zerstürzen soll?

DER MANN:
Jede Stadt ist Jerusalem! Zu den Menschen darf man nur in Bildern reden, denn der Worte Sinn ist vielfach und verändert sich im Lauf der Zeit.

TAMARA (ängstlich):
Und so ist nichts vollendet, und wir stehen mitten drin — — —

DER MANN:
Dein Hirn schreit — und du weißt keinen Ausweg. Du aufheulst in Nacht aus dem Leibe! Doch der Geist der Wahrheit wird die Schlacht gewinnen. Jetzt ist die Zeit, da der heilige Geist über alle kommt.
(Er wendet sich zum Gehen.)

TIOMA BETTY:
Bleibe bei uns diese Nacht bis zum Morgen.

DER MANN:
Ich muß wandern. Ich muß wandern. Freundlich sind die Straßen in der Nacht. Ich muß wandern, immer weiter, weiter wandern ... Wachst, Kindlein, wachst! Der Fürst der Welt braucht Kämpfer für sein Reich!
(Er geht.)
(Schweigen.)

SANNA:
Wie es plötzlich dunkel um uns ist.

TAMARA:
Alles Licht von außen hat er mitgenommen.

TIOMA BETTY:
Innen brennt's ... Und die Wärme wird den Wind bewegen. Und Jerusalem wird zerbrechen. Und ich seh die Menschen auf den Fluren wie die Bäume und die Blumen leben: lächeln, atmen, lieben und bewegungslos schauern oder auch in den erschütternden Welt- und Schicksalswinden eine ergreifende Erhabenheit in das helle All rauschen.

SANNA ⟨in unverhoffter Starre⟩:
Tioma! Tioma Betty!! Halte mich fest, halte mich ganz, ganz fest!!!
⟨Sie hängt an ihrem Arme.⟩

TIOMA BETTY ⟨groß und ruhig⟩:
Du weißt es! —

SANNA
⟨am ganzen Körper fliegend⟩:
Tamara — geh — geh — fasse ihn — Cordatus! — ⟨Sie ruft hinaus⟩: Cordatus!!! Eile! O Gott — eile doch. Ich kann nicht! Weshalb habt ihr nicht erkannt! Weshalb wart ihr blind! blind!! blind!!! Fasse ihn — fasse ihn in der Nacht!!
⟨Sie springt hinaus.⟩

TAMARA
⟨mit großen Augen schwankend hinterher⟩:
Dank, Dank, Dank, Dank — — —

TIOMA BETTY ⟨leuchtet⟩:
Und sie erkannten ihn nicht! — Nun greifen wir ihn nicht mehr mit den Händen ...

ENDE

Walther Georg Hartmann
Wir Menschen
Gedichte

Kurt Wolff Verlag München

[3089]

Bücherei „Der Jüngste Tag" Band 79
Gedruckt bei Dietsch & Brückner, Weimar

Copyright 1920 by Kurt Wolff Verlag, München

I
Wir Menschen

Menschen

Über die Berge rauschen schwankende Wälder,
An die Küsten schlagen die Ozeane,
Wolken ziehen weiß von Stadt zu Stadt,
Und in die Ebenen fallen Winde ein. —
Ausgeschüttet in die unendlichen Nächte,
Die aufgewölbt strömendes Mondlicht tragen, —
      Wir Menschen,
Veratmen wir uns aneinander.

An Sonnen und Sternen drehen wir uns vorbei,
Kleine Erde rollt unfühlbar durch kreisenden Raum,
Glühende Endlichkeiten springen an uns vorüber,
Und schwebendes Gleichgewicht trägt uns durch
                schimmernde Welten. —
Aufgesogen von blauen, zitternden Tagen, —
      Wir Menschen,
Werfen wir uns gegen Schöpfung und Ewigkeit.

Wann wird der Mensch sich endlich ausgestalten,
Daß alle Kraft in seinem Inneren kreist?
O fremde Sehnsucht, stürmische Gewalten,
Wir sammeln Schöpfung, die euch schweigen heißt!
Bist du, mein Blut, denn meinen Adern fremd
Und immer wieder treu uralten Säften?
Bist, Seele, du noch immer eingehemmt
Und immer nur noch Kraft in dunklen Kräften?
Fühlst du, mein Atem, dich noch eingeengt
Und suchst dich in des Himmels Wind zu drängen?
Bist du, mein Traum, noch immer formbezwängt
Und mußt das irdische Gesetz zersprengen?

Wann wird der Mensch sich endlich ausgestalten,
Daß alle Kraft in seinem Inneren kreist,
Daß seine Adern alle Ströme halten?
Wann endlich überflügelt sein Entfalten
Die Sehnsucht, die ins Leere uns zerreißt,
Daß wir uns Erde werden, Kraft und Geist?!

Wir sind begraben
Unter der Welt
Wie unter dem riesigen Himmel der Sterne.
Schicksale haben
Uns ins Leben gestellt
Wie in zerwehte, nachtdunkle Ferne.

Nun fühlen wir,
Daß etwas mit uns geschieht,
Dem wir nicht gebieten;
Daß dunkle Gier
Uns in die Wirrnis von Taten zieht,
Die wir nicht schmieden.
Zuweilen denken wir lächelnd der toten Zier
Von Wollen und Träumen, die nicht gerieten.

Wir singen doch niemals unser eigenes Lied!
Wir sagen doch niemals, was unsere Seele hält
Als eigenstes Wort! — Befehlende Tage haben
Erstickt unsere Stimmen...
     Wir sind begraben
Unter dem Übermaß der Welt.

Abend

Jetzt geht Licht auf in allen Stuben,
Und das tägliche Wunder macht alle zarter.
Gesichter wenden sich zueinander,
Die sich eben einsam im Dunkel vergruben.
Tisch und Stuhl und Buch werden neu begonnen.
Straße sinkt tiefenblau hinter spiegelnde Fenster.
Gutes Allein=Sein in Stille perlt durch die Sinne,
Als sei ein warmer, emsiger Hafen gewonnen.

Ich sehe euch alle, Gesichter, erleuchtete Wangen, —
Von einer Lampe mildem Licht bin ich mit euch
umfangen.

In den Tag wächst Liebe aus dem Traum

In Nächten ausgeströmter Träume reifen
Wir in das Ahnen, das der Tag uns bot.
In Sternen schmilzt die Angst, die ihn umdroht,
Die Dinge treten aus des Schicksals Not,
Und Welt und Menschen lassen sich ergreifen.

Leis drängt sich ein, was ohne Antwort blieb,
Und viele Worte fließen zu Gesang.
Was leer gefragt, wird als Geheimnis lieb.

Die Seelen tauchen auf, an deren Saum
Wir streiften, spenden tiefverwandten Klang.

Und in den Tag wächst Liebe aus dem Traum.

Frühe Stunde

Im Morgenhimmel schwammen die Sterne heilig
und blau,
Wind kam von Höhen und Bäumen feucht von
Nacht.
Träume liefen auf Straßen, geschreckt vom Tau,
Und kindliches Wachsein ward in den Herden ent=
facht.

Gelöst aus Schlaf und stillem Stubenlicht
Ging jeder schwer noch mit sich selbst allein,
Gewöhnte sich dem alten Angesicht
Und schwand so wie die Sterne in den Tag hinein.

Begegnung

Kann denn das sein: daß ich hingehe zu dir
Unter dem Sternenhimmel,
Durch wirbelnden Straßenklang
Und Netze von Laternen,
Hinreise wie zu der kleinsten Insel,
Auf der wir uns treffen werden?

Kann denn das sein: daß in tausendfacher Bewegung,
Inmitten Millionen Menschen
Und im Schwunge der Welten
Wir uns begegnen
In der schmalen Wärme des Händedrucks
Und fühlen, wie wir uns anders nahe sind
Als irgendeinem . . . ?

Geliebte, auch du mußt das große Jahr
In ungelöschten Adern fühlen.
Ewige Stimmen wehen,
Verblassende Bilder wühlen
Aus tiefem Bleiben und tieferm Vergehen
Empor.

Wie wir uns vergruben,
Ängstlich vor unserm Feuer,
In Kissen und Haar
Und dunkles, schwermütiges Nichts.
Atem der Stuben
War hütend um unsern Traum gestellt,
Und leise aus scheuer
Vergessener Welt
Ans Fenster, verirrt und blind,
Stieß Landstraßen=Wind.

Und jeden Morgen fuhren wir aus
Weit von den Häfen des Traumes
In die blauen Buchten des Tages,
Pflückten die Stunden zum bunten Strauß,
Wandelten ohne Gewicht des Raumes
In Straßen und Treppen und Haus.

Und wie wir uns verweinten
In Schmerz und Wut
Tiefer nur ineinander.
Nächte, schwer von unserm Blut,
Da wir uns fern und tot vermeinten,
Wild unsre Leben einten.

In Tagen und Nächten
Ein Strom, unaufhaltsam,
Jagte gewaltsam
Aus dunkelsten Schächten
Unser Geschick.

Geliebte! Der menschliche Bogen spannt
Einig und klar sich von Hand zu Hand,
Jeder ist Schöpfer, und jeder ist Kind,
Solange wir sind.

Treue

Leben, köstlich und stark immer wieder aufs neue,
Leben durchrinnt mich kühl
Wie lösender erster Gewitterwind.
Durch Schmerz und Lust wechsle ich wie ein Kind,
Doch daß ich innig im fernsten und nächsten Gefühl
Mich verliere — das ist meine Treue.

Mütter

Mutter, ich weiß ja noch,
Wie ich, ein Knabe,
Aus deinem Schoße stieg
In das Märchen der Blumen
Und aus den Kissen entwehte
Im Kindertraum
Von Mohn und Vergißmeinnicht.

Du aber wachtest durch blasse Nächte,
Und über deinen Worten schwebte
Die Träne des Todes schon.

War es deshalb so süß,
Ihrer Sanftheit zu lauschen
Und einzuschlafen
Unter deiner verwehenden Hand?

Und wie kommt ihr nun wieder,
Wehmut=heilig,
Aus dem Vergangenen —
Mutter und Märchen!

In jeder Stunde kannst du Schicksal lösen,
In jede Stunde Wunder niederstürzen,
Dich in die Güte finden mit den Bösen,
Das Leid der Welt zu einem Lächeln kürzen.

Leg nur die sanfte Hand auf einen Scheitel
Und sag das Wort, das dir im Herzen brennt,
Geh hin und sprich:
      Ach, aller Schmerz ist eitel.
Ich bin dir gut. —
      Es blüht das Firmament.

II
Die Zeit

Mein Bruder Feind!

Sie haben ein Tuch zwischen uns gehängt,
Mein Bruder,
Durch das unsre Degen nach unsern Herzen bohren.
Wir wollen uns vergeben,
Die wir lieben,
Daß die Waffe so streng unsern Willen zerschnitt.

Sie haben die Macht, die Sprecher der Staaten,
Daß wir töten einer den andern,
Aber nicht,
Daß wir uns hassen, mein Bruder!

Ich liebe dich
Um deines Lebens willen, warm wie das meine,
Um aller Sehnsucht willen, deiner Mütter und
                                            Schwestern,
Um deiner Arbeit willen, still und schwer wie die
                                              unsre,
Um deiner Schmerzen willen liebe ich dich,
Mein Bruder.

                                                      (1914)

Am blassen Morgen fühlt ich mich entstehen
Aus Nacht und Schlaf,
War mir die Welt ein jugendliches Wehen,
Das hold mich traf,
Erlernt ich wieder: Berg und Haus und Baum
Wie Tief=Vergessenes
Und faßte Wirklichkeit nach blindem Traum
Wie Nie=Besessenes.

Da grüßte ich die Schöpfung brüderlich,
Die mir erschienen,
Ding schmiegte lächelnd sich an Ding, — und ich:
Ding zwischen ihnen.

(Laon)

Regennacht

Über uns Millionen Soldaten sinkt Regen.
Wolken und Tote hauchen dumpfen Geruch,
Blutrieseln singt.
Sternloser Himmel plätschert in Trichtern und
                                                Gruben,
Trostloser Wind weht Nebel und Stöhnen in Schlaf.
Aber neben uns wacht der Posten: Verzweiflung.
Weit hinter den Gräben rattern Kolonnen auf
                                                Straßen,
Die wie schmale Brücken im endlosen Elend stehn.
Granaten fegen durchs Spiel der schwebenden Feuer.
Ein Gewehr schreit vor Haß.

Seit wieviel hundert Jahren stehn wir im Tode,
In diesem trägen Sumpfe von Hirn und Blut?
Regen rieselt über uns Millionen Soldaten.
Nacht fröstelt in uns und ermüdeter Schmerz.
Das Land dunkelt fremd und kennt uns nicht.

                                                (Verdun 1916)

Geschlechter, ihr nach uns!

1

Von schmerzlicher Welt durchbohrt,
Unfaßbar von Leid überströmt,
Ruf ich dich, Gott.
Geist, zu dem als Kinder wir beteten,
Geist, in dessen Brand als Jünglinge wir dich ver=
neinten,
Geist, der erneut uns zuwuchs aus hartem Gestein
In der Jahre Erkenntnis und Tat.

Verhetzt von Qual, Mensch gegen Mensch
Ist aufgebäumt,
Gegeneinander gerissen in Wut,
Die das eigene Herz zerreißt.
Erniedrigt in Neid, zermartert in Haß
Hör' ich ausgestoßen
Worte der Feindschaft
Aus verzweifeltem Munde.

Ich rufe dich, Gott.
Unter Wolkenzug steh ich,
Horizont kreist berg=blau um meine Augen.
Ich rufe die Hand, die herunter greift
Und Segen austeilt durch ein einziges Wort,
Durch ein Wort, das sieghaft wär
Aus dem Reiche der Ewigkeit:

Menschen!

2

Nicht über die grausam tätigen Hände allein
Ergieße dich, helfender Geist!
Nicht über die donnernde Feindschaft der Stirnen
allein,
Die unterm Tage hassend zusammenschmettern.

Doch in die Herzen stürze,
In die verborgensten Falten,
Wo bittre Worte aufgären wie Fäulnis,
Wo böse Tat aufkeimt in verstecktester Feindschaft,
Wo liebeleer Wille aus bleichen Wurzeln sich nährt.

Überschütte doch,
Hülle doch
Alle heimlichste Bitterkeit
In jedem Herzen, in jedem Sinn,
Auch in dem meinen,
Mit deinem Lichte!

3

So wie ich hier steh, — ein Mensch, der wenig
geliebt wird,
Und bin nicht Mutter, die Kinder in dieses gierige
Leben geboren,
Und bin nicht Vater, der Träume in tätige Söhne
geschaffen,
Und nicht Geliebter, dem Herz und Wille in sanfteste
Hand gegeben, —
Ich bin ein Mensch nur, der fremd und wenig um=
schlossen
Mit anderen Gästen der Erde den Tag verbringt:

Ich kann den Haß dieser Welt doch nicht mehr tragen,
Ich kann die Qual geheimster Verfeindung nicht
mehr ersticken,
Ich werfe mich wild von Leid und Liebe zwischen die
meuternden Menschen
Und weine.

4

Die Zeit steht ehern wie ein Koloß,
Läutet und dröhnt den unerbittlichen Donner,
Übertürmt die wütend flehenden Hände.
Die an ihr reißen.

Wenn Sonne emporschießt wie eine Fanfare,
Wenn die Sterne ihr schweigendes Gloria klingen,
Wenn der Wind über Länder sich biegt, —
Zeit steht, Zeit geschieht, Zeit braust
Und bleibt errichtet,
Drückt uns die Zentnerlast auf versagende Nacken.

Wir werden verzweifeln müssen.

5

Stürze zusammen unsichtbarer Bau,
Gewölbt aus Menschsein und einigstem Gefühl!
Stürze zusammen, heilige Spannung
Über Herz und allverständlichem Wort!

Stürze zusammen, Bogen des Lebens,
Aufsteigend und ruhend über uraltem Grund!

Stürze zusammen, lichtes Gewölbe,
Gefügt aus Erkenntnis rollender Zeiten!

Kein Boden trägt mehr,
Kein Land ruht mehr
In Flut und Getöse.
Weggerissen in Brandung von Schrei und Angst
Zerbirst das Gefüge der Welt.

Nicht Haß hat gesiegt, — aber Verzweiflung!

Verzweiflung zerrüttet den Bau der Welt.

6

Es gehen Engel in den Städten um.
Und sei's nur einer in den tausend Straßen,
Nur einer, dessen Auge Wahrheit leuchtet,
Und dessen Herz im Gang der Welten schlägt, —
Es bieten reine Hände sich ins Leben,
Und reine Stimmen sagen ew'ge Namen.

Doch die Gnade des Glaubens ist uns versagt,
Zu fremd die Liebe, der die Hand sich böte.
Eingefressen in die tiefsten Adern
Treibt die Not den toten Gang
Und vergiftet jedes Wunders zartesten Keim.

Es gehen Engel in den Städten um.
Vergebens!

7

Preßt den Ring des Verzichts um das stürmende
Herz!
Nehmt die Hand aus den Händen, die man euch
reichte!
Schreitet hinunter in die brodelnde Zeit!
Vergebens Geduld und Schrei und Gebet,
Erfülle dich, tobender Abgrund!

Nicht wir mehr halten und retten,
Nicht uns mehr spannt sich der himmlische Bogen,
Wir sind verdammt.

Aber, Geschlechter ihr, nach uns,
Hebt euch auf aus unserem armen Blut,
Aus dem Schutt unsres Schmerzes
Mit euren Stirnen in das Schneelicht der Gerechtig=
keit.

8

Aber Geschlechter ihr, nach uns, hebt euch auf aus
                        unserem dumpfen Streit!
Unsern Wunden ist der Lohn versagt,
Über unsern Schlachten stand kein Stern,
Über unsern Scharen keine Liebe.
Unsre Sünde trat den Glauben nieder.

Aber Geschlechter ihr, nach uns, euch vertrauen wir.
Wir strömen alle Hoffnung euch ins Blut,
In euere Geburten alle Liebe,
In euren Aufgang alle reinste Tat.

Des Menschen ew'ges Sternbild steig euch auf!

III

Lobpreisung

Preis der Vergänglichkeit

1

Ich bin vergänglich, und ich will vergehn,
Auslöschen wie eine Lampe
In den roten Morgen,
Wenn meine Nacht um ist;
Abklingen wie ein Ton,
Wenn der Bogen absetzt.

Ich bin vergänglich, und der Gedanke
Des Gesetzes berauscht mich.
Abgleiten will ich wie eine Fahne,
Die vom Maste sinkt
In den Lüften des Hafens;
Wie Rauch der sich hebt
Von gestillter Flamme.

Ich bin vergänglich, und selig bin ich,
Hinwegzugehen gleich allem Lebendigen,
Wie eine Wolke mich auszuregnen ins Land,
Wenn mein Wind still ist.

2

Wir haben kein Recht zum Schmerz!

Welten schwingen sich durch die Nacht.
Abende kommen und Sonnen.
Fahnen wehen im Winde. Und Fenster trinken
Den Himmel. Und Lampen lächeln geduldig
Vergessenen Stuben —
Unvergänglich.
Was vorbestimmt lag im Geboren=Sein,
Hüllt sich leis in Geschick und Erfüllung.
Seelen wandern vorbei an den Jahren,
Und Geist wächst in die Formen der Erde
Unvergänglich.
Und Liebe ist — nicht deine Liebe —,
Und Augen erwachen — nicht nur die deinen —,
Und Schmerz ist, — nicht dein Schmerz —,
Schmerz ist und Seligkeit
Unvergänglich.

Wunder

Glocken klangen an und riefen,
Türme sangen leis im Wind.
Stimmen wundersam verliefen
Sich im Traum der Straßentiefen,
Tasteten beseelt und blind.

Menschen aneinander rührten,
Ließen Wunsch und Lust entgleiten;
Bang noch, daß die scheu verspürten
Sie in Wunder fremd entführten, —
Schon im Wunder sank ihr Schreiten.

Helle Fenster warfen Blüten,
Klänge bauten Spiegel auf.
Sterne überm Dach versprühten,
Augen ineinander glühten,
Sprengten letzte Siegel auf.

Musik

Zu hundert Gipfeln bin ich aufgestiegen,
In hundert Täler weich hinabgerauscht.
Landschaften sah ich in den Wind gebauscht
Und Felder friedvoll in der Sonne liegen.

Verschränkte Stimmen, wundersam vertauscht,
Entflogen vogelgleich aus Wälderwiegen.
Posaunen schrien aus sturmdurchwühlten Siegen,
Und Worte sangen, Nächten abgelauscht.

Wie Silberflüsse liefen Melodien
Ausbuchtend durch das ungewisse Land,
Geleiteten wie fromme Führerhand.

Doch fern wie Wolken zogen Harmonien,
In keine dinggewohnte Form gespannt:
Nur Gruß und Farbe von dem andern Strand.

Fünf Sonette

I

Der Wind hat feierlich die Welt entfaltet,
Und alle Farben prunken unterm Licht.
Von Bäumen, Rasengrün und Dächern bricht
Der Glanz, noch eh er sich zur Form gestaltet.

Und wenn ihr durch die Straßen geht, behaltet
Ihr keines Dinges Namen noch Gewicht:
Nur Fensterspiegeln, Wolken, ein Gesicht,
Und die Bewegung stark und unveraltet.

Von steilen Dächern rinnt die Sonne, prallt
Wie ein Trompetenstoß auf Mensch und Wagen
Und springt zurück vom hastigen Asphalt.

Markisen, rot- und weiß-gestreifte, schlagen
In mächtgen Wogen, und der Himmel wallt
Wie eine Fahne, — üppig und getragen.

II

Wenn sich die Türme alt, barock und schlank
Ganz selig in die Abendwellen heben,
Dann zu den wunderzarten Wesen streben
Entzückte Blicke auf und sagen Dank.

Von Brückenbögen, Dampfer, Park und Bank
Wehn Grüße auf in festlichem Erleben,
Und von den kupfergrünen Dächern schweben
Jahrhunderte und Freuden, sanft und schwank.

Durch die Theaterstunde, die, noch hell,
Die Lichter aufgesteckt vor den Portalen,
Rollen die Wagen, — aber voll und schnell

Erraffen noch die Augen dieses Grüne,
Dies Gold, das Türme vor den Himmel malen;
Und fühlen's noch in Licht, Musik und Bühne.

(Dresden)

III

Und um die Städte breitet sich das Land
Mit Wäldern, Äckern, wolkenüberzogen,
Mit Bergen, die in fernem, zartem Bogen
Vor einem großen Himmel ausgespannt.

Da sind wir plötzlich für die Welt entbrannt,
Und leicht wie Vögel landwärts ausgeflogen
Entwehen wir durch Wind und Sonnenwogen,
Und Leben fließt wie Gold durch unsre Hand.

Nie bist die Straßen du so leicht geschritten,
Alleen, ganz von Weiten eingesäumt!
Nun bist du dir und jedem Sein entglitten,

Verstehst der Schwalben Tage und der Bienen,
Bist tief in Blütenbäume eingeträumt
Und bist der Duft, das Licht, das Lied in ihnen.

IV

Da liegen vor mir die verschollenen Jahre,
Da man von Wald und Strom und Hörnern sang,
Da Dichter ihrer Heimat Dorf am Hang
Erträumten, drin sie Kind und selig waren.

Da seh ich Wege, hell von stillen Paaren,
Die schwärmen Arm in Arm den Wald entlang,
Da höre ich der Glocken Morgenklang
Den Geist der Andacht heimlich offenbaren.

Und alles ist wie Vers aus alten Schriften,
Wie liebe Zeilen, die man lächelnd sieht,
Wie Reime nur von Berg und Strom und Triften,

Und sind doch alles Unvergänglichkeiten!
Wie nah ist mir dein Herzschlag und dein Lied,
Mein Bruder du aus jenen sanftern Zeiten!

V

Ein einz'ges kleines Wölkchen sah ich stehen
Hoch über meiner kühlen Rast im Gras;
Das schwebte selig, wie gesponnen Glas,
Und ließ den Wind durch seine Flocken wehen.

Ich sah es weiß im ew'gen Blau sich drehen,
Das leise seinen feinen Rand zerlas,
Umschmeichelte mit seinem Übermaß,
Daß es zerfloß in sonnigem Zergehen.

Und wie als Kind erblickt' ich Bild um Bild:
Nun war es Roß, nun Krone, Zelt und Greif,
Um immer leichter, lichter, ungestillt

Ganz zu zerfließen wie in lauter Raum:
Es hob sich auf, ein blau=durchstrahlter Streif, —
Und nun war alles Bläue ohne Saum.

Die selige Erde

1

Der Schwung der Erde
Ist jung und gut.
Die blonden Tage,
Die duftenden Nächte
Wiegen uns zärtlich
Durch stiebenden Raum.
Wimpel entwehen
Den glücklichen Augen,
Brüste verschmiegen
Sich weich in den Wind.
Kaum noch an Sohlen,
Kühlen und schwingenden,
Haftet uns Boden,
Hält uns der Ball.
Blau um die Stirnen
Schlingen die Himmel
Uns flatternde Bänder,
Und die Gestirne
Zischen wie Funken
In unserm Blut.

2

Die Hand gib mir,
Daß wir uns halten
Und im Entwirbeln
Nicht verlieren,
Mein Bruder, du,
Du Irgendwer,
Geliebte du,
Du Irgendeine.
Die Hand gib mir,
Wir fahren schnell
Wir Menschen durch die blassen Räume,
Und unser Atem bleibt uns nicht.
Die Hand gib mir,
Daß Himmelfahrt
Durch unser beider Pulse ströme,
Der Himmel weht durch deine Locken,
Ich greife ihn.

Die Hand gib mir,
So schweben wir
Im blauen Flug,
Der unser Leben ist.

3

Schiffe aus bunter Musik
Zittern in schwellenden Segeln,
Heben die Brust aus den Wellen
Und rauschen dahin.

Golden umstäubt von den Straßen,
Traben die glänzenden Wagen,
Klirren die Räder der Reise
Durch offene Welt.

Gärten erklingen von Liebe,
Küssen sich Kinder und spielen,
Nahen sich Menschen und Tiere
Mit wissendem Blick.

Und die wandernden Schwalben
Biegen die Himmel zusammen,
Fremdester Zonen Geheimnis
Zu unserem Land.

4

Hell=türmige Städte
Halten sich nicht,
Auch sie fliegen auf
In den göttlichen Raum.
Die silbrigen Wälder,
Die alten und guten,
Sie schicken sich rauschend
In sphärische Fahrt.
Die Ströme treiben
Die Meere zum Himmel,
Die glückliche Erde
Wirft Wolken empor.
Die dunkelen Menschen,
O siehe, die schwersten,
Nimmt heiter und gütig
Und ungemerkt
Der zärtliche Hauch
In den Träumen mit.

5

Ich fühle leise
Das Zittern der Erde
Wie eines Dampfers
Auf emsiger Fahrt:
In der Weite des Meeres
Weilend in Schnelligkeit.
Die köstlichste Stunde,
Hinter uns bleibt sie,
Reißt uns vom Munde
Der Wind des Flugs.

Biegt euch kühn
Über schäumenden Bug!
Zukunft zerteilt sich
An unsrer rauschenden Brust.

Béla Révész

Beethoven

Eine Phantasie

Kurt Wolff Verlag München

Bücherei „Der jüngste Tag" Band 80
Gedruckt bei E. Haberland in Leipzig
Einzig berechtigte Übertragung aus dem Ungarischen
von Stefan J. Klein

Copyright 1919 by Kurt Wolff Verlag München und Leipzig

Die Ärzte hatten mich im Februar nach Riva geschickt, damit ich warmen Sonnenschein, trockene Luft rieche.

Nun sitze ich hier auf der Terrasse eines weißgetünchten kleinen Hotels; die großen Glasflügel sind geöffnet, und die mittägliche Sonne überflutet uns.

Müßige, lustfrönende Leute sonnen sich in dem geöffneten Glaskäfig, ältere Leute dösen wach nach dem schmackhaften Essen, unter der Last der glutenden Strahlen röten sich urlaubfreie jüngere, im Scheine dunklen Weines hockend, an silbrig gleißenden weißen Tischen kuchen Neuvermählte, sie betrachten den Sonnenglast, und ihr angespannt offenes Auge lodert — wenn sich ihre Blicke treffen — wie über Schneebergen der Sonnenstrahl.

Um mich herum Wachen; regungslose Stille.

Kein Ton tönt, kein Wort schwatzt, unter sich aneinander erfreuenden Menschenpaaren leben wir abgeschieden, ich und der Sonnenglast.

Vor meinem rastenden Auge steht die gleichmäßige, sonnenumspielte Üppigkeit, mit ihrem flutenden Gold die blaue Luft erfüllend, in dunklem Gestrüpp grüner Bäume glühen Orangen, auf dem staubigen Hof löst ein schlafender weißer Hund sich auf, und über allem steht und brennt das unberührte Sonnenlicht.

Blendendes Funkeln umarmt mich und wäscht meine Augen; der Strahl, der ihnen entirrt, wer weiß, ob er noch mir gehört, oder bereits vom güldenden Grau aufgesogen ist? In den fernen Tälern prunkender Unendlichkeit schaudert das Leben, zuckende Streifen, kämmige Flämmchen, gebrochene Feuerbilder steigen aus den Sonnenstrahlen empor, und in der tödlichen Stille, in der Muße des Friedens beginnt das gleißende Lichtmeer sein Spiel.

Weiter draußen gerät die glatte Weite in Bewegung, die Strahlenwiese entflammt, versinkt zerstückt, und aus dem Glanzwirbel lodert zuweilen eine fransengesichtige Flammenschlange auf... taucht dann wieder unter; aus der verzehrenden Tiefe rollen in keuchendem Wetteifern andere Schlangen ihre Feuerköpfe in die Höhe, zucken im mittäglichen Strahlen, schwanken und verschwinden mit schlankem Hüpfen in den Lichtlabyrinthen. Glanzdelphine spielen ... über ihnen und um sie herum zittern die Sonnenstrahlmyriaden, Blendung glüht, Helle zuckt, Goldgarben lösen sich, ähnlich dem Haar der begehrten Frau. Sonnenstrahlfäden laufen zusammen, trennen sich, sterben verflochten ineinander, fliegen dann abermals aus dem Flammenbecken auf, es tollt das Sonnenlichtdickicht mit wechselnder Eile. Sonnenstrahllegionen zischen, und ich bin mit vergessendem Staunen abermals ein Kind, höre das Einstürzen des Damms, wie damals, da wir daheim in einer furchtbaren Nacht das große Wasser erwartet.... Verflossener Zeiten Brausen umrauscht und umraunt meine blinden Ohren, und es tost das Wasser über den Erdwällen der Insel; das Sonnenlicht schaukelt, lauscht still wie der kleine Hain, in dem ich einst mit dem unwissenden Mädchen saß; über uns gilbten in der Augustdämmerung späte Akazienblüten, der kleine

Hain bebte raunend, und das unwissende Mädchen blies mir aus geweiteten Nüstern Glut entgegen. . . .

Unter jedermanns Herzen wacht eine alte Traurigkeit, ein vergessener Traum, die fahlgewordene Freude. Wohin führt uns das entflammte Auge, wenn wir Töne entschlummerter Gesänge hören?

In umgürtender Linie stoßen einander die großen Berge, hier und dort hat einer seine Höhe zum Gipfel aufgeworfen, auf düsterer Schneeberge Haupt strahlt der blaue Himmel, Schnee und Eis blinken hart im Sonnenglast, blitzende Gletscher stehen und warten in der stummen Helle. Es flammt die Sonnenkugel auf den Gipfeln der Schneeberge, rollt mit ihren Lichtspeichen durch blaue Täler, durch weiße Schluchten, reißt Schleusen der Strahlen zu meerartigem Gischt auf und bringt mit seiner Zauberberührung die auf den Kuppen der Gletscher erstarrten Eisglocken zum Tönen. Jungfräulicher Gesang sickert von den Gefilden der Weiße herüber . . . läßt dein müdes Herz mit Freude erbeben, umarmt den schlaffen Daumen mit Ermunterung. In deinem gebrochenen Auge blüht Andacht auf, und wir spielen im Zelt der Einsamkeit mit der nicht kommenden Liebe, mit schwerem Alpdrücken: begeistert ein Aberglaube oder Gott sich über uns? vermöchte ein heißer Atem des Weltgeheimnisses die jahrtausendealten Eisfelsen zu schmelzen? woher kommt der Weg, der aus dem Schoß der Zeit in den Schoß meiner Mutter geführt? Im strahlenden All summen die Eisriesen, eine ungeheuere Hand träumt auf der Angstorgel: Töne, dahinfließend wie das Quellen von Liebespaaren, hüllen unser bebendes Herz ein; zerren meinen zitternden Körper wach, besinnungraubend, wie die Augenblicke des Taumels in der Minute des Lebensabschieds.

Es seufzt, singt das werdende Tongesumme, noch breiten sich fransige Melodienebel um unser Herz, doch meine verlassene Körperlichkeit bebt, fühlt um sich herum bereits beklommen, ringend anderer Leute Lebensnervosität, und mein besonnter Blick gleitet auf die Bewohner des verandaartigen Käfigs hinab; das krinolinetragende, runzlige Tantchen blinzelt mit den Augen, streift den Seidenrock gerad und lacht lächelnd, neben ihm trommelt das Männlein im Jägeranzug mit seinen rundlichen Fingern, trommelt unentwegt und lacht gierig; die taugen Jungen, Hand in Hand, wie die Keilhaue vereinigt, lächeln gekitzelt, und ihnen gegenüber sitzt an einem verwaisten Tisch ein buckliger Mann, bewegt sich steif und lacht, lacht, lacht. Vor meinen verwirrten Augen flimmern Regenbogen, flattern auf die gekrümmten Ohren des Buckligen, laufen über sein knochiges, sommersprossiges, großes Gesicht, tollen auf seinem lachenden verbitterten Mund; auf den glänzenden Bäuchen und spitzen Lippen der Weinflaschen zechen Sonnenstrahlrosen, auf dem ovalen weißen Bart des kleinen Mannes im Jägeranzug tändeln Sonnenstrahlen, schaukeln auf seinem seligen roten Antlitz, und Sonnenstrahlen hüpfen auf seinem runden, grünen Hut, auf dem Stiel der Fasanfeder; mit törichtem Raten flüstert jemand um mich:

„Dies ist Stüssi, der Flurschütz..."

„Stüssi, der Flurschütz..."

hat vielleicht das krinolinetragende Tantchen etwas gesagt? jetzt bewegt sich der spöttelnde Mund des Buckligen: entpurzeln ihm Worte? alle, die hier auf der Veranda des Lichtes sitzen, verstehen einander, schütteln sich plötzlich vor Lachen. Ihre Blicke begegnen einander mit solidarischer Botschaft, und ich muß fremd außerhalb ihrer Gemeinschaft bleiben? hat vielleicht der Alpenjäger etwas Wild=drolliges gebrummt? haben vielleicht die Jungen etwas von ihrer ungelenken Freude verraten? die Lippen bewegen sich, die Augen verschrumpfen in des Lachens grauen Ringen;

ich hülle mich in die verwachsenen Kleider der Scham und der Verteidigung, verzerre die Linien des Lächelns und schleudere mein verschrecktes Gesicht vor die Menschen hin...

Hier gebe ich es, gebe es euch; der müde Zickzack belebt meine gesprungenen Lippen, grinst stutzend (wie in trostlosen Häusern das Lächeln armer Leute, deren letzter Gedanke es ist, daß ihnen der liebe Herrgott aus dem hängenden Kopf den Verstand gesogen), zeigt sich duckmäuserisch, auf daß ihr mir glaubet, um meine Schande nicht wisset und mich (den die Larve des Lächelns verbirgt) in meiner verfolgten Einsamkeit in Ruhe lasset.

Die Larve des Lächelns verbirgt mich... über kecke, lebensstolze Menschen flutet Sonnenschein dahin, auf meine verschreckten Augen wirft die Gnade ihr Strahlenband und jagt mit meinem vergessenden Blick in ungestümer Hast auf die Gefilde des Gefunkels; mit Flehen, in dem das Herz der Traurigkeit pocht, taste ich nach meinen zerzausten Gesängen... Lichtgarben lohen im Glast wie Glockenzungen auf, und die in Licht getauchten Glocken ertönen, wie einst allabendlich daheim zur Litanei des weißen Primas. Ich stand auf der Schloßtreppe, alle Sonnenblumen wandten ihre Gesichter in diese Richtung, die pausbäckige Sonne ließ den abendlichen Himmel erröten, unten schwitzte die Insel zwischen Smaragdgräsern, und im breiten Tal der Donau hub das Glockenspiel an; schlanke, bäuchige

Glocken tönten durcheinander, der weiße Primas begab sich mit Kardinalsschritten zum Gebet.

Mein bezaubertes Auge betrachtet den bestürmten Sonnenglast ... ein dahingleitender großer Pfau hebt seine seltsamen Flügel, und alles spiegelt sich bis zur opalenen Gemarkung darin. Wie schön ist dieses Glockenspiel, wie müder Atem schwingt zitternd das leise Summen der Marktkirche her, sorglos, wie frischer Kindermund, singt vom Kalvarienberg die kleine Glocke der Rosalienkapelle, die traurigen Glockentöne der Franziskaner schlängeln sich dick herüber, und ihre abgestumpften Fransen flattern hier unter der Schanze. Das Läuten der Klosterkirche seufzt, ähnlich dem Flüstern vertrockneter Nonnen, wenn sie der flammäugige Domherr zur Beichte besucht; tiefergriffene, hocherfreute Töne singen schwirrend, schwimmen aus der Weite herbei; aus dem Tal langt leise ein ohnmächtiger Arm empor. In die harfenbeschwingte Stille klingt, tönt, dröhnt die große Glocke der Basilika. Wie ein stürmender Samum, so erfaßt der aufgepeitschte Ton=Orkan meinen Körper, und ich spähe zusammengekauert vom Chor der Basilika in schüttelnder Hitze. Unten, auf dem Goldthron wird der kleine Primas beweihräuchert, über meinem benommenen kleinen Kopf rauschen die Tore der Orgel auf, Stimmen blasser, bärtiger Männer tönen erzlos, auf reinen Lippen bleicher Mädchen dösen lateinische Lamentationen. Von der strahlenden Höhe der Kuppel schaut St. Hieronymus, ein großes Buch in den vom Mantel verhüllten Armen, aus der Weihrauchwolke mit düsteren Augen auf mich nieder ... auch ich war einst im Chor, auch ich sang an Feiertagsabenden im Gotteshaus; in den schattigen Bänken gerieten die alten Juden in Bewegung, schoben die Gebet=

10

bücher mit schwacher Hand beiseite, hoben ihre zitternden weißen Köpfe zur Umfriedung empor, mein erschrockenes Kinderherz pochte mächtig und blieb in der Stille stehn, triumphierend allein, und ich entließ das Lied auf seinen Weg:

„Mi adir . . ."

mit seiner grünberingten, pergamentnen Hand winkte der rote Bischof Segen; auf dem großen Altarbild breiteten sich die Flügel der weißen Taube aus . . .

der hebräische Gesang entflog meinem warmen Mund...

Wie war meine Stimme? . . . sie schmettert, tönt, läuft um meine Ohren herum, mein kleiner Körper strafft sich elastisch, meine frische Brust wölbt sich aus der engen Weste hervor, mein weißer Hals wird statuesk, und mit einemmal wird mein Gehirn, mein Auge, mein Herz von Glut erfaßt; herausgeschmettert ist meine Stimme; sie jauchzt, fällt ab, wie der vollkommene Augenblick, in dem Mann und Weib ineinander Leben überströmen lassen; bis hierher höre ich sie . . . heraustönend aus dem Dickicht, das mich nunmehr mit altem Laub umwächst, und herüber winkt zu mir die Jugend; wie wenn den auf dem Ufer Lungernden von den sich entfernenden weißen Segeln einer Jacht Abschied gewinkt wird . . .

Wie war meine Stimme? . . .

O Stimme, die die meine gewesen, deren Klingen ich gehört, die keuchend gejammert wie der Kummer, der mit seinen Ranken die Meinen ewig gedrosselt; o Stimme, die die meine gewesen, gläserner Gartenglocken Erbeben, das mit allmählichem Ersterben in Trostlosigkeit untergeht; wie war meine Stimme? . . .

Mein Gesicht zuckt . . .

Draußen, um meine Körperlichkeit herum, an weißen Tischen ein Zickzack von Menschen. Sie werfen mit ihrer tonlosen Freude, mit ihrem verschwisternden Rausch, dessen Fühler mich in die fremde Gemeinsamkeit rufen, werfen so ihre Harpune nach mir aus.

Auf meinem Gesicht Larve des Lächelns, ich zeige sie unwillkürlich, diese schlechte Maske der Fröhlichkeit; mein abgewandtes Bewußtsein träumt von Linderung, doch meine ausgelieferte Körperlichkeit ist zwischen Menschen geklemmt und übernimmt aus unermeßlicher Ferne ihre Wildheit...

Auf meinem starren Gesicht zuckt das Lächeln; mein Mund krümmt sich, mein Auge wird klein, mein Kinn rundet sich lächelnd ...

Worüber freuen sich eigentlich die Leute?

Den Diamantschoß dem Sonnenlicht geöffnet, mit schützender Güte von den Strahlen gestreichelt, so empfindet mein mich versuchendes Kinderherz sprießende Frühlingsbäume, im Regen des Blütenfalls ...

Verzerrt ist mein Gesicht, absichtsloses Lächeln hüpft mit hinterlistigen Krähenfüßen um meinen Mund herum.

Der Bucklige räkelt sich an dem mimosengeschmückten Tisch hoch, sein eingefallener Körper hebt und senkt sich, sein rötliches, großes Gesicht strahlt im Sonnenschein, sein herber Mund zuckt unter der sommersprossigen Nase, er lacht selbstvergessen,

was haben die Leute gesagt? ...

Auf dem Hut des Stüssi zittert die Fasanfeder, in der Goldluft hüpft der weiße Bart, das ovale Gesicht läuft flach zusammen, zieht sich dann länglich aus; das Lachen wogt, in das hübsch rote Gesicht Grübchen grabend ...

In meine betroffenen Augen schlängelt sich hastend das Lachen,

weshalb lachen die Leute?...

Es baumelt der schmale Kopf des krinolinetragenden Tantchens, der Schildkrotkamm glitzert aufgeregt in dem gebrannten Haar, der dicke Privatier, auf dem Dromedarkörper einen Strahlenmantel, zerplatzt bei seinem Tiroler Wein, die girrenden Jungen sinken mit hochzeitlichem Schaudern gegeneinander, fahren auseinander, jedes Gesicht zittert, jeder Mund speichelt, jede Nase stülpt sich, jedes Auge zwinkert, überall herrscht das Lachen mit seinen flutenden Wellen,

und es ergießt sich schmetternd über mein erschrecktes Gesicht; schlängelnde Linien zerschneiden mein Antlitz, schmerzliche Grimassen krampfen sich mir zwischen Stirne und Kinn, mein ringender Mund tropft vor Lachen... es dreht mich, schüttelt mich das Lachen.

„Worüber lachen sie?"

„Was haben sie zueinander gesagt?..."

„Der Bucklige weiß es..."

„Der Stüssi weiß es..."

„Der Zerplatzende weiß es..."

„Und weshalb lache ich?..."

Das Lachen glotzt mir aus den Augen, das Lachen läßt meine Zähne gegeneinander schlagen, krampft mein schmerzendes Herz zusammen:

„Räuberisches Leben, wozu kommst du zu mir, zu dem Ausgeraubten..."

„Was willst du von mir?..."

„Was bin ich denn?..."

„Eines anderen Gedanke freut sich an Freude, und ich

lache ... Eines anderen Gefühl badet in Freude, und ich lache ... Eines anderen blitzendes Auge spricht mit dem Auge des anderen Sprechenden, und ich lache ... Lache mit fortgerissener Demut; ich lache, und kein Gedanke lebt in meiner lachenden Stimme, kein Gefühl in meiner erstickenden Stimme, meine beiden tränenfeuchten Augen taumeln blind in ihren Höhlen ..."

„Was bin ich denn? ... Ein Spielzeug aus Papier ... das von ichsüchtigen Händen hin und her gezerrt wird? Ein seelenloses Geschöpf, das von den Stärkeren hin und her gezerrt wird? Ein abgefallenes Blatt, das von den Vorbeigehenden mit der Schleppe fortgefegt wird? Dienender Schemel der Auserkorenen, der getreten wird?"

„Was bin ich denn? ... Räuberisches Leben ..."

Vor meinen umflorten Augen tänzelt gröhlend der Bucklige.

Sein hungriges, großes Kinn hüpft nach dem Hals, sein zersprungener, wütender Mund klafft erstickend, noch während ihn das Lachen schüttelt, fährt er zusammen, fährt auf, stutzt, richtet sich steif auf, richtet mit seinen langen, knochigen Fingern die Weste, zieht auf seinem gewölbten Hemd tändelnd die verschobene Krawatte breit, bringt eilends die Flügel seines Jacketts in Ordnung, rafft seinen schiefen Kopf immer wieder und immer wieder zurück; der Arme ... weshalb schämt er sich? was verbirgt er? ...

Und wie oft schwindelt es ihn vor dem geheimen Gedanken, der mit Gott hadert? ... O, wenn jeder Mensch bucklig wäre? ... Wie oft erhebt sich in seiner umengten, verwaisten Einsamkeit dieses Phantom?: der Mensch würde so geboren, auf der Brust ein Buckel, auf dem Rücken ein Buckel, wäre jedes Menschen Hals kurz, zwischen Körper und Kopf vom Adamsapfel abgegrenzt? jeder Mensch wäre so, und der Bucklige könnte auf den lenzlichen Straßen promenieren wie die übrigen Menschen, könnte unter den Menschen sitzen wie die übrigen Menschen, stünde vor dem Chef wie die übrigen Menschen, badete auf dem Lido wie die übrigen Menschen?...

Und der Hinkende?... Der Hinkende?... Ob wohl auch auf dem gehüpften Lebenspfad mitunter der spielerische Traum aufbebt?... Gott schuf den Menschen... Wenn Gott es so machte, daß bei jedem Menschen das eine Bein kürzer wäre, als das andere? Und jeder hinkte? Ich eile auf der Straße dahin, und auf der Straße hinkt jedermann? Die Soldaten hinken, die Buchhalter hinken? Um die große, blonde Frau herum hinkten alle Männer? Niemand spielte Fußball, niemand liefe Schlittschuhe, niemand spränge auf die Elektrische?...

Wenn jeder Mann klein wäre? Der Krakeeler klein wäre? Der raufende Gentry klein wäre? Der betrunkene Husar klein wäre? Jeder Christ klein wäre? Jeder Zylinderhut, jeder Winterrock klein wäre?... O, wenn jeder Mensch eine große Nase hätte? Wenn jeder Mensch stotterte?...

Und der Blinde? der bloß die schwarzen Schleier löst und niemals den Lichtvorhang erreicht? Sendet auch er, in heimlicher Traumversunkenheit, Fächervögel der Sehnsüchte aus? Wenn die Menschen das Schlechte nicht sähen, ihnen nur die Berührung der Hand still verriete, ob Feind? treues Weib, guter Bruder?... Wenn sie die Sterne nicht sähen, und die Dämmerung auf dem dunklen Vorhang mit herzversunkenen Farben auftauchte?...
Und die übrigen?...

Fehlerhafte Pflanzen des bunten Menschengartens?...
alle Traurigkeit der häßlichen Welt beugt mir den Kopf.

Der verschlossenen Mysterien sehnsuchtsschwere Vorhänge, o, könnte ich sie doch zurückschlagen...

Schwer keucht meine Brust in der blutenden Mitte der geoffenbarten Welt. Leben, Mensch, ewiges All zeigen sich mir im Abgrundwirbel der Minute, und die Februarsonne schreibt klirrende Buchstaben auf meines Herzens Wand...

Siebzehnter Februar.

Tag meiner Geburt.

Freude, Traurigkeit, fremdes Ringen, bin nun alldies ich?

Ist mein dargebotenes Herz die dröhnende Grenze, wohin jetzt die sich entwirrende Erkenntnis pilgert, die durch das Tor des Augenblicks sichtbare Vergangenheit, die aus ferner Weite herbeischwingende Zukunft?

Sind meine beiden Augen mit Balsam verzaubert? und suche ich, mit entsetztem Schrei, mit der Qual der Sehnsucht, mich?

Wer bin ich?...

Heute Nacht wird es neununddreißig Jahre, daß ich zur Welt gekommen.

Und bisher habe ich nicht gelebt?

Und die Zeit, da die mich hervorrufende Zelle aus dem Unbekannten aufgebrochen, auf daß sie den sich erfreuenden Körper meiner Mutter berühre?

Und die Zeit, da ich mit meiner Mutter zusammen gewesen, da mein Herz ihr Herz, mein Blut ihr Blut gewesen?

Heute Nacht wird es neununddreißig Jahre, daß ich zur Welt gekommen.

Ich fühle diese Nacht.

Als ich meiner Mutter Worte zu verstehen begann, erfuhr ich alsbald, daß meine Geburt in einer hochwasserbedrohten Nacht erfolgt war. Bei den Inselgrenzen hatte das Hochwasser die Dämme durchbrochen, das Volk warnende Mörser und Glocken hatten meine leidende Mutter geschreckt, die in dieser Nacht vor der stetig wachsenden Flut von ebener Erde ins Stockwerk gebracht worden war.

Ich ruhte noch ohne Leben im schützenden Körper meiner Mutter, hatte aber über die Armste bereits lange Krankheit gebracht.

Kaum daß meine beiden großen Kinderaugen sahen, was sie erblickten, begegnete ich über meinem Kopf, in den engen Straßen, auf den gelben Wänden allerhand Marmortafeln, auf diesen steife, kalte Finger, die auf eine Linie und auf ein Datum zeigten: 1876. 17. Februar ...

Heute Nacht wird es neununddreißig Jahre, daß ich zur Welt gekommen.

Und ich fühle diese Nacht.

Ein grämlicher, schattiger Abend war's, die Petroleumlampe döste mit halber Flamme, meine ins Bett gefällte Mutter wartete feige zwischen den heißen Kissen, in der Klemme dolchartiger Angste.

O, wohlbekannt ist mir die grausame, die zärtliche, die stürmische, die andächtige Phantasie ...

Sie bricht auf dem Lager der Schmerzen zusammen, eine Blutwelle erdrosselt den erwachenden, kampflustigen Gedanken, doch taumelt ihr Bewußtsein auf, und das pochende Herz fragt:

„Bub oder Mädchen? ..."

Überall schwarze Flaggen der Armut gehißt, und auf den trockenen Lippen zuckt die verstummte Glocke:

„Wieder ein Kind..."

„Schon wieder ein Kind..."

Aus ihren Qualen stöhnt das Gefühl auf:

„Wenns nur kein Mädchen wäre..."

„Ein feuchtes, häßliches, jammervolles Mädchen..."

In ihrem wirren Kopf verschwimmen geschwächt Fieber, Vorstellung; der Angst matter Schatten kreist über ihrem leidenden Körper, und sie hofft zagend:

„Wenn Gott es so beschieden..."

„Wenn Gott es so will..."

„Es möge hier bleiben..."

In ihrem Auge zuckt ungestüme Verständigkeit, und sie schaut, tiefe Leidenschaft im geweiteten Blick, nach der benachbarten Stube.

Jenseits der Türe, im Zimmer, läuft ein kleiner Mann umher, eilt auf und ab und entflieht, wenn ihn meiner Mutter stöhnende Stimme anjammert. In seinem schönen, runden Kopf hetzen ziellose Spekulationen, der Wunsch blitzt auf:

„Vielleicht wird es doch kein Bub sein..."

„Wenngleich der Konditor gesagt hat, daß er auf Kredit Torte gibt, Likör, anderes..."

„Doch ist das nicht gewiß..."

„Wir sind ihm noch von der vorigen Geburt her schuldig..."

Des Männleins magere Hände zucken nervös in den Hosentaschen, fahren mit klavierspielender Unruhe flink umher, spielen mit roten Vierkreuzerstücken:

„Die zwei Faß Wein hab ich doch nicht verkaufen können..."

„Die Phylloxera tötet die Weinberge..."

„Man müßte es in einem anderen Beruf versuchen..."
Meine Mutter schreit auf, das Männlein stutzt,
lauscht mit aussetzendem Atem dem Abfallen der Stimme, es wischt von der hohen Stirne den Schweiß, und des Schmerzes Laute jammern wieder auf... das Männlein steht still, zögert, läuft von Winkel zu Winkel, betet... und draußen dröhnen die Mörser auf, heulen die Glocken; das umherrennende Männlein schielt nach dem Fenster, lauscht aus der Stubenecke auf die Panik...

Mörser dröhnen, Glocken tollen, mit herzzerschlagenden Schreien klagt meine Mutter, und in der Schreckensnacht betet angstzitternd, vernichtet mein Vater:

„Was hab ich getan..."

„Was hab ich getan..."

Nacht vor neunundreißig Jahren... zu der die heutige Nacht sich zurückneigt.

Und früher habe ich nicht gelebt?

Es mochte ein geschäftiger, schenkender, die Gebetsandacht des Abends vorbereitender Tag gewesen sein... Jahrmarktstag. In der morgentlichen Luft hüpften die rötlichen Kälblein, braune Bauern schleppten Weizensäcke, aus schattigen Zelten glänzten wohlriechende, faltige Stiefel, glockenröckige Bäuerinnen feilschten keifend vor den Kurzwarenständen, auf dem feuchten Bürgersteig bunte Blumenbeete, im Sonnenschein nickten Goldregen, Stiefmütterchen; aus den Garküchen wehten Fisch- und Bratengerüche von gaumenanreizender Fettigkeit hervor. Am Saume des Marktes, in aufgewirbeltem Staub, wurden Fohlen, stolze Rosse geschirrt; hier rannte mit feilschender Aufregung, mit verschmitztem Eifer, ärgerte sich, scherzte erleichtert, mein arbeitsamer Vater. Und er schickte das rote Kalb zum Metzger, bestimmte die fünf Sack Weizen für den Getreidehändler, kaufte für den Gastwirt Enten, Schafe, und bis zum Abend haben sich die flinken Sechserln, die schwerfälligeren, selteneren Gulden angesammelt; daß nur endlich der milde, schmeichelnde Abend gekommen ist.

Sabbat Abend ...

Braune Schatten engen die kleine Stube ein, aus ihrem Schoß flattern, zittern Alkoholflammen auf dem Tisch, violette Kämme beben auf, in der Höhe wird Goldlicht angezündet, von gaffenden Augen bis an den Tisch reichender Kinder blinkend gespiegelt; ein verbrämter, versteckender Käfig ist nun die kleine Stube, auf den Schattenteppichen spaziert und singt mein Vater, unter des Fensters Baldachin sitzt und schweigt meine strahlende Mutter.

Mein Vater singt.

Körnt summend die Gebetzeilen ab, seine Stimme rastet mit andächtiger Mattigkeit, er geht mit seligen Schritten in der Dämmerung auf und nieder, sein gehetztes Gehirn spielt mit dem Frieden, das hebräische Lied lockt abermals seine Stimme hervor, und er singt, jammert, wie die vielen, vielen alten Leute, die zueinander die gottesfürchtigen Freuden hinübersingen, diese von Traurigkeit verängsteten Melodien.

Spazierend singt mein Vater, seine Stimme schwillt an, bebt vom Feuer der heiligen Kantoren, das Verständnis des Gelehrten verkostet einzeln die gejammerten hebräischen Worte; seine gehetzte Phantasie streift flatternd Geheimnisse der heiligen Bücher und berührt dräuende Schrecken der erschütternden Sorgen; mein Vater singt. Die Qual des Morgens, die Verheißung der Schmach, der Schrecken

der Phyllozera, sieghafte Intriguen der geschickteren Feil=
schereien, Ungemach, Schmerz und ängstliche Feigheit
spuken auch jetzt bösartig in der weißen Betäubung, doch
zieht mein Vater über sein verwirrtes Herz das Gebet,
singt sehnsuchtsvoll, flehentlich:

„Friede mit euch, Selah..."

Friede mit euch, Selah... Erschlaffe, schmerzende Un=
gewißheit, besänftige dich, sinnlose Drohung, zerstreue dich,
niedersinkende Düsterheit, Geld, Unheil, Schreck, greint
lallend, in armer Leute Heim rastet friedlich der Abend,
auf dem Tisch zucken die ersterbenden Flammen; der duf=
tende Alkohol, die dumpfen Muskaten, des Olbaumes
silbriger Zweig flattern verschlungen über dem Opfertisch=
chen, in der Abenddunkelheit züngeln Flammen in die Höhe,
mein Vater singt munter, selbstvergessen heiter:

„Der Du erschaffen die duftenden Gewürze..."

Seine Stimme gurgelt, schwingt auf:

„Gelobet sei Dein Name..."

Die zwei jungen, schweren Hände über die Flammen
ausbreitend, mißt er mit taumelnder Müdigkeit des Käfigs
Ferne, mißt und mißt; von östlichen Gewürzen singt mein
Vater, über den aneinandergeschmiegten Leuten wölbt sich
ungarischer Duft, am Fenster, in staubendem Regen des
Essigbaums, sitzt meine träumende Mutter, Duftgewänder
um den schönen, schlanken Körper. Feiertag, Abschied ist
meines Vaters Gesang, im vertieften Schatten sinken seine
Hände wie müde Vögel nieder; die geflochtene Wachskerze
lodert, flackert, ihr spitzenzackiger Kopf wird einschläfernd
in die auf dem Tisch wühlenden Flämmchen getaucht; mein
Vater singt, die Stimmchen der Kinder zirpen kreisend
auf, es summt der Bienenstock, im verbrämten Nest er=

freuen sich zwitschernde Kindlein; auf dem Opfertischchen entflammt, verlöscht das behende Licht, flackert noch einmal auf, der ringende Glanz verkriecht sich, und der Abend verschließt sein Braun. Meines betenden Vaters langsame Hände segnen streichelnd.

Schlummernde Nacht schütze deine Geheimnisse, Dunkelheit verdichte deine Schleier; jemandes körperloses Leben geistert bereits auf dem Lebensvorhang.

Ineinanderfunkelnde Sterne tummelt euch, umherirrende Sommerwinde weht raunend ineinander, reife Bäume, offene Kelche, Blüten schwebt seufzend ineinander, heiliger David auf dem blassen Thron, spiel, spiel diese Nacht schöne jüdische Psalmen, denn heute segnet reine Freude zwei betörte Menschen. Blut, das sich an der Wärme des Euphrat gewärmt, Phantasie, vom Flüstern der Lotusblume erhitzt, Herz, das auf der Galeere des Stolzes, der Traurigkeit, der Schmach geschwommen, entbrennet; versunkenes Ahnentum, großäugige Hohepriester, Beduinenheiden, Ghettoträumer brechet auf; aus göttlicher Geheimnisse Schoß schießt zitterndes Leben hervor.

Trampelt sorglos zwischen eueren kinderduftigen Kissen, auf eueren Traumschaukeln, ihr, meine kleinen Geschwister.

Ich komme, komme.

Einst sah ich einmal, und sah damals zum letzten Mal meiner Mutter Heimatsdorf Rád; das damalige Kinderaug lebt auch jetzt noch in meinem Auge. Eine zusammengetakelte, baufällige Hütte, kitzelnder, schwerer Stallgeruch auf dem Hof, in einem niedrigen, mit kalter Erde gepflasterten Stübchen zögern sehr alte Leute, und neben dem Herd noch ältere, eine mütterchenartige Frau und ein Riesengreis dösen, am Ende des Hofes ein Hang, und noch weiter etwas wie ein Garten, lauter Pflaumenbäume; dichte Pflaumenbäume, ihre obsttragenden Kronen neigen sich ineinander und wurzeln mit waldiger Ferne in der Wiese; wie war dieses Dickicht über mir? Ich vermag es nicht zu sagen.

Wie ein zischender Augenblick, wenn wir das in die Sonne staunende Auge schließen und um uns herum der Abend mit wildem Tumult, mit wunderlichen Bildern niedersinkt, wie die Blendung, wenn wir zum erstenmal japanische Stiche kennen lernen und Laubkronen der japanischen Bäume unsere sich fortsehnende Neugierde zu Traumreisen verlocken, wie die Decken kleiner Bauernkapellen, von denen in dicken Wogen die himmelblauen Gipswolken herabhängen ... Oft hatte hier meine Mutter geweilt, wenn sie stürmische Traurigkeit von meinem Vater fortführte, und auf den schattigen Pfaden der Räder Pflaumenbäume sind wir Kinder, im schlummernden Nichtsein, wahrlich alle dahingewandelt, wenn wir über unsere Mutter Unheil gebracht hatten.

Reife Laube, die sich über der müden Phantasie wölbt, o, wie oft hat sie meine Mutter umschlossen? Hat die kraftlose Frucht, der sich loslösende Gedanke meine Mutter in der verzückten Stille des blauen Schattens begleitet? Zeigt die heilige Traumversunkenheit immer nur die Armut, die ihre Verlobten mit dem Zauber des Leids aufsucht? Spielt der besuchende Traum immer nur mit seinen Fragen=Prismen, die der Erwählten Bewußtsein stets lähmen? ...

Armut, schwarzer Blitz über dem Elterngefühl, entfernst du dich denn niemals? und umrankst deinen Diener, wie das Fleisch den Knochen, wie der Atem die Lebenssehnsucht? Bebst du düster im Spiegel der Augen auf, wenn sie sich selbstvergessen öffneten? Gibst Scherben durch Schreck aus unvorsichtigem Lachen? Und drohst grollend geheimer Tiefe des heiteren Augenblicks?...

Meine Mutter träumt, und über weitem Horizont ihrer Phantasie schwingen die trägen Gedankenvögel:

„Was macht jetzt mein Mann?..."

„Werde ich immer so leben müssen?..."

„O, wenn er jetzt hier wäre..."

„Immer zanken wir..."

„In unserer Familie kommen alle Frauen wieder nach Hause..."

„Elend, Zank, Zorn überall..."

„Wie schön andere Familien leben..."

„Bei uns nur Zank, Zorn... immer nur Zorn..."

„Wir könnten einander töten..."

„Die Schmach... diese Schmach..."

„In unserer Familie war dies immer so..."

„Wird in unserer Familie dies immer so sein?..."

Unter hängenden Kronen der Pflaumenbäume, auf den verschwindenden Pfaden der sich blau färbenden Laube tappt ein Riesengreis dahin.

„Immer... immer wird es so sein?..."

„Auch ich werde so alt werden?..."

„Werde auch ich hundert Jahre leben?..."

„In unserer Familie werden alle alt..."

„Hundert Jahre..."

„Hundert Jahre weinen, traurig sein... Hundert Jahre immer nur Schlechtes... Nur Sorgen, Elend... Hundert Jahre so leben..."

„Mein Gott..."

„Hundert Jahre..."

„Und das Kind, das noch um nichts weiß, aber schon mit mir hier ist . . . wird auch das alt werden? . . ."

„Sich abquälen, weinen . . . Hundert Jahre lang sich immer nur schämen . . ."

„Wäre nicht besser der kleine Holzsarg? . . ."

„Wäre nicht besser unter blauen Blümlein zu ruhn? . . ."

„Und wenn es ein Mädchen wird? . . ."

„Ein häßliches, altes Mädchen . . . das in der Sylvesternacht Blei gießt, zur Schlafenszeit in sein Hemd beißt? . . ."

„Nein, nein, es wird kein Mädchen sein . . ."

Widerstand ringt die kreisenden Gedanken nieder, meine Mutter hadert verwirrt, ereifert sich im Heraufbeschwören schicksalsschwerer Geheimnisse; die dichte Pflaumenpflanzung sperrt wie ein Tor das Licht aus, und in meiner Mutter Gehirn spukt es auf:

„Man hat uns verflucht . . ."

„Hat uns verflucht . . . Mein Vater . . . Mein Großvater . . ."

„Jetzt fluchen wir . . . Wie mein Vater . . . Mein Großvater . . ."

„Als er dort am Fenster stand . . ."

„Er betete am Fenster, die weiße Kappe glitt auf seinem Kopf zurück, er schlug sich mit seinem umriemten Arm auf die Brust, und sein betender Mund verfluchte uns . . ."

„Und jetzt fluchen wir . . ."

„Wenn die Armut uns quält, stets fluchen wir . . ."

Und das Entsetzen schnürt meiner Mutter Hirn zusammen. Ihr gehetzter Atem setzt aus, sie schwankt auf dem schwerer gewordenen Weg, und jemand, dessen Seele bereits in ihrer Seele loht, beklemmt ihr Herz; der Mensch, der ich war

25

und der ich meiner Mutter Herzblut getrunken habe. Die Hülle, die mich einst umschließen würde, hat bereits den Platz meines Herzens festgelegt; es erwacht schon zum Sein, öffnet die verlangenden Lippen nach Leben, und meiner Mutter Herzschlag nährt treu ihren Sproß.

Meiner Mutter Herz ...

einsame Glocke, die beim Gespensterspuk böser Gefühle erschrocken tönt,

voller Kelch, den Gottes Hand mit Unerbittlichkeit der Schöpfung an die Quellen ewigen Leids führt,

umwolkter Stern, der jauchzend auffunkelt und von lauernden Schleiern der Düsterheit verdeckt wird,

meeräugige Träne, die winkend blinkt, doch quellt in ihrer Tiefe bereits sprudelndes Weinen,

Leben, Tod, Sonnenglast, Schatten, alles, erlebte Vergangenheit, unbekannte Zukunft, alles, alles: meiner Mutter Herz ...

wie oft schon hat in seinem geschlossenen, schwülen, kleinen Hof die Bahre gestanden? ...

An der Schwelle flügger Jahre, ihr winziges, frisches Herz, als es zum erstenmal gezuckt? ... Vielleicht im dumpfen, kranken Stübchen, zwischen aufbegehrenden Menschen, die einander bis ans Grab lieben und von der Armut gehetzt miteinander hadern, Fluch, kreischende Hölle, gehobene Faust, sich selbst zerfleischender Haß, der die Sonne verdüstert ... Eine längst versunkene Winterdämmerung, draußen heulen die Berge vom Kanonengedröhn, die flüchtige Familie harrt des klirrenden Urteils über Gebetbücher gebeugt, und zur Türe herein stürzt, mit blutendem Kopf, ein Kossuth-Honvéd ... meiner Mutter Herz sieht ihn ... Der Wunderrabbi ist gestorben, der schwarze Tod hat ihn

fortgerafft, wahnsinnige Menschen graben in hüllender Nacht
den Heiligen aus der Kalkgrube, waschen ihn, kleiden ihn
an, sprechen über ihn die überlieferten Worte, und es kommt
in der rechenschaftfordernden Nacht der Rächer und schlägt
mit fegenden Fransen seiner furchtbaren Schleppe auch mei=
ner Mutter Herz ... Das trostlose Heim, in dem die Eltern
bereits geschwächt umherlungern, die Kleinen angstzitternd
erlahmen, auf das die Barmherzigkeit nicht mehr nieder=
blickt, wo der Zusammensturz die einander anstarrende Fa=
milie eng zusammenschnürt ... Doch schlägt das Terno
ein, das Lotterieterno, schmückt mit seinen Strahlen die
gebrochenen Augen, behängt die ohnmächtigen Phantasien
mit ausgelassenen Kühnheiten, und die Freude, die reine,
unbekannte Freude zieht bei den armen Leuten ein, und bei
dem freundlichen Zusammentreffen ist auch meiner Mutter
Herz zugegen ... Bittere, schwere Schmach ist der lange
Fasttag, da sie in den Tempel gehen, meine Mutter neben
ihrer Mutter Rock, doch steht in der Türe bereits der Tempel=
diener, es sei drinnen kein Platz, den Reichen gehöre das
Vorrecht, die Armen mögen draußen auf dem Hof beten ...
Als mannbares Mädchen, da meine Mutter schön war wie
Maislieder, von Palmenwuchs; ihre traurigen, sammet=
schweren Augen, ihr stolzer Mund, ihr scharfes, klares Ge=
sicht ließen die Jünglinge komplimentieren, und die Schwind=
süchtigen, die Häßlichen, die Mausäugigen heirateten alle
vor ihr, sie aber stand mit ausgebreitetem Herzen auf dem
Markt, und es pochte ihr ins Gehirn:

„Ein armes Mädchen sollte nicht geboren werden ..."

„Für arme Mädchen sind die blauen Blümlein da ...
dort im Friedhof, recht tief unter der Erde ..."

Und die Zeit des Genusses? da ihr Herz wie ein sich

öffnender Mund um die vollkommene Liebe sich krümmte, und in ihre traumversunkenen girrenden Worte das wache Leben hineinwütete:

„Wieder eine Lizitation! ..."

„Pfui, ist das ein Leben? ..."

„Deine Kinder sind bei Handwerkern in der Lehre..."

„Was wird man in Ráb sagen ... Ich kann mit den Rangen heimgehen..."

Erhalten wir eine Kerbe nach der anderen? von tändelnden Bewegungen schaffender Finger, derweil sie unseres Herzens Gebäude bauen, es mit Glückspflanzen beforsten, Schmerz einschneiden und Träume säen?...

Meiner Mutter Herz fühlt nun mich ...

taucht das Sein von morgen, das mich bereits ruft, in den Schicksalen überlieferter Leben unter? altes Leid, umnebelter Schmerz, in Gott mündender Aberglaube, matte Freude, verängstigter Wille: bäumt sich dies alles jetzt auf?

meiner Mutter Herzblut ergießt sich über mein aufkeimendes Herz ...

Erstes versunkenes Evoë, das mir entgegenweht, meiner Mutter Evoë; aus welcher Pfeife des orgelnden Wissens ist es erklungen?

Schießt in die Höhe, bejahrte Pflaumenbäume, streckt euere üppigen Kronen in den Himmel; blaue Luft, welle befreiend auf. Meine Mutter steht in gestraffter Schlankheit unter Gott, steht im Kranz reifer Früchte bezaubertbezwungen und lächelt; ihr funkelnder Blick schweift in die Unendlichkeit, und Lächeln blüht auf ihrem schönen, weißen Gesicht,

ich poche unter ihrem warmen Herzen auf.

Ausgesandter Page der schnaubenden Zukunft, mein ins Leben geschwungenes kleines Herz, in dunkler Sendung pocht es bereits, flattert im glühenden Weltall, und in Blut und Kot beschwören schon welterschaffende Strömungen die Gefühls= und Gedankenkeime.

Wenn der Zauber innehielte, und ich nichts anderes würde, als ein versunkenes Herz, das unwissender und schaudernder Weg des Blutes von den Urbächen zu neuen Lebensmeeren wäre? nichts anderes denn ein träumendes Pochen, in dem Seufzen aller versunkenen Leben atmet? eine Harfe im Freien, die vom Wehen wandernder Schmerzen und Freu= den gleich ertönt?

kein Gefühl erzwänge Tränen, denn kein Licht flammte auf meine Augen? kein Beben schwänge bis zum Gedanken empor, denn noch hat die Phantasie mein Herz nicht berührt?

wenn ich so verschlossen, in badendem Blut, umarmt vom Fleische in süßer Wiege entschliefe, in mich weder Erwachen, noch Erkenntnis käme?

wenn mein kleines, verheimlichtes Herz, tik=tak, tik=tak, bloß mit flinker Emsigkeit pochte?

wenn aus Dampfdickicht des Blutes meine beiden Pu= pillen nicht aufäugten? keine Verständnisschnüre der blinden Instinkte Nebelvorhänge belichtend auseinander zögen?

Wachsames Mysterium des Ursprungs, düsteres Wunder, vor dessen versperrender Schwelle die dröhnende Seele niedersinkt, woher, wohin treibst du mich, im Laufe der Zeit?

sprießt aus Zellenmyriaden dampfender Kelche tatsäch= lich mein Leben hervor? ...

Ich weiß nicht, ist es Wirklichkeit, ist es Traum ... hinter längst geschlossenen, tausendfachen Gardinen, hinter der Dichtesten, Entferntesten, zeigt sich mir in abendlicher Dämmerung die Gestalt einer kleinen Bauernmagd.

So blond, rötlich=gülden, warm=glänzend ist an ihr alles, daß selbst aus ihrem appetitlichen Fleisch, aus ihren scharfen, kleinen Augen, aus ihrer geschwätzigen, seligen Stimme jauchzende Blondheit strahlt; sie hat kein ausgeprägtes Gesicht, keine bestimmte Form, bloß auf die gespannten Äpfel ihrer offenen Brust schimmert von ihrem ausgestreckten Hals das hin= und herpendelnde goldene Kreuz, und sie erzählt. Im Kreise sitzen auf niedrigen Schemeln die Kinder, und sie verrichtet die Abendarbeit; ihre emsig=harte Faust verschwindet in den Zugstiefeletten, in ihrer rechten Hand geht die breitrückige, große Glanzbürste taktmäßig auf und ab; sie schwingt den Arm und brummt mit verschmitzter, erschreckender Stimme:

„Liebes, schönes Mägdelein . . .“

Die Glanzbürste schwingt ein zweites Mal, und sie zeigt den schönen kleinen Gesichtern ein entsetztes Gesicht:

„Öffne mir dein Kämmerlein . . .“

Süß=üppig steigt der Schuhwichsgeruch in der Luft auf; in dem kleinen Kreis spiegeln sich in ermüdet aufflammenden Augen die blankgeputzten schwarzen Schuhe, schlafbefallene Menschlein kriechen schaudernd, verstohlen ins Bett . . .

Meine Mutter umfängt mit Andacht die Traumgesichte der erschrockenen Herzlein, breitet ihre Liebe über die Betten aus und singt ihrem verängstigten Volk:

„Blas, blas zu, mein Schäferlein . . .“

„Prinzessin war auch ich einmal . . .“

Ihre langen Wimpern schlagen auf wie ein schwärmerischer Kuß, in der grünen Tiefe ihres Auges brütet Staunen, ihr Blick strahlt in die Ferne, wo das Neue, die Aufregung, in Untiefen kommender Nächte, düster wartet; meine Mutter summt es, singt, beschwichtigt:

„Blas . . . blas zu . . ."

„Kleine, kleine Ahornflöte . . ."

hartumfriedetes Leid? böses Versprechen auf hundert Jahre? armausgebreitete Sehnsucht nach der entzogenen Rast? zucken sie jetzt über den meertiefen Horizont ihrer Augen??

„Prinzessin war auch ich einmal . . ."

Ihre kindliche, anmutige Stimme klingt matt . . . Erschließt sich ihrem Gehirn der verborgene Gedanke? begegnen einander Leben, Tod, Zukunft im Herzen meiner Mutter? denkt sie im losgerissenen Wirbel ihrer rauschenden Schmerzen und erschütterten Vorstellungen: an mich?

„Mein Schäferlein . . ."

Brennt ihr ungelenk ringender Verstand? hat ihre aufrührerische Seele die Schleusen fortgerissen? fängt ihr träumender Blick die Geheimnisse auf? und fühle, übernehme ich ihr durstiges Auge? ihre an Abgrundgrenzen taumelnde Phantasie?

Schlägt mich der Blick, wie das Licht die im Ozean versunkene Koralle trifft, die ihren tastenden Kranz öffnet, wenn die aus der Dunkelheit auftauchende Sonne sie mit Auferstehung bestrahlt? . . .

Und ich werde schon gerufen, wie Straßenstaub von Gottes Hauch . . . heult, lauscht, versengt, erstarrt, umarmt, zerstückt um mich herum bereits das Leben? werde ich, noch mit der Nabelschnur verknotet, bereits erweckt? Ich wehre mich mit meinen Armen im treuen Körper meiner Mutter:

„Nicht wissen . . . Nicht erwachen . . ."

„Nicht wissen, was schlecht . . . Nicht wissen, was gut . . ."

„Fern bleibe mir Gedanke, nicht versuche mich Gefühl . . ."

Ein Ringen hebt an, zwischen uns beiden Scheidenden

„Fern bleibe mir Wille, wenn ich feig . . ."

„Nicht erfasse mich Ekel, wenn ich Schönes sehe . . ."

und der Krampf, die Qual reißen mich durch verbannende Fügung von meiner Mutter Leib

„Leben?! . . . Leben?! . . . damit ich den Tod erkenne! . . ."

Der Orkan, der aus der Zeit kommt und nicht inne hält, ehe die Erde zu keimen vermag, hebt meiner lieben Mutter armen Körper; Blut, Schaum, Flut aus ihrem heiligen Fleisch . . .

Und nun sitze ich hier am See, mit aufgekeulter Phantasie, in der Blendung, unter meinen zwei verschlossenen Ohren regt sich kein menschliches Leben, kein menschlicher Ton, doch strahlt mein Herz von sonatenhafter Leidenschaft . . . o! wenn jeder Mensch hinkte, o! wenn jeder Mensch bucklig wäre . . .

In trauriger, verwaister, wartender Lautlosigkeit stoßen klirrend Sonne und Gletscher gegeneinander.

LUDWIG BERGER
SPIELGEIST

EINE PHANTASIE

KURT WOLFF VERLAG / MÜNCHEN

BÜCHEREI »DER JÜNGSTE TAG« BAND 81
GEDRUCKT BEI DIETSCH & BRÜCKNER IN WEIMAR

Copyright 1920 by Kurt Wolff Verlag, München

1. Hof
(Schwillt der Name: Imma. Laut – gesteigert – Schrei!)

Klagend Stimmen: Imma!
        (Die Königin entsetzt)
Königin: Ruf! – Wer ruft?
        Wie Taubenflügel schwirren?
        Zum Himmel auf und fort!
        (Die Mägde stürzen ihr zu Füßen)
Die Magd Gersa: Oh –!
Die Magd Buh: – – Oh – –!
Die Magd Linde: O Herrin!
Königin: Ich weiß!
        Das – Unglück heißt!
        Wo ist sie?
Die Mägde *(knieend, den Boden schlagend)*: Imma!
        (Der König im Mantel)
Königin: Ich sinke!
        Frage du!
        Ja – es geschah!
        Mein Kind! Mir Tochter! Imma!
Tausendfach Echo: Imma!
König *(schreiend)*: Still! *(Brinhildis wankt herbei)*
Gersa: Sie sank!
Buh: Im Bad!
Linde: Die Fluten!
König: Ach – ertrank!

Brinhildis: Nein!
        Schwand in Schönheit!
        Stengelschlank hinab,
        die Winde um die nackte Brust gebogen!
        Und ohne Schrei im Schauer stumm verzückt!
        So uferlos durch Tiefe – –
Die Mägde am Boden: Uferlos—!
König: Führt mich
Königin: Mich führt!
König: Bleib! Warte!
    (Der König folgt den drei Mägden)
Königin: Brinhildis, du!
Brinhildis: Es war wie Sturm:
        Im Spalt der Felsen: Dampf, dicht, kraft=
        Die Elemente wach   ⟨geballt –
        Trieb ohne Halt
        Aufwärts und abwärts
        Strom und Fall und Dunst!
        Das Moos von Schaum bespritzt.
        Die Blumen schwimmend
        und tosend in der Gicht gereckter Leib!
        Hochwirbelndes Gesicht,
        das Nebel hüllte
        in Schalen blau gestumpft!
        O nein – kein Tod!
        Raub war es,
        Raub der Erde!
        Dann wieder glatt
        und Ruhebild – wie Hohn!
        Der Fließ gespreizt,
        Der Fluß so klar

    und jede Spur
    versäumt — gespült — verloren — — ach!
    — — — —

Königin: Ihr saht sie nicht?
Brinhildis: Wir sahen sie nicht mehr!
Königin: O Hoffnung, zwiefach Antlitz!
Brinhildis: Hoffnung nicht! O Ohnmacht!
Königin: Mädchen!
    Ruf' mir Ratibor!
    Ihr Freund! Mein Sohn!
Brinhildis: Was soll er?
Königin: Frage nicht!
Brinhildis: Ihr lacht?
Königin: In Schmerzen!
    Stärker er, als du!
    Als ich auch,
    Als die andern alle!
    Rufen
    Geh!
Brinhildis: Herrin!
Königin: Trost: allein sein! — Ratibor! —
  (Brinhildis geht, die Königin langsam)

2. Gruft

Geist: Alles dir!
    Nur eines von dir: Menschen!
Imma: Alles behalte!
    Eines gib!
    Gib Menschen!
Geist: Pracht der Tiefe!
Imma: Sonnenweh!

>   Gib das Licht,
>   das Tiere atmen!
>   Gib die Regung, zart wie Reh
>   schattend unter Bäumen!
>   Gib,
>   was die Seele nie im Laut geweckt:
>   Gib die Liebe!

Geist: Meine Liebe!
Imma: Hart!
>   Gold und Stein, dein zähes Element!
>   Worte, die du denkst im Fels begriffen!
>   Wert, wie Fäuste aus Gestalt gestaut
>   ohne Kreislauf, sündenlos, die Wut!

Geist: Soll ich menschlich sein?
Imma: Du kannst es nicht!
>   Sehnsucht heißt der Pol! Du hast die Macht!
>   Unerfüllt wir sind! Du bist Vollendung!
>   Warum raubtest du?

Geist: Aus Not der Kraft!
Imma: Spalte deine Kräfte in das Meer!
>   Fest sei Ziel im Mittelpunkt der Erde!
>   Jage Wunsch auf Flügeln um die Welt!

Geist: Das ist Menschenblick, der reißt entzwei!
>   Kraft bin ich und will die Ohnmacht lieben!
>   Beides schmilzt im Mantel meiner Brust!

Imma: Deute nicht Gewalt! Sei mutig roh!
>   Zeichne stark: Tod gib mir! Gib mir Leben!

Geist: Gestorben bist du! Lebe!
Imma: Fremd die Welt!
Geist: Starb der Mensch! Dein Atem füllt die Luft!
Imma: Lebt sein Bild! Mein Atem trägt die Liebe!

Geist: Laß mich bei dir sein!
Imma: Laß mich empor!
(Sie wirft sich auf die Erde, Kopf vergraben. Der Geist sinnt gekrümmt. Dann streckt er die Hände, weckt Musik, kniet wie träumend, wühlt die Erde auf, zieht drei Rüben, wirft sie hoch im Bogen, spricht dazu)
Ge st: Bildkraft: Liebe!
    Sehnsucht: Ziel!
    Wurzeltriebe,
    Mondenspiel!
    Flut und Ebbe! Quillt die Wut?
    Blut und Erde, Seelenbrut!
(Die Rübe „Königin", die Rübe „König", die Rübe „Brinhildis", in Gestalt den Menschen völlig gleich, kommen blind und lächeln. Der Geist kichert, gräbt weiter, schafft die Mägde Gersa, Buh und Linde durch Wurf und Spruch. Dann geht er. Die Rüben stehen sechs im Kreise hinter Imma)
Rübenkönig und Rübenkönigin: Löse!
Rübenbrinhildis: Löse!
Die drei Rübenmägde: Löse!
Imma: *(schreit auf, betrachtet lang entsetzt, läuft im Wahnsinn stumm davon)*
Die Rüben: *(kichern)*
(dann halb lachend, halb klagend – Ernst und Spiel.)
Rübenkönigin: Wo ist sie?
Rübenmägde: Imma!
Rübenkönig: Ach – ertrank!
Rübenbrinhildis: Uferlos!
   (Sie gehen langsam – blind)

3. Wald

Ratibor: Schwebe Pendel über das Gestein
bleischwer über ird'nen Wasserkrügen
und im Stromkreis durch das Blut der Hand!
Zwang zu treiben, Zwang zu Irrfahrt — Weg,
Zwang durch Moos, durch Rinde, Blatt und
Strauch.
Heiligkeit der Tiere! Kraft und Beben,
Seele ausgelöst im Rückenrund
aufgeleuchtet Leid aus stumpfen Augen,
Taukristall im Erdenlehm — o Keim!
Ahnung zieht durch Schlummer, reift im
Traum
und vermißt sich an des Tages Schwelle!
Blumen tragen ihren Durst hinauf,
wo aus Wolken Wasser niedersteigen,
und die Sehnsucht schmilzt im nackten Raum!
Ich bin Mensch! Wie lange noch! Auch du?
Bist schon in der Tiefe? Sauge ein,
Sauge Seufzer aus dem Saft der Lippen
bis ich schmachtend spüre fremden Zug
und — entleert Gefäß — dich fern begreife!
(Brinhildis kommt)

Brinhildis: Herr!

Ratibor: Nicht du!

Brinhildis: Ich bin ein Bote!

Ratibor: Nein!
Bist du selbst im Nebel deiner Glieder,
schlank wie Birkenstämme, winkst im Forst,
weisest Tränen — Schnee durch kahl Geäst!

Brinhildis: Herr!

Ratibor: Sei stumm, dann stehst du auf der Scheide!
　　　　　Beuge dich zu mir! Mein Arm heißt Mann!
　　　　　(Brinhildis kniet neben ihm)
　　　　　Nein! Sprich nicht! Denn Worte tragen Last!
　　　　　Arme Tiere wir, entzweigebrochen
　　　　　am Verstand, der sagen will! O greife
　　　　　mit der Hand ins Leere — greife Luft,
　　　　　das ist Atem zwischen dir und mir!
　　　　　Wollen ihn in Kränze winden! Küsse!
Brinhildis: Nein!
Ratibor: Was wehrst du?
Brinhildis: Wartet meine Frau!
Ratibor: Wer? die Königin? — Oh — — sie ist alt!
　　　　　Wir sind jung!
　　　　　Wann kommst du auf die Wiese?
Brinhildis: Imma!
Ratibor: Still!
Brinhildis: Die Treue!
Ratibor: Wer sie lebt,
　　　　　kennt die Fülle!
　　　　　Sinke zu mir nieder!
　　　　　Du bist schön, wie sie!
　　　　　Begreifst du nicht?
Brinhildis: Jauchze Leid!
Ratibor: O dunkle Brunnentiefe!
(Er küßt sie. Sie legt ihren Kopf in seinen Schoß, er wiegt sie)
　　　　　Wundes Wild im Tann gestreckt
　　　　　Jäger kommt — Jäger!
　　　　　Liebe, die sich ausgeneckt,
　　　　　träger wird — träger!
　　　　　Ach — das Ziel, das Sehnsucht deckt,

ruft Gericht, ruft Zeugen — weckt
Kläger!
Tilge lose Kraft in Wut!
Kreise Liebe — es ist gut,
was der Mensch dem Menschen tut!
(Brinhildis richtet sich langsam auf)
Brinhildis *(wie im Traum)*:
Wollte dir etwas sagen!
Weiß nicht mehr!
Ratibor: Von der Königin?
Brinhildis *(schmerzlich)*: Ach —!
Ratibor: Nun?

— — — —

Brinhildis *(lächelnd)*: Später!
(küßt ihn — springt davon)
Ratibor *(dämmernd)*: »Spiel!« *(folgt ihr)*

4. Phantastischer Garten. Mond

Der Geist: Berge mich Rund!
Rätsel schweige!
Lächeln entsteige
fieberndem Grund!
(Birgt sich. Imma in fliegendem Tanz)
Imma: Mondenkönig, fange mich!
Vater!
(Der Rübenkönig, keuchend und welk)
Rübenkönig: Du!
Imma: Ich bin traurig, ich bin wild!
Ach, ich weiß, du kannst nicht schnellen,
Kreise sind für deinen Fuß nicht Wellen — —
Ich vergesse dich im Bild!

Bilder lügen, Vater, du bist wahr!
Sagst ein Wörtchen nur — das »Du« —!
Blinden Sterne ohne Ruh'
und die Nacht schwingt mondenklar!
Träume sind wie Bergesrücken,
wölben sich aus feuchtem Sand,
schaffen Harmonie ins Land!
Menschen sterben — Menschen pflücken,
Blumen — Vater — leuchtend blau,
Goldengrün die Käferlein — —
Ach, das Leben wirkt im Schein!
Du bist König — ich bin Frau!
Rübenkönig: Ich bin — — Scheibe — —!
Imma: Sprich nicht viel!
Was wir denken, stört das Spiel!
(die Rübenkönigin kommt)
Rübenkönigin: Meine Krone —!
Imma *(jauchzend)*: Du bist wahr!
Wart' — ich flecht' sie dir ins Haar!
So steigt beide — Hand in Hand —
Blasen auf am Inselrand!
(Rübenbrinhildis kommt mit einer Blumenkette)
Rübenbrinhildis: Sollen — — wir — —?
Imma: Binden —! Oh —!
(Sie kauern alle vier auf Knien und binden Blumen hinein)
Imma: Mohn dazwischen!
Rübenkönig *(kichernd)*: »Mond«!
Rübenkönigin *(ernst)*: Kränze —!
Rübenbrinhildis *(lächelnd)*: Ketten —!
*(Sie binden stumm. Eine silberne Streichmusik in höchsten
Tönen. Die Rübenmägde Gersa, Buh und Linde im Reigen)*

Gersa: Lachen!

Buh: Lächeln!

Linde *(verstellt)*: Böse sein!

(*Sie lachen, irren weiter*)

Imma: Ich auch!

(*springt davon.*)

Rübenkönig *(steht auf)*: Welken müssen!

Rübenkönigin und Rübenbrinhildis *(wehrend)*: Pst!

(*Sie stützen sich gegenseitig, folgen schwer Imma*)

Geist: Rasende Geduld, brich auf zum Zorn!

Stirb, Tal — Dämmerung! Es ruft das Horn!

Mensch, wo bist du! Spiegel meiner Brust?

Lachst in Tränen! Lügst du, weil du mußt?

Gibt's kein Tor, das streng durch Weite führt?

Treibst du Spiel mit allem, was berührt?

Starb im Ohr der Schöpfung letztes Maß?

Fühlst du nicht — Mich? — — Ich — vergaß?

(*kniet hastig, wühlt wütend die Erde auf, holt eine Wurzel*)

Wurzel stumm!

Denken macht dumm!

Liebe biegt die Lüge krumm!

(*wirft sie hoch im Bogen, bleibt gebückt in Starre,
bis lächelnd Rübenratibor kommt*)

Rübenratibor: Löse!

Geist: Du! (*fährt ihm über die Augen, betrachtet ihn lange,
geht. — Die Rübenmägde Gersa, Buh und Linde
tanzend im Reigenschritt. Sie sehen den Rübenratibor, flüstern, gehen ängstlich im Bogen um
ihn herum weiter. Der Rübenkönig kommt*)

Rübenkönig *(sieht ihn lange an)*: Ach — — damals!

(*humpelt weiter*)

(Die Rübenkönigin kommt, bleibt erschrocken stehn, knickst, geht schnell an ihm vorbei, bleibt wieder stehn, dann in plötzlichem Einfall zu ihm zurück)
Rübenkönigin: »Ihr Freund! — Mein Sohn!«
(Rübenratibor lächelt. Sie knickst verlegen – eilt weiter. Imma kommt, erstarrt vor ihm, sinkt schluchzend nieder, Gesicht in die Hände vergraben. Rübenbrinhildis, lächelnd in Seligkeit, geht zweimal in engem Kreis um ihn herum, schmiegt sich an ihn – küßt ihn. Dann lacht sie hell. Imma fährt auf. Rübenbrinhildis huscht weg)
Imma: War das — — Brinhildis?
Rübenratibor *(lächelnd)*: Du! — Du!
Imma *(bleich und ernst, steht auf):*
        Komm —! der Mond friert! — in die Kapelle gehn, wo Kerzen brennen!
(schnell ohne nach ihm umzusehn. Rübenratibor folgt)

5. Dämmerung auf Bergen

Brinhildis *(müde)*: Liebst du?
Ratibor: Die ich muß!
Brinhildis: Von Kummer schwer
    lieg ich brach im Turm der Reue! Weile!
    Augen dunkel auferstehn und klagen!
    Bist du treu? O Worte! Dürre Rast!
Ratibor: Wenn du wert bist
    und du wahr bist,
    dann du treu bist!
Brinhildis: Imma!
Ratibor: Rufe nicht!
    Ist kein böses Spiel
    gedankenlos:

                    Alltag-Liebe,
                das uns schafft und bindet!
Brinhildis: Ich ertrag' es nicht!
Ratibor: Wie ferner Mond
            treibt ein Abglanz durch die Brust und zündet
            Hauch und Blässe — — rundet sich und schwillt.
            Wellen über Wipfel rauschen,
            Strom der Unsichtbaren —!
            Knarrt die Rinde,
            Gräser schweben auf, die ich zertrat.
            Kreuzen sich die Wege!
            Willst du gehn?
            Sieh — es färben sich die Himmel wieder
            und im Wind saust unsre Nacht dahin!
            Morgendämmerung —, kalt — kalt wir beide,
            Du und ich — geteiltes Wesen! Gib —
            Gib Genesung deiner Sehnsucht hin!
            Brich die Träume auf — dann reifen Lieder!
Brinhildis: Wunderbar — — du bist, seit es geschah!
Ratibor: Treu ist frei sein!
Brinhildis: Starb mein Leib an dir?
            Küsse mich!
Ratibor: Was willst du?
Brinhildis: Auf die Berge!
Ratibor: Lüge nicht! Sei wahr!
            Was willst du?
Brinhildis: Mich! *(bricht zusammen)*
Ratibor: Ewig Rad, das Wagen treibt und Pferde,
            Ziel und Fahrt und Kreis im Kern der Welt!
            Schwingen meiner Seele, schattet rings
            trübe Gipfel, Spalten tief und Erde!

Wer mich glaubt, erkennt mich!
Du bist feig!
Imma lebt in mir! Ihr Wunsch, mein Blut!
Weil ich treibe, weil ich Wandrer bin,
weil ich kettenfrei in Meere greife,
leuchtet Güte sie durch meinen Sinn!
Böse sein heißt lügen!

Brinhildis *(fährt auf):* Lügen — wie?
Weil ich traurig bin!

Ratibor *(stark):* Glück lügt!

Brinhildis *(schreiend):* Lügt Kraft!

Ratibor: O verklage mich, zum Schwur bereit!
Richter rufe, die sich selbst nicht richten,
Larvenmißgeburt aus Eitelkeit!
Rüttle nicht am Pfeiler, der sich streckt!
Willst du nackt und ohne Dächer stehn,
reiß die Riegel auf und ströme — ströme
unter Sternenhimmel reiner Lust!
Bist du's?

Brinhildis: Nein!
Weil ich Verbrecher bin!
Und das Wissen selbst zu Tode schleifte,
bis es Staub, an meinem Körper hing!
Nun strahlt auf der Quell zum Taggewölbe,
peitscht die Blicke hoch und drückt sie blind,
bis der Qual Gelächter leer zerspringt!
Morgen ist! Hinab ins Tal der Macht,
wo die Sünde nicht in Wolken spiegelt
und der Traum in Ebene zerfließt!
Was ist Wert? Was Wahrheit? Was ist
Lüge?

Ich war du im Mantelschloß der Nacht!
(stürzt ab)
Ratibor: Sturm!
Wer siegt?
Die Zwischen steht — die Dritte!
Unberührt von Fingern schlaffer Kraft!
Imma —!
Dreifach klagendes Echo: Imma —! Imma —! Imma —!
(Die Mägde Gersa, Buh und Linde in Trauer)
Gersa: Sagte dir — —?
Buh: Brinhildis —?
Linde: Was geschah?
Ratibor *(aufschreiend in Ahnung)*: Imma?
Alle drei: Sagte sie nicht — —?
Ratibor *(lügt)*: Alles!
(stürzt ab. Die Mägde folgen)

6. *Rübenfeld. Abend*

(Der Geist taucht im Dunkel. Rübenbrinhildis lächelnd mit geschlossenen Augen eine Winde in der Hand)
Rübenbrinhildis: Warte!
— — tiefer zurück!
(kniet. Dann bohrend — im Krampf)
»Die Elemente wach
Trieb ohne Halt
aufwärts und abwärts — —!
Raub war es
Raub der Erde!
Dann wie Hohn:
der Fluß so klar
versäumt — verloren — ach!«

Geist: Was machst du?
Rübenbrinhildis *(erschrickt, fährt auf, verneigt sich, will gehen)*
Geist *(donnernd):* Bleibe!
    Tiefer zurück — —!
    (wühlt die Erde auf – zieht eine Wurzel)
Geist *(tierisch):* Was ist das?
Rübenbrinhildis *(kichernd):* Das — —? *(lacht hell auf)*
(Der Geist sieht sie mit aufgerissnen Augen. Dann schmettert er sein bitteres Gelächter, wirft sich auf die Erde, liegt gekrümmt. Rübenbrinhildis flieht)
Geist *(am Boden):*
    Geformte Kraft hat ihren eignen Sinn!
    Erzeugen kann ich sie, kann sie vernichten!
    Doch schwemmt ihr Strom den Damm der
        (entschwebt)   [Ufer hin!
(Imma und der Rübenratibor)
Imma: *(ruft)* Brinhildis!
    Ging sie nicht?
Rübenratibor *(lächelt, sieht sich suchend um)*
Imma: Pocht das Feld,
    Abend hämmert die Erde.
    Ist's versinkender Tag?
    Herzschlag durstender Nebel
    wartet die Nacht herbei!
    Schweigen, das in Strömen fließt
    und von Mund zu Mund
    die Last wälzt!
    Oh, verschütte nicht den Strahl der Bilder,
    der im Auge lebt, aus Glut geschürt!
    Bette nicht den Laut der Bangigkeit,

            der wie Tropfen schwingt im Meer der Leere!
            Träge Flügel über schwarzem See
            schlagt die Mattigkeit auf Spiegel nieder,
            wo sich Luft und Grund im Kuß berührt!
Rübenratibor *(tieftraurig):* Du —!
Imma *(verhängt):* Ja — — ich!
       (plötzlich auf in fliegender Angst)
       Brinhildis!
       (falsches Lächeln zwingend)
       Ich rede viel,
       wenn wir allein sind!
Rübenratibor *(in Dämmerung, halb singend):*
       »Es ist gut — —
       was der Mensch dem Menschen tut —!«
    (Imma vergräbt ihr Gesicht in Hände.
    Rübenbrinhildis kommt. Imma tastend auf sie zu)
Imma: Es gibt ein Zittern, das von außen kommt!
       Bitte!
       (Sie setzen sich alle drei auf die Erde)
Imma *(zum Rübenratibor):*
       Sind wir erst in Gärten droben,
       wo du Mann bist — —!
       (zu Rübenbrinhildis)
       daß er meine Knechtschaft teilt im Schacht,
       drum nicht Kuß, nicht Wort, das Liebe
                                       rührt!
       Ist Versagung, die in Freiheit mündet!
       (steht auf) Nach der Königin sehn —! *(geht)*
Rübenbrinhildis *(hebt die Wurzel vom Boden):*
       Weißt du, was das ist?
Rübenratibor *(stöhnt):* Oh —!

Rübenbrinhildis *(überreicht sie ihm tänzelnd):* da —
Rübenratibor *(hält sie fest):* »Jäger kommt — Jäger!«
Rübenbrinhildis *(mechanisch):* Nicht Kuß!
    Nicht Wort, das Liebe rührt!
      (traurig) Wir sind alt, wie Erde!
Rübenratibor *(bohrend):* »Weckt Kläger!«
Rübenbrinhildis *(hohl):* Kläger!
(Sie stehen Schulter an Schulter gelehnt, weinen still in sich hinein)
Rübenbrinhildis: Weinen über Leid,
    das nicht verschuldet ist!
    Schiebt sich in die Brust —
    schiebt sich weiter —!
Rübenratibor: Kühl —!
Rübenbrinhildis *(plötzlich zuckt zusammen):*
    Jetzt —
    versteh' ich!
Rübenratibor: Du?
Rübenbrinhildis *(entsetzt sich über die Wurzel):*
    In — deiner Hand!
      (wankt davon.)
Rübenratibor *(streichelt die Wurzel wie ein Kind):*
    Schlüssel, mein Schlüssel!
    Schließ auf!
    Rote Erde,
    gelber Mond,
    spitze Gedanken!
(Die Rübenmägde Gersa, Buh und Linde im Reigen)
Rübengersa: Not im Schleier —!
Rübenbuh: Weht auf Bergen —!
Rübenlinde: Nackt wir setzen den Fuß —!

Rübengersa: Stein — auf!
Rübenbuh: Stein — ab!
Rübenlinde: Immer in Regung!
Alle drei: Welle ist unser Gruß —!
Rübenratibor: Tanzende Trächtigkeit,
 tanzende Prächtigkeit,
 tanzende Nächtlichkeit,
 tanzende Verächtlichkeit!
Seht welken
Wurzelseele!
*(zeigt ihnen die Wurzel – jeder einzeln, eindringlich nahe
 ins Gesicht sprechend)*
Weißt du —?
Weißt du —?
Weißt du noch —?
*(Die Rübenmägde schrumpfen sichtlich ein — tasten davon,
ohne sich anzufassen – jede allein. Der Rübenkönig, uralt mit
 verwittertem Bart fast einer Wurzel ähnlich)*
Rübenkönig: Tanzen sie nicht?
Rübenratibor *(zeigt ihm die Wurzel)*: Darum!
Rübenkönig *(bricht zusammen. Auf dem Boden ächzend)*:
 Das — hättest du — — mir
 nicht sagen sollen! *(löst sich auf)*
Rübenratibor: König!

— — — —

Der König ist vorbei!
Es muß durchgebissen werden!
(trägt ihn weg)
(Imma und die Rübenkönigin, welk, auf Stöcke gestützt)
Imma: Kommst du —?
Rübenkönigin *(gebrochen)*: Vorher — ist das Schlimmste!

Imma *(versteht nicht)*: Willst du —?
Rübenkönigin *(gütig)*: Laß mich, Liebe —!
    (humpelt an ihr vorbei)
Imma: Soll ich — —?
Rübenkönigin *(dreht sich zu ihr um, wehrt lächelnd)*:
    Gute Nacht! *(humpelt weiter)*
Imma *(stammelnd)*:
    Wo die Schatten stehn —?
    Willst du Sterne trinken?
    Über Flächen wehn
    und in Rätsel sinken!
(Rübenbrinhildis — zerzaust, verzweifelt sich mit Mühe aufrecht haltend)
Imma *(im Schrei)*: Brinhildis!
Rübenbrinhildis *(hält sich die Ohren zu)*: Nicht!
Imma *(bebend)*: Was geschah?
Rübenbrinhildis *(irr)*: hi — kärts — phani meh — wente!
    (wankt weiter)
(Die Rübenmägde Gersa, Buh und Linde — gebeugt schwer in einem Klumpen zusammenklebend)
Imma: Gersa! — Buh! — Linde!
(Die Rübenmägde ohne aufzusehen, torkeln weiter)
Imma *(schreiend)*:
    Er nicht!
    Er nicht!
    Ratibor!
    Ratibor!
(bricht schluchzend zusammen. Wie sie aufblickt, steht der Geist da)
Geist: Sieh um dich!
    Rübenfelder!

Imma *(stark):* Laß!
(rast davon. Der Geist verhüllt sich, schwindet.)

7. Felsenschlucht

Brinhildis *(windet einen Kranz aus Blättern):*
Etwas, das in mir gestorben ist,
weiß von fremden Welten,
weiß von List,
wo die Sterne sich erkälten,
wo die Frist,
weit gespannt von Turm zu Turm
reißt im Sturm,
wo die Schlucht
stummer Sehnsucht welke Bucht
sich ein Grab verschließt,
wo der Wunsch ins Blau der Ströme fließt!
Sank ein Traum von mir im tiefen Schacht
bäumt sich — flacht,
regt sich wellenweis
fremd im Taggeleis —!
War ich nicht, wo Imma weilt,
mondgeteilt?
Zaubrisch irre Gartenpracht,
hab' ich das »gedacht«?
Sag' mir, was ist Wirklichkeit?
Sag' mir: Was ist Zeit?
Sag' mir: Was ist Leben?
Tausendfältig Weben:
an Kräften kleben
mit Kräften streben
in Kräften sich geben!

> Gab ich mich?
> Verloren Spiel!
> Glas zerbrach das Ziel!
> Suche ich?
> Finde die Spur,
> im Namen nur?
> *(in die Schlucht rufend)* Imma!

Eine Männerstimme: Imma!
Brinhildis *(voll seliger Entsagung)*: Er!
(Ratibor kommt. Er ist von Wanderschaft zermürbt, Gewandfetzen, blutige Füße. Sie sehen sich lange an)
Brinhildis: Ruhen!
Ratibor *(setzt sich)*
Brinhildis *(breitet ihren Mantel um ihn)*
> Wenn die Musik — —

(Eine tiefe Musik tönt aus der Schlucht. Sie hält inne, lächelt, glättet sein Haar, streicht über seine Füße. Dann setzt sie ihm den Blätterkranz auf)
> Nun mußt du auf die Wiese gehn!

Ratibor *(müde)*: Und dort?
Brinhildis: Warten!
(Sie führt ihn an der Hand. Sie gehen wie Kinder. Die Musik verklingt)

8. Verwachsene Allee. Rondell

Imma *(auf dem Boden mit Steinen zeichnend)*:
> Muß ich Gräber taufen:
> Hier — Hier — Hier!
> Vier —
> Sieben —
> in Zahlen zerrieben —

im Sand zerlaufen —!
Mutter Königin tot
Vater König — Ratibor
Brinhild!
Ach — das gleiche Schild
vor
Alle:
Not!
Zeichne, wo der Boden sie bezirkt
mondgewirkt,
wo die Gruft sie engt,
gramversengt,
wo der Stein sie ehrt,
blutverzehrt!
Linde — Gersa — Buh:
Du —! Du —!
Und der Kiesel Zahl
dazu:
Ruht in Qual!
Ich allein
pflanze euch in Erde ein!
    (Der Geist):
Geist: Warum lügst du?
Imma: Ich?
Geist: Weißt du nicht?
Imma: Still!
Geist: Willst nicht wissen!
Imma *(verzweifelt — Schrei):* Nein!
    (wirft sich auf die Erde)
Geist: Sah dich fremd am Abhang stehn,
    ferne Sehnsucht blutend untergehn,

Brunnen, die in Gärten sprangen,
Goldne Fische zwischen Schicht und Schein,
Blätter breit,
darauf die Regen klangen,
aber arm dein Herz im Stein:
Einsam, Mensch, du Bett der Irdischkeit!
Finger rings, die Tod in Netze spannen,
Münder, die im Laut zerrannen,
Lust, die schrie, und Wände durch das
                              Rund,
feucht von Giften, und die List im Grund!
Falsch dies Bild der Not! Verfälschte
                              Sucht!
In dir selbst taucht Gift aus irrer Schlucht.
unergründlich lächelnd, mondenfahl
das zum Sturz dich treibt: Die List der
                              Qual!
Keine Rast, wo Saat in Strömen gährt,
keine Hast, wo sich Kristall verklärt,
keine Lager, wo der Quell entspringt,
Kreise Staub bis Meer im Sand verklingt!
Haltlos, untief, wunschverzerrt, sei blind!
Schöpfung stirbt, wo Gitter sind!
Liebe, brich entzwei, die mich besaß!
Lüge rächt sich, wo sie fraß!
Schrei im Windflug auf! Zerfalle Gruft!
Menschenleib braucht Menschenluft!
   (taucht im Dunkel)

9. Wiese

(Imma liegt noch immer, Kopf vergraben. Die Musik tönt wieder. Brinhildis führt Ratibor langsam. Er sieht Imma – jauchzt leise auf – läßt ihre Hände los)

Brinhildis *(tänzerisch)*:
>   Träumt der Grund,
>   streut Blumen auf die Wiese —!

Ratibor: Wußtest du —?

Brinhildis *(leuchtend, nickt, bejaht)*

Ratibor: Woher?

Brinhildis *(glückselig – zuckt die Achseln)*:
>   »Wissen« — —?

Ratibor: Leise!

>   *(kniet zu Imma hin. Plötzlich im Grauen)*
>   Wenn ich rufe
>   und ein fremd Gesicht steht auf!

Brinhildis *(kniet)*:
>   Wenn ihr Blick uns streift
>   ihn und mich — —!
>   Scham
>   überwinde
>   dennoch!

Ratibor *(stark)*: Dennoch —!

Brinhildis *(zart)*: Wir — scheiden —! *(will gehen)*

Ratibor: Bleib'!

Brinhildis *(verhängt)*: Wie du willst!
>   *(schließt die Augen)*

Ratibor *(ruft leise)*: Imma!

Imma *(sieht auf – erschrickt, fast sich und zwingt das Lächeln. Dann – stoßweise mit unendlicher Mühe zu Brinhildis)*:

            Ich glaubte — — du — bist — — tot!
            Baute dein Grab mit Steinen
            hier — *(sieht sich um, erschauert)*
            Nicht hier!
            Die Wiese —! *(weint)*
Ratibor *(zart):* Du —!
Imma *(schrill):* Stammeln!
            Lächeln?
            Zerrbild!
            Zerrbild!
            Wund und Jammerweh!
            Hielt euch endlich tief
            in Urnen meines Grams geborgen!
            Warum taucht ihr hoch?
            Täuscht mich!
            Taggespenst, Sonne, scheinst du?
            Mond komm!
            Ströme Nebel in die Gärten ein,
            wo Gefühle schleiern!
            Brücke den Bruch
            von Augen und Herz!
            Wehe Atem über Feld,
            bis sich Halme traumlos biegen
            und die Schwere erdwärts sinkt!
            Dann Geschwister — wir,
            Gestalten — alle —:
            menschfern — seelenleer — gelöst im Bild!
Brinhildis *(bebend):* Imma!
Imma: Still!
            Wir spielen!
            Du bist Brinhildis —

Er — Ratibor —
Ich — Immas Spiegel!
Der hebt euch,
wie die See das Schiff!

Ratibor *(verzweifelt)*: Imma!
Imma *(erschreckt)*: Du bist stärker aufgestanden,
als du starbst!
Leise!
Ratibor *(erschauernd)*:
Lebst du?
Sprich!
Wir leben!
Imma: Ihr lebt!
Ich lebe!
Jeder trägt das andere im Keim!
(zu Brinhildis) Rühre lieber nicht,
sonst bricht das Schweigen,
das sich sanft wie Häute dehnt!
(Brinhildis will sie küssen)
Imma *(im Ekel)*: Nein —! Geh —!
(Brinhildis auf ein Zeichen Ratibors geht langsam)
Ratibor: Warum leiden Menschen so
durch fremde Schuld!
Imma *(sieht ihn groß an)*
Ratibor: Meine Schuld!
Imma *(in Bangigkeit)*: Du —? Deine — — —?
Ratibor: Weil ich treulos war —!
Imma *(in gesteigerter Hast)*:
Ich — — war — treu!
Züchtete dein Bild im Griff der Hand!
Tanzte wie ein Kreisel um dich, Wand!

　　　　　Wob dich fest ins Netz verblichner Klänge!
　　　　　Goß dich reißend aus in Brunnenenge!
　　　　　Schwang dich, meine Flügel, blau im Rund!
　　　　　Turm der Sehnsucht schuf ich dich zum
　　　　　und so weit Gedanken reichen,　　[Zeichen,
　　　　　knüpfte Liebe ich zum Bund!
Ratibor *(heiß)*: Imma!
Imma *(entsetzt)*: Nein!
　　　　　Zerbrochen Wunsch im Traum!
　　　　　Ferner Wind am Mantelsaum!
　　　　　Ach — Gefühle sind wie Raum,
　　　　　unerfaßlich — unbegriffen,
　　　　　Luft — gespalten zwischen Riffen,
　　　　　Flug der Möwe ohne Grund!
　　　　　Wasche Wunden erst gesund,
　　　　　eh' du dich an Rätsel kettest!
　　　　　Weißt du, ob du rettest —?
　　　　　Hör' der Füße Schritt am Boden schlürfen!
　　　　　Weißt du — weiß ich, was wir dürfen?
　　　　　Bilder — Menschen — Wahrheit — Lüge —
　　　　　Überall Gefühl —　　　　　　[Spiel?
　　　　　Wo ist das Ziel?
(Brinhildis kommt zurück. Ihr behutsam folgend: König,
　Königin – die Mägde Gersa – Buh – Linde)
Imma *(sie erkennend)*: Sie leben! Atmen! Lachen!
　　　　(schreiend) Menschen!!　　　　[Schweigen!
　　　　Hilf mir — Geist! *(bricht zusammen)*
Alle in einem Schrei: Imma!
　　　　　— — — —
　　　　　Brinhildis: Tot! — Schwester —!
　　　　　　　⟨Ende⟩

JOHANNES R. BECHER
ZION

GEDICHTE

KURT WOLFF VERLAG MÜNCHEN

[3195]

BÜCHEREI „DER JÜNGSTE TAG" BAND 82
GEDRUCKT BEI E. HABERLAND IN LEIPZIG

GESCHRIEBEN JENA HERBST 1918
COPYRIGHT 1920 BY KURT WOLFF VERLAG IN MÜNCHEN

Tausend schmolzen in Stankgruben und Tausend
Klaffen im Herbst, starben im sanglosen Wald.
Manchmal weiß man, dort wandelt Frühling.
Doch einer nimmt es hinweg ...
Und Andere stehn für die Anderen auf.

*

INSEL DER VERHEISSUNG

Ich habe Heimweh unbeschreiblich.
Von Tränen ist der Blick verhängt.
Ich fühle fern mich, süß und weiblich.
Von Himmelssternen ganz versengt.

Ich habe manchen Mensch durchtastet.
Und schlief auf manchem Winter-Platz.
Doch niemals hab ich recht gerastet.
Du Blut-Herz bliebst der einzige Schatz.

Und noch der Sonn-Frucht Köstlichkeit.
Monds Segel-Wiege: Aller Stirne.
Mein armer Tag sei euch geweiht.
Zypressen ragen steil zu Firnen.

Aus Schrift-Gelenken, magisch und verzückt,
Voll Wiesen-Weichheit, ewige Nacht enthaltend —
Hat dich zum erstenmal im Herbst erblickt
Der Dichter, frei der höllischen Gewalten.

Ein Engel du aus Himmeln abgeschickt:
Zu dir empor sich seine Wesen falten.
Der Baum dient dir. Dir schmölz sein Erz-Genick.
Und während rings die Räume jetzt erkalten,

Ein Nebel durchs Gemäuer schimmelnd frißt:
Erhebst du dich voll Strahlgesang lobtönend,
So äolssüß, daß dich kein Traum vergißt. —

Du trägst der Tage Hoheit, Dorn und Bürde.
Doch Hyazinthen-Abend füllt dich ganz.
Und steigst! Von Sternen-Faltern jungfräulichst
                                  Umschwirrte.

Du trägst sie wie ein Lamm. Und deine Beule
Benetzt sie wie des Himmels blanker Baum.
Dein Schimmelmond zerschmilzt. Und Trank der Fäulnis
Vergoldet sich nektarisch dir im Traum.

Fabriken flöten, die sonst elend heulten.
Madonna öffnet sich im finsteren Raum.
Es steht der Sonne Strahl. Enorme Säule
Auf deines Herzens Basis. Flimmernd kaum.

Zerflockt die Phalanx erzenster Gewitter.
Auch Gnaden-Schnee träuft in die Wunden ein.
Zinnoberer Mittag schwöll vom Sang der Schnitter.

Doch Rosen-Nacht fängt die Geliebten ein.
Sie bluten aus. Fortschwingend in der Meere
Korallen-Wildnis durchs Gestein zur Sphäre.

Du bist es, die der Felsen Nacktheit mildert,
Die mich Verworfenen in ein Ewiges zieht.
Die vielfach abgewandelt süß der Dichter schildert.
Am Schluß der Aufschwung kühlen Sphärenlieds.

Der blanke Vogel über ödem Ried.
Im Glorien-Strahl, der durchs Gewölke filtert
Die Enzian-Wiese — seliger Mondtraum glüht —,
Wo Gießbach peitschend durch Gerölle wildert.

Ja tausend Städte nach dir abgegriffen —
Phantastische Länder weit um dich befragt ...
Nun zög ich kühn gen dich auf Schwermut-Schiffen.

Und Bajonette steil für dich geschliffen.
Bis rings entzündet durch Giftdämpfe vag
Aus Gottes Antlitz stürzt dein Sternentag.

Zypressen-Nacht, durchflutet von Laternen.
Bald löscht ein Schlaf dich Mensch in Schmerzen aus.
Wirst du Geliebte meinen Traum durchsternen.
Und trittst du ein in mein verlassenes Haus?!

Ich kann mich nicht mehr in den Räumen halten.
Ich schwinde. Ich versinke. Ohne Rest.
Die ewigen Sphären über uns erkalten.
Im Krampf die Hände um die Brust gepreßt.

Wo wurzelst du?! Ein Hauf. Verstört im Winde.
Hah blutige Donner stürzend dich in Nacht.
Der gute Traum: die Mutter mit dem Kinde.
Und mit Musik zum hellen Tag erwacht.

Wir sind geboren in der Nacht der Wälder.
Morast und Moor ward uns zu Aug und Haar.
Die Wangen Mohn. Und Stirn: zerfurchte Felder.
An Hügel-Lippen glüht Gott wunderbar.

Wir liebend ungemein. Ob auch Geliebte?!
Wir schlugen an. Es tönt. Und Abend neigt —
Dein Wimpern-Mond erlöse uns Betrübte!
Dein Lied schwing auf, wenn dicht uns Tod umschweigt!

Du Süd-Olive. Haupt aus Mond-Frucht. Wiese
Die Wange mit zerschmolzenem Himmelsstern.
Ich —: Panthervieh! Und stampfend! Finsterer Riese.
Der schmiß in Trümmer euere Welten gern.

Der löscht mit Feuer aus die Fäulniszeiten.
„... In dein Gehirn, o Mensch, den spitzen Blitz."
Du wirst wohl unterm Kokusbaum bereiten
Ihm ewigen Schlaf. Den nicht Gewalt durchhitzt.

Den Traum der Götter. Schau der Pyramiden.
Olymp dem Aug. Durch seine Adern Nil.
Schon atmet weich er. Krasser Tat geschieden.
Betaut die Stirn. Laub in den Haaren viel.

Du wardst zum Menschen so voll Traurigkeit,
Daß du nicht schlafen kannst.
Immer schwebst du mir im Gedächtnis ...
Daß ich nicht schlafen kann —
Daß ich nur wachen kann —
Daß ich nur warten kann —
Wann, o wann?!

HERBST
VERWANDLUNG

HERBST

Die Nebelnacht beginnt. Und Fenster glosen.
Ein Zug durchwindet diesen Raum mit Schrei.
Und Menschen-Mächte durch die Straßen stoßen.
Der Himmel Finsternis stürzt grell entzwei.

Da treibt der Dampf empor aus brüchiger Erde.
Mit Schimmel füllt die Luft sich, Fäulnis voll.
Auf Brückenmonden stehn die Traum-Verklärten,
Gespenster-Fratzen. Blökend. Hundetoll.

Wo unten ziehend falbere Mädchen-Sippen.
Verfluchter Kerl im stinkichten Pissoir.
Doch ungeheuer zackt ihr Häuser-Klippen
Phantastisch auf, im bunteren Talar

Gigantischer Plakate: Apotheosen
Des viehischen Instinkts. Gelobt der Christ!
Revolver-Mann in weiten Schlotter-Hosen.
Und Fäulnis-Schaum durch die Gelenke frißt.

... Herbst uns verhaßt. Wir wünschten hellere Stürme.
Verfall hat ausgetrumpft. Man zielt nach Lust.
Nach Wetter-Zorn. Nach Blitz und Blau. Nach Türmen.
Nach Muskel-Hügel. Nach Athleten Brust.

Nach blankem Satz. Geschliffenstem Wort. Perioden,
Die magisch platzten. Aufruf. Endlichst —: Tat!
Du Herbst lösch aus in unseren Frühlings-Oden.
Die Sonne wirbelt groß ob unserem Pfad.

VERWANDLUNG

Straße im Grund beschwankt von den Früchten der Sterne.
Lila-Regen durchstreifend Milch-Antlitze quer.
Mit dem Monde vertauschtest dein Aug du ach gerne.
Aus den Pausen der Buchten du stießest ins brüllende Meer.

Heros! Und Geifer klatscht rings dir zu Hüften jetzt wild.
Charybdis und Scylla. Zerstampfer heiligen Gefilds.
Saaten faulen. Schon brennt der ätherische Raum.
Flammen-Schnee durchrast eueren Traum.

Ha —: ockernes Geläut! da Köpfe stoßen
In der Asphalte tiefsten Höllen-Brei.
Ha —: Wirbel-Beine. Schwirrend . . . Blätter-Hosen.
Die Häuser platzen lautlos oft entzwei.

Die Pyramide zeigt sich wieder.
Und plötzlich stürzt zinnoberer Himmel Nil
In alle ein. Neu formt sich jeder wieder
Im Schoß der Sphinx —: ein heiliges Krokodil.

ZION

Die Reiche blühen bunt in ihren Arten.
Du bist vermischt, o Volk. Doch tief im Ziel.
Die mondene Zeder schweift im ewigen Garten.
Und Halleluja rauscht der Enggescharten.
Gold-Sinai ob schluchtenem Gewühl. —
Die Reiche blühen bunt in ihren Arten.

O welch Geglänze in den heiligen Städten.
Der Tempel steigt. Des Gottes irdisch Zelt.
Du zogst, o Volk, aus höllischen Gefretten.
Dein David riß dich aus Philisterketten.
In Harfe Jonathans das Sternlied fällt.
O welch Geglänze in den heiligen Städten.

Du Strom ins Meer. Hier treibst du friedsam ankernd.
Die Mutter breitet sich, scharlachene Bucht.
Die Eselinnen rasten, heiß bedankte.
Und Jeremia ruht, der blitzumrankte.
Nur Baalschem tönt, voll hymnisch reinster Wucht.

Ekstasen der Propheten. Kamm der Kreuze.
Gethsemane enthüllt in düstrer Nacht.
Nun quillt die Erde über eures Weizens.
Und Zions Töchter blühn in dunklen Reizen:
Der Erde Runde stürzt! an ihrer Macht.
Ekstasen der Propheten. Kamm der Kreuze.

Dein Blut ist gramverdunkelt. Welche Toten.
Und Hiobs Leib und Beilis bittrer Stamm.
Wenn deine Stätten auch zerstampft vermodern —:
Die Psalter zeugen. Und Geburten lodern.
In aller Herzen zieht dein Osterlamm.

Gewaltiges Volk! Gehirn du in Millionen!
Du wandelst dich in Tat erhabener Geist.
Und im Gericht ersiegten nur Gerechte.
Verfolgt. Zersplittert. Stern singt ob Pogromen.
Die Demut ists, die stets dich neu beweist.
Nation der Unverfälschten und der Echten.

Und Schwung und Stoß ins Herz der scheu Verarmten!
Nun sprießt das Reis. Es grünt dein Schulterblatt.
O Heimat der Idee. Bewogte Küste.
Die fernsten Kreaturen süß umarmte.
Jerusalem die Frucht gemundet hat.
Es träumt dein Hirt, als ob er nie mehr wüßte.

Gewaltiges Volk! Sturmschwinge der Bekenner,
Der Himmelsspringer und der Flammenrenner ...
O Zion! Deine Fessel bricht.
Der Tag blitzt jäh in deine welken Glieder.
Der Erde Völker schluchzen vor dir nieder,
Wild netzend dein Gesicht.

Und deine Narben, deine Klumpen Füße.
Und die Verfemten senden ihre Grüße.
Und auferstehn in deiner Pauken Schwall.
Die Zimbeln rasen durch die Dämmerungen.
Aus Horizonten, knallend aufgesprungen,
Ob Gibeons Tal dreht Sonne jung uralt.

... Ja Völker schluchzen dir. Du die Vertraute
Des großen Schmerzes. Rotes Wundenmeer.
Zerschlagen und zermalmt im Nesselkraute.
Verstopft von Fäulnis. Eklen Gifts umbraute.
Quer deine Lenden Hageldorn und Speer.

Ja Völker schluchzen dir. An tausend Enden
Geschnürt, verstriemt und mit dem Wahn verstrickt.
Aasfliegen überwuchern deine Hände.
Und deine Wangen, Zion —: Faltenwände ...
Doch Zukunft! Zion sprüht dein Blick.

So schluchzen Völker dir. Du beugst die Tische
Mit ungesalznem Brot und ewigem Krug.
Durch Lüfte flattern deine Wunderfische.
Verschränkte Freunde singen in den Nischen.
O deine Ernte aller Welt genug.

So schluchzen Völker dir und danken strömend.
Der Walfisch sitzt beruhigt im Paradies.
Aus Gitterschleusen fließen Löwenmähnen.
Die sanften Hasen spielen mit Hyänen.
Ein Strahl im Herz des Heiligen der Spieß.

Du hast befreit. Nun jubeln die Befreiten.
Und Honigwälder tierhaft aufgebauscht.
Du ordnest wohl den Krampf der Eingeweide.
Die starren Wüsten mischen sich beschneiten
Gebirgen zart im bunten Farbenrausch.

Du hast befreit. Nun leuchten die Gewitter.
Methusalem wird zündend aufgebaut.
Messias weilt in eurem Kreis inmitten.
Er feuert an die Arbeit guter Schnitter
Und stillt den Frevel eurer Märkte laut.

Die du befreit. Durch Tore der Fabriken
Ziehst ein du Lichteroberer. Morgenland
Dehnt rings sich weit. Geschundene Gäule nicken
Und traben heimwärts in geahnten Glücken.
Und Sodom kniet im Regenbogenbrand.

Die du befreit. Verlorenen Sohn. Verschollen.
Dein Vater sucht dich im verquollenen Grund.
Die greisen Hände silbern tasten wollen ...
Die Symphonien aller Mütter rollen
Und hauchen Segen deinem bitteren Mund.

Und falbe Mägde, elend und gesteinigt,
Erhöben sich in wunderbarer Tracht.
Sie schweben auf, erhaben und gereinigt.
Zu Flammenbündel Straßenwerk vereinigt
Durchschneidet magisch jede Sphärenpracht.

Die du befreit. Ja die Natur durchdrungen!
Granitner Boden Lava aufgewälzt.
Die Menschen reden in berauschten Zungen.
In der Arena wird das Vieh bezwungen.
Ha, rosener Flaum glüht durch die Luft der Fels.

Steinbrüche züngeln und die Flüsse wandern.
Auf jeder Stirn statt Dorn ein Feuerbusch.
Ein jeder schwingt empor beseelt im andern.
Die Disteln treffen sich mit den Oleandern.
Dein Enzian kelcht aus der Lawinen Rutsch.

Der Satan gleitet ab von jenem Hügel,
Wo er versuchend dir die Länder zeigt.
Die Gräber explodieren, Knall der Riegel.
Der Mächtigen Vermächtnis: Bettler schmiegen
Sich in den Schatten mailichten Gezweigs.

Die Liebenden verwachsen in den Lauben.
O Salomon, du greifst dein Hohes Lied.
Die bleichen Küsse ballen sich zu Trauben.
Und Mädchenbrüste gurren braune Tauben
In märchener Hemden blankem Seidenried,

Ihr weisen Könige, ihr Philosophen!
Die Kriege schlichtet euer heiliger Spruch.
Die Dichter schmettern in gewaltigen Strophen
Und sängen Javeh noch im Turm des Ofens.
Und zehren auf sich in geheimer Sucht!

Die Kinder Zions! Flatternde Libellen.
Die Knospe Gottes. Harzener Geruch.
Die Kranken tauchen in die jodenen Quellen.
Die Häute schließen ihre offenen Stellen.
Du schläfst, Gebieter, Koloß und verrucht.

Und Isebel, die Hure, tanzt in Sonnen
Und blättert auf in der Posaunen Stoß.
Das Rinnsal ihres Sturzes ist zerronnen.
Ihr arger Schoß ist nun ein Spiel der Brunnen
Und glänzt geweiht auf allen Plätzen bloß.

O Israel! o Juda! welche Weise
Durchwandert nicht dein ewiges Angesicht.
An eisigen Polen ist dein Freund auf Reisen.
Den Indianer muß dein Blut durchkreisen.
Die Krüppel sind in deinem Wesen schlicht.

*

Gewaltiges Volk! O Zion! Purpurwelle.
Kein Damm der steht, von solcher Glut befacht.
Dich trägt Gesetz, o Zion! Deine Quellen
Berauschen heulend die verruchte Nacht.
Rebekka rieselt an den Weideplätzen
Und Ruth wie Flöte, die die Strengsten neigt.
Doch durch Tyrannen schmilzt, Erzbrust der Götzen
Dein Lächeln, Esther, wenn die Schwester schweigt.

O Zion! Zion! Deine Fesseln schleifen.
O Zion! Zion! Dein Gemäuer taut.
O Zion! Zion! Deine Martern reifen.
O Zion! Zion! Deine Unschuld blaut.
Jehova glänzt aus deiner Henker Sünde.
Ein Horn frohlockend: Zion! Zion! ... schon.
Wie schwöll die Braut. Ihr Muschelschoß im Winde
Unendlichen Ozons!
Und ganz der Höhen und der Strahlen Beute.
Dein endlich Fest. O Zion! Blute auf!
Die Engel türmen sich. Die Himmelsleiter
Aus Leib an Leib steigt durch die Wolken auf.

*

Ruth Schaumann

Die Kathedrale

Gedichte

Kurt Wolff Verlag München

[3221]

Bücherei der „Jüngste Tag" Band 83
Gedruckt bei E. Haberland in Leipzig

Copyright 1920 by Kurt Wolff Verlag in München

Sonett

Es greifen rote Sträucher in die weißen
Und Au und Himmel um bewärmte Stämme;
Den Himmel wieder enge Felsenkämme
Mit scharfen Zügen in die Höhe reißen.

Und Pferdeleiber bräunen durch die Schwemme,
Sich überspülend mit erloschnem Gleißen.
Ich weiß wie ich und diese alle heißen,
Und alle Namen sind wie hohe Dämme,

Die unsre Ahnen furchtsam aufgeführt,
Um nah gelegne Ströme weit zu trennen.
Wir haben erbhaft nie daran gerührt —

Wie lange währt dies „Nur beim Namen nennen"
Wann sind die vielen Wasser reif geschürt
Sich brausend ineinander zu bekennen.

Die Arche Noah

Hoch liegt die Luke offen und beklommen
Das Grau erschöpfter Tage ihr im Rahmen
Und heilt des Vogels Weg, den er entkommen.

Die Luft ist jedem Raume am Erlahmen,
Nicht kann die überschwere Kuh gebären,
Die Speicher seufzen nachts vom Drang der Samen.

Und Holz beginnt im letzten Schacht zu gären,
Und Nässe graut herein, als wenn die Sünden
Des toten Volks in sie gesammelt wären.

Wir heben uns von den zerstreuten Bünden
Und schichten sie und spreiten sie nach Stunden
Erneut zum Schlafen über Deinen Gründen.

Du hast mein Leben auf dem Fels gefunden,
Den Gipfel, den kein Blick einst ganz erklärte,
Und Deine Reue bleibt an mich gebunden.

Viel schmerzt die Lende mich, die unbewährte,
Im Traum zeugt sie mir immer Kain zu Abel —
Und doch lockt schon der Taube Brutgefährte
Ihr zu und junges Reis aus ihrem Schnabel.

Prüfung Abrahams

Gib den erwählten Berg aus diesen Maſſen;
Im zweiten Tag ſelbſt will der Pfad nicht enden
Und jeder Schritt verſucht mich Dich zu laſſen.

Der volle Gürtel greift in meine Lenden;
Schon fühle ich den Knaben Fragen ſinnen —
Sei gnädig dieſe von mir abzuwenden.

Nur jene Wolke laß uns nicht gerinnen;
Wohl dürſtet ſeine müde Haut, doch trocken
Iſt alles Reiſig auf den Eſelinnen.

Durch keinen Stein erlaubſt Du mir zu ſtocken,
Es geht ſo ſtill einher, die Halfter ſchwanken,
Und durch die Zehen fällt der Staub in Flocken.

Ich möchte Dir wie ſonſt den Abend danken,
Nur weiß ich keines ſeiner Worte wieder;
Denn unter Dir die armen Sinne ſanken
Wie aufgewühlter Wegſand in ſich nieder.

[3225]

David

Mich fremdet matt, wie Leinen mich berührt,
Das grüne, brustgekreuzt mit Lederriemen,
Daß meine Schulter jenen kleinen Striemen
Von eines Erstlings Tragung wieder spürt.

Auf eines Hügels Schwinge lag ich her
Und wurde brudergleich dem Angeschauten,
Den Wolken und der Würze blauer Rauten,
Selbst Berge überstanden mich nicht mehr.

In Allem war ich, Alles war in mir
Und lag aus sich bewegt in Deinem Schoße,
Bis unbewußt ich mich daraus verstoße
Und meine Herde weide unter Dir.

Tempelgang Mariä

Da ist die große Treppe und der Bogen
Voll Dunkelheit, darein die Leute sinken,
Von ihrer höchsten Schwelle aufgezogen.

Nein, meine Mutter, ich mag nicht mehr trinken,
Nimm Du den Reiseschlauch, ich möchte warten
Bis jene Greise in den Grund verwinken.

In Röcken, die von Gold und Steinen starrten
Sind die und doch so milde, als die Blüten
Ausruhn und offen stehn im Mittaggarten.

Und alle gehn wie Hirten, so sie hüten;
Und wieder gleichend meinem jüngsten Lamme
Nach meinem Ruf und dann der Hand Begüten.

Und wo sie einziehn, ist wohl eine Flamme;
Mit andern Augen treten sie von innen
Und schatten ab vom steingebauten Stamme.

Und blicken um ein Tierlein zu gewinnen;
Keins wird gebracht, nun wird ihr Feuer kleiner;
Und sterben. — Unter meinen Füßen rinnen
Die Stufen abwärts und nun trägt mich einer.

[3227]

Der Engel Gabriel

Mir sträubten alle Federn aus den Poren
Vom Schimmern ihres Haares und dem Streifen
Geneigter Stirn, und ich vernahm das Reifen
Von meiner Gegenwart in ihren Ohren.

Und hob die Botschaft an, in unsern Worten;
Nur denkend, aber schon verstand die Leise
Im Auseinanderrinnen roter Kreise,
Vor deren Zug die meinen wie verdorrten.

In steilen Flügeln hing ich bis sie schwangen
Und ich geblendet glitt vom Sonnenstaube,
Gefolgt vom tiefen Schlummerruf der Taube,
Die sich dem reinsten Nestraum unterfangen.

St. Joseph

Und vorüber wächst der Mondenflecken,
Meine Kniee dürfen sich nicht strecken,
Denn sie würden mich dem Schlaf verschwachen,
Und noch ist in ihrer Zelle Wachen.

Und ich muß auf frischgedeckten Kissen
Wieder, mir so fremd, die Jungfrau wissen.
Hörbar wird aus tiefem Atemsammeln
Süßes, immer wiederholtes Stammeln.

Nun nichts mehr, als Duft von Simons Schafen,
Um das ferne Kind ist sie entschlafen,
Und ich darf mich bis zum Ruf der Gassen
Meines Lagers Einsamkeiten lassen.

Advent

Nach hohem Schweben ward die Kerze den Schnee
    am Sims gewahr
Und sprach ihn durch die Scheiben auf seine Weise
    warm;
Vor mein Gerät zurück fand neigend mich Dein Arm
Und ferne schwang dahin verzogene Gefahr.

Und meiner Tage viele gabst Du Dir anzusehn,
So wie Gedanken blühn bevor der Mund sie spricht;
Und Abende für mich trug sinnend Dein Gesicht
Und ließ vor schwerem Glück sie auseinandergehn.

Und alles hob heran nnd senkte vor mein Knien
Der einen Stunde Schoß, die mich nach Deiner Macht
In sich empfangen wird so weit wie eine Nacht,
Wo aus dem Fall der Frucht die müden Zweige ziehn.

Die Hirten auf dem Felde

Auf brach die Nacht im Himmel, wie von Früchten
Die wir in heißer Asche berstend rösten.
Als Finsternisse dann vom Quellen lösten
Hing es wie Sturz und sah uns alle flüchten.

Da ward die Glanzfaust mild, uns übereilend,
Gekehrt in Strahlen wider unser Staunen.
In ihrem Anfang aber und Posaunen
Stand eine Stimme hin, sich uns erteilend.

Und wurde tief, daß er uns leuchten solle,
In die verstummte Luft als Stern geschlagen;
Und läßt sein Licht vor uns vom Felde tragen
Auf reger Herden Hügelmeer und Wolle.

Mariä Trauer

War dieses Krüglein meiner Hand zu schwer —
So schüchtern kommt sie aus den heilgen Wochen,
Nun netzt es keines Wandrers Dürre mehr.

An meiner Vorsicht habe ich's zerbrochen,
Wie nach Erfüllung war es leere Kühle
Und hat doch süß vom letzten Trank gerochen.

Geschah dies also — wie ich mich befühle,
Daß nach dem schweren, morgenroten Wein
Kein Wasser den geneigten Rand bespüle?

Der Fluß, der Regen — sind denn die gemein?
Was weiß ich wohl davon in meinem Stalle —
Ich möchte nun nie mehr voll Wassers sein.

Herr, Vater meines Sohns, gib mir zu sterben,
Nur daß ich Dir entlang getröstet falle
Und Du zu Füßen Dir am Boden findest
Vom Dufte Deines Weins belebte Scherben.

Das Engelkonzert

Da sie im Rosenhage aus dem Kinde
Sein Lächeln frug, wie es noch nie gegeben,
Stand ein gemeines Rispengras daneben,
Das bog sich an ihr Kleid geheimem Winde.

Die Innigsten vom himmlischen Gesinde
Gelangten aus des Mittags Lichtbestreben;
Vertieften sich in ihr verklärtes Leben
Und wagten es im Spiel zum Angebinde.

Entzückte Einfalt, ehemals in Taten
Von einer armen Magd, ward hier zu Klängen
Die zart des Kindes Zehentraum umbaten.

So kam von angeschwungnen Saitensträngen
Der Engelschar Erinnern und Erraten —
Und Gottes Mutter ließ die Lider hängen.

Nach Christi Tempelweile

Nicht müde bin ich, Sohn, ich stand ganz stille;
Die Wege alle waren es, die gingen,
Die namenlos vor meiner Sorge zogen.
Nur einmal sah ich braune Vögel singen
Und einen Apfelbaum in Blüten schweigen,
Wo kleine, strohgewebte Nester hingen.

Da dachte ich, dies sollte ich Dir zeigen;
Doch Du warst fort und ich um Dich zu finden
Und ließ die Straßen durch die Augen steigen.
Ich fühlte große Leeren aus mir schwinden,
Auf jede folgten viele schmerzlich neue,
Dann glaubte ich für immer zu erblinden.

Die Stadt kam auf mich zu so ohne Reue,
Dein weißes Kleid das kam und Du darin —
Sieh mir nicht an, wie mühsam ich mich freue.
Es ist mir nur wie graues Haar gekommen,
Daß ich nun, da Dich Gott ergriffen hat,
Wohl nichts mehr als ein Nest im Frühling bin,

Das große Hände plötzlich ausgenommen.

Die Schwestern des Lazarus

Nun kann ich die verborgne Sonne hören;
Ihr Sinken rauscht noch hinter Hügeln weiter,
Nicht Tier noch Blatt wagt dies Geräusch zu stören.

Nur Du blickst laut, weil ich dem Abend heiter
Darin zum viertenmal des Bruders Schuhe
So rechtlos liegen bei der Dattelleiter.

Er aber in des Felsens kalter Ruhe
Mit Tod durchtränkt den Wohlgeruch der Öle,
Der Kräuter und die Linnen Deiner Truhe.

Als wir ihn damals trugen bis zur Höhle
Erwartet ich den Meister jede Wendung,
Und daß er uns zu halten anbeföhle.

Doch nach des Grabes zögernder Beendung
Empfing ich Freude aus dem Wuchs der Weile,
Die uns der Herr nicht kommt auf alle Sendung.

Auch dieser Tag ist fromm in karger Eile,
Und noch vor Nacht sich neue Knospen weiten,
Mich für das Kommen einer lichten Steile
Die größer als Dein Trauern zu bereiten.

Die Jünger im Garten

Zur atemlosen Einsamkeit des Hügels
Hat sich der Meister zagend aufgetrauert.
Wir wachen Ihm im Schutz des Ölbaumflügels.

Der Garten hat sich zu uns hingekauert;
Stumm lauschend wie in seinem dunkeln Grunde
Ein Vogel seine bange Brut bedauert.

Die Ferne murrt gleich einem müden Hunde
Sich in die eigne Wärme mit Behagen;
Und tief am Himmel heilt des Nachtrots Wunde.

Nun bettet Christi Mutter sich in Klagen,
Denn wieder ist Er undurchdenkbar eigen
Und was Er tut will nichts als Tod besagen.

Saht ihr sie einmal blaß die Lippen neigen
Im Anblick der verlaßnen Muttertiefe,
Die nichts ersehnt, als daß ihr Sohn im Schweigen
Noch einmal Leib und Seele in sie schliefe.

Der Grabwächter Christi

Ich schlief vom Stehn hernieder, nur gewahr
Der feuchten Erde dann mit flachem Haupte;
Als nächstes noch ein Strauch, der sich belaubte,
In meiner Stirn und herb den Nüstern war.

Geträum verschlang mich mehrmals, doch der Geist
Blieb bloß und schwimmend auf der Tiefe liegen
Und hörte Hauch vom Grab, und schwach entfliegen
Das Siegelband, bis taumelnd es verkreist.

Kühl, wie ein Talraum seine Frühe, blies
Durch Felsenfugen Staunen in den Garten
Und überschwand betäubend mein Erwarten,
Bis schwarz die offne Tür mich in sich stieß.

Apostelweg

Das Haar uns in vollbrachte Strecke steht,
Vom Sturm und Sturz der Bäume so gehalten;
Aus den Gesichtern flattern alle Falten
Und im Gewand die Leiber sind verweht.

Dazwischen ruht Dein Wort und Bildnis bloß
Greift aufgerichtet in die schwanken Seiten,
Bezwingt sie in ein heißes Vorwärtsschreiten
Und Deine Stille läßt darin nicht los.

Wenn in entrückter Stadt, wohin Du willst,
Erst unsre Glieder wieder um Dich schließen,
Von Dir wird unser Körper überfließen,
Bis Du auch dort Dir neu ein Strombett schwillst.

St. Agnes

Stumm steigt ihr Schatten vor ihr über Feld,
Streift aus der Luft verlaßne Falterkreise
Und ruht nun knieend in dem Ackergleise
Vom Blühn der wilden Blumen dicht durchstellt.

Und über ihren braunen Nacken träuft
Der Sonne Hügelabend wie ein Sinnen,
Da samtnes Bunt sich im vertieften Linnen
Aus dem Gezirp gepflückter Stengel häuft.

Blick hin! Der grünen Hecke müder Flaum
Weht auf vor eines Widderlammes Helle,
Und einsam treibt an ihres Herzens Quelle
Des langgelocken Fließes weißer Schaum.

Trennung

Mit allen Tagen nun vergeht die liebe Farbe,
Von Sonnenwegen voll in Dein Gesicht gelangt,
Auch Deine Hände sind, wie wenn der Meerstrand darbe
Und Sand durch seiner Flut Versinken sichtbar bangt.

Dir gleich sah ich allein nur einen Hirten hören,
Besorgt ob seine Schar am letzten Naß schon leckt —
Die Heide blühte wohl, stand rot in Bienenchören,
Doch Lamm an Lamm umsonst zum Quellenbett
geſtreckt.

Die Hänge fern der Stadt sind jetzt vom Herbst
erworben,
Auch Deiner Neigung Duft ist dort vom Gras
verbraucht.
Erkundend steht Dein Blick, bevor er halb erstorben
Aus leerem Feld zurück in Deinen Herzschlag taucht.

Herbst

Wie Flaum an totem Vogelleib im Sand
Bewegt mein Nahn das Haar an Deiner Schläfe,
Als ob auch Dich des Laubes Siechtum träfe
Welkt Lächeln über Deines Mundes Rand.

Sich selbst umschlingend gleiten durch den Zaun
Der Wiese silbergrau geweifte Fäden —
Du legst die Lider auf wie weiße Läden
Und läßt mich leere Sterberäume schaun.

Dachraum

Im Fenstergarten wird das Farben matt,
Beharrlich gilbt daraus nur eine Winde,
In sich gedeckt, wie er sich sternig finde,
Steht der ergraute Abend auf der Stadt.

Die eingelegten Scheiben lassen schon
Die Spiegelzüge unsres Bundes blassen;
Und aus den Giebeln stimmenmüder Gassen
Erweitert sich ein Mond wie roter Mohn.

Wir wissen nicht, was nun an uns geschieht,
Wo wir nicht lächeln können und Nichts denken
Als nur des Tones klagenloses Senken
Am Ende einem alten Pilgerlied.

Neigung

Mehr als Du meinst, daß ich vollendet sei
Wenn erst ich Dich durch meinen Tod begreife,
Will ich Dir werden, daß an meiner Reife
Dein Mund sich netze einer Furche frei.

Um diesen Willen weißt Du und die Gier,
Der nicht genügt was Du mir zugeboren,
Und siehst mich doch nicht an wie einen Toren
Und überläßt die Erde offen mir.

Gibst mir die hohe Sonnenwiese hin,
Auf daß ich teil aus ihrem Leben habe
Und, eh Du Dich versehen, Deine Labe
Vor der Erschaffung eines Abends bin.

Versenkung

Als ich mein letztes Anschaun hingeschenkt,
In feierlicher Freude wie an Erben,
Den Rüstern vor der Tür, den frühlingsherben,
Ward Nacht um sie und ich in Dich versenkt.

Kelchgleich empfingest Du und ließest mich
Bis in den tiefsten Deiner Kreise gleiten,
Daß mein Gefühl aus seinen flachen Weiten
Gesegnet in sich selbst zusammenwich.

Wie eine Abendlilie am Stiel
Sankst Du, und ich verging in langem Rollen
Beschwert, ein Tau, mit süßen Blütenpollen,
Der duftend im gebeugten Leib zerfiel.

Zuflucht

Die Seele nimm mir auf und halte bitte
Für eine kurze Weile ihr Verzagen,
Wie man mich trug in kranken Kindertagen,
Daß ich des Lagers Härten nicht so litte.

Geduldig laß mich Dir in Armen zittern,
Wie Du auch duldest Beben eines Blattes,
Dem kleinen Lamm entschuldigst sein Ermatten
Beim Schmerzen fremder Kräuter, selten bittern.

Aus Deiner Hände liebendem Befassen
Strömt Güte in mich ein von Deinem Herzen,
Und unbesorgt kannst Du gleich freien Kerzen
Mich wieder klar alleine brennen lassen.

Die Brücke

Kleid und Leib durchstreicht mir Frost,
Daß sie um mich sind wie Rinde.
Schattenblätter einer Linde
Kommen aus des Gitters Rost.

Der gefüllte Mond zerbrach
Im Gestrüpp der Uferpflanzen,
Wellen, die vor ihnen tanzen,
Salben ihn einander nach.

Wartend liegt mein weitrer Gang
Sich voll Tau und Nebelschwaden,
Mich bedacht hinweg zu baden
Als der Stelle Überschwang.

Domplatz

Obgleich schon Mittag in den Uhren der vielen
Türme summt,
Bleibt dieses Morgens Knospe verhalten wie mein
Herz,
Das sich nicht rühren kann und ungestillten Schmerz
Gleich einen Säugling durch ein immer altes Wort
umstummt.

Du stehst mir bei, wie einst aus Joseph auch Marie,
Der nur mit fernem Blick ihr Haupt vom Stroh=
bett trug,
Bis die gedrängte Stirn ein blauer Schweiß beschlug
Und Deines Sohnes Bild in Deine Gnade schrie.

Kein Laut und Mensch des Wegs vom Stadtdom
tritt mich ein,
Die Augen sind mir fremd im Angesicht gemacht,
Behorchend, wie gebannt, den geistgelegnen Schacht
Dem aus der Wandung blickt, von Dir begehrt,
ein Stein.

Ruf

Wie in ein Feld von weißen Orchideen
Steigt blank in Wolken ab des Himmels Schein;
Noch einmal wacht zu atemreichem Drehen
Das Kraut und jedes Blatt der Buchen ein.

Der Umriß meines Körpers steht vom Wege
Als schwarzes Maß dem goldnen Rainberg vor,
Und nimmt ein seitwärts schattendes Gehege
Und dunkles Abbild eines Farns empor.

Und eines Kiesels Lösung lautet zagend
Die nächste Steinwand her und vor dem Grund
Erneuter Stille öffnet sich versagend
Um Deines Namens Heiligkeit mein Mund.

Fiat

Behalte mich Dir vor, so Du begehrst
Daß einer Deines Namens wegen leide,
Demütig sich in hänfne Stricke kleide
Vor Händen, die Du auserwählt bewehrst.

Mir sind gewiß die Pfeile nicht zu scharf,
Der Lanzen keine sollte meiner schonen,
Denn jede läßt mich tiefer in Dir wohnen,
In den ich bis zur Neige gehen darf.

Wund stehst Du vor mir und ich liebe Dich,
Noch außer Dir und schon in Dich genommen —
Und Viele wird der Eingang überkommen,
Daß sie ihn selig suchen, Herr, wie ich.

Ahnung

Diese Nacht war ich nur Dank
Über allen meinen Träumen,
Als von starken Fensterbäumen
Blatt zu Blatt vorübersank.

Hörbar gaben sie sich kahl,
Hofwärts und durch Nichts belichtet,
Doch das Rauschen ging gesichtet
Hin vor Deiner Augen Tal.

Und ich spürte irgendwo
Schon den Tag beim Atemfinden,
Und ward willig zum Erblinden
Meiner Zeit bereit und froh.

Bergung

Bewege Dich und sei mir gütesacht
Nur eine weite Höhle ohne Feuchte,
Daß ich mich selbst darinnen ganz verleuchte
Vor fremden Wesen und der großen Nacht.

Ich werde dort mich wie ein armes Wild
Warm, aber stumm und hungerlos verhalten,
Nur wunde Glieder aus den Schmerzen falten,
Denn Deine Finsternis ist keusch und mild.

Der Tag krankt unter mir und nahend ist
Geruch von Nachtgetier und Lavaflüssen,
Und dennoch stirbt mir jedes Fürchtenmüssen,
Weil Du schon dunkel wachsend um mich bist.

Endung

Mir wird die Wendung meines Wegs bewußt,
Da nun mein Gang so anders in mich lautet,
Wie über Hänge, wo der Sommer krautet
Für sich und ohne zeitlichen Verlust.

Ich rege mich nur wie ein Gras sich regt,
Doch stetig ist die Gegend mehr entlegen
Und naht Dich immer faßlicher zugegen,
Daß schon die Hand sich mir zum Herzen legt;

Das atmend widergeht, als wenn es bald
Gelind die dünngewachte Wand durchtrete,
Sich innig dann in sein Verhängnis bete,
Wie eine Vogelstimme in den Wald.

Elevation

Nur eines Lächeln fehlt noch, sonst begänne
Ich schlanken Aufstieg mit geschloßnen Füßen,
Daß bald mich von des Hanges Gräsergrüßen
Der hochverklärte Stundenduft gewänne.

Und ich auf Licht in gleicher Höhe stände
Mit dem verschmiegten Nest der braunen Meise,
Daß ihres Brütens scheues Lauschen leise
In mein Gefühl durch weiche Augen fände.

Und weilte in Erhebung aller Stille;
Vernehmend durch die Bildung innrer Schleier
Den zarten Bruch der ersten Vogeleier
Bevor ich mir an Deine Brust entquille.

Frühwinter

Immer klarer lasse ich
Die Gestalt im Schneetrieb ragen
Und ein auferlöstes Tagen
Fühlt und leuchtet sie an Dich.

Durch das netzgewordne Wehn
Deiner Zeit und Deiner Himmel
Faßt sich ganz mein Wortgewimmel
In ein stummes Eingestehn.

Leise, während ich dabei
Unverschrien mit Dir alleine,
Schmilzt der schwersten Flocken eine
Sich auf meiner Lippe frei.

Füllung

Nah fühle ich, in meine Seele sinkt
Geweihte Schwere, dunkel sie erweiternd;
Still wird sie wie ein Kind, das schlaferheiternd
Die erst geballten Hände offen trinkt.

Nicht bete ich mehr, denn mein ganzes Sein
Ist nach erblaßter Scheu Dir unterlegen,
Und keine Frage duldet Dir entgegen,
Weil alles ohne Wort und Wille Dein.

Nur die vollbrachte Tiefe ruft Dich an,
Des letzten irdischen Gesichts gedenkend,
Wo eine weiße Birke niedersenkend
In offne Gräserkelche Tau verrann.

Gottesstunde

Verbrachte Stunden sammeln sich der Seele;
Etwelche jeder Art von der ich lebe,
Undringlich kommen sie, daß auch sich hebe
Die jüngste auf, gleich einer armen Schmele.

Und einzig dieser gönnst Du ein Bewegen
Vor Dir und mir durch segnendes Umschweigen,
Befiehlst dem Dunkel rings und ihrem Steigen
Ist keine Wand und keine Zeit entgegen.

Und so entgeht sie mir, wie gute Hände
Aus andrer Halt sich nehmen ohne Sträuben,
Erblüht mich ferner und ihr Samenstäuben
Beginnt auf eines Deiner Nachtgelände.

Heimgang

Nur Weißdornbuschwerk duftet meine Lider
Noch manchmal auf für ein verhaltnes Schauen;
Sonst ohne Blicke und der Steine Stauen
Gerate ich den Tannengang hernieder,

Der finster wird, wie ich voll süßem Schämen,
Denn Deine Trift und goldne Wolkenriesen
Hast Du dem Wald zuvor in mich gewiesen
Als in den Raum, da sie zu schlafen kämen.

Herbergend habe ich, nun sie sich legen,
Was ich besaß gebreitet wie auf Dielen
Gelöste Garben Strohs, daß in sie fielen
Der Schläfer großes Atmen und Bewegen.

Terrasse

Der wilde, rote Wein ward schwarz und hängt im
    Abend
Und Zeit der Sterne ist, die hinter Wolken stehn,
Aus Häusern kommt das Licht, in Bäumen sich er=
    labend,
Die dunkel eingewölbt nur noch im Innern wehn.

Bewegung träumt mein Sitz im Steinbalkon als
    stammten
Die Züge Dir vom Mund, der Deinen Atem wiegt,
Und wieder werde ich in allen Tiefen samten
Und wunschlos wie ein Tod, wenn er mit Lächeln
    liegt.

Bis in die Augen steigt mir Ruhe ohne Gleiche,
Rinnt in die kühle Nacht, noch warm von meinem
    Sinn.
Ernst wie dem großen Wild sein später Durst zum
    Teiche
Rührt Deine Zuversicht auf alle Stille hin.

Mond

Wie der Geist von Deinem Geist
Strömt der Mond in meine Züge,
Kühlt zu reinlichster Genüge
Dinge, die noch Nichts gespeist.

Laut und lauter klingt das Licht
Über finstere Platanen;
Und das sonst gedrängte Ahnen
Dehnt sich aus und ruht sich schlicht.

Alle Sterne stehn wie Wald
Blau erhöht an beiden Ufern,
Wo Getön von frommen Rufern
In der Stillung Bann verhallt.

[3259]

Anhöhe

Behutsam darf ich aus dem Saum des Ranftes
Des Löwenzahnes graues Lichtrund steigern,
Was taubeschwert die Winde ihm verweigern
Erfüllen als ein unbedenkbar Sanftes.

So löst mein leise abgesetztes Blasen
Die stillen Scharen der geschirmten Samen,
Und folgsam treiben sie in Deinem Namen
Wie eine Zirruswolke in den Rasen.

Du aber schweigst dabei den Abend tiefer,
Der Du die Erde bist und bist mein Hauchen
Und meines Wesens fließend Untertauchen
Im fernen Einglühn einer schwarzen Kiefer.

Der Mönch

Wer bin ich, daß der Himmel mir sein Falben
Bis in die stillsten Farbentöne deutet
Und meiner Sinne Suchen ausgereutet
Vom Fluggetümmel abendtrunkner Schwalben.

Da Glied um Glied, das Schlummer vorgekostet,
Demütig wird im Hängen und Berühren
Des groben Hanfes in den Lendenschnüren,
Die Sonnenheimgang zärtlich überrostet.

Du läßt die Klarheit also um mich schwellen,
Daß ich im satten Bade nicht zerfalle,
Nur ausgebaut zum ruhenden Kristalle
Durchscheinend allen Ufern, allen Wellen.

Die Sternnacht

Meine Augen schlossest Du
Nur ein Blick blieb außer ihnen,
Im Gesumm der Sternenbienen
Sieht er meinen Händen zu.

Wie sie schwer und ewig tun
Um ein Nachtgebet geflochten,
Also vor den Brunnen mochten
Herden einst um Jakob ruhn.

Und der Decke Leinwand liegt
Unter ihnen mir am Leben,
Liegt auch so, nur ohne Schweben,
Wenn es eingeholt versiegt.

Abend

Der Anblick schlafgedämpfter Vogelspiele
Durch knospenschwere Zweige sanfte Sicht
Auf letzte hingetriebne Wolkenkiele
Baut lautlos meinen Tag vollendungsdicht.

Ein Raum steigt er empor und ich empfinde
Ihn größer in mir als den Leib umher,
Und ist lebendig still, wie kühle Winde
In Dünen sind aus nahversenktem Meer.

Und wie ihn nun der Mond, aus fernem Tale
Durch halben Abend gleitend, ruhig schließt,
Steht er als endlich werte Kathedrale
Gewärtig, daß Du rauschend sie beziehst.

GEDICHTE DER GEFANGENEN

EIN SONETTENKREIS

VON

ERNST TOLLER

(Nr. 44)

★

Kamerad,
in jeder Stadt, in
jedem Dorf begleitet dich
ein Gefängnis

★

KURT WOLFF VERLAG MÜNCHEN

[3265]

BÜCHEREI „DER JÜNGSTE TAG" BAND 84
GEDRUCKT BEI E. HABERLAND IN LEIPZIG

COPYRIGHT 1921
BY KURT WOLFF VERLAG A.-G. MÜNCHEN

*Den
namenlosen Toten
deutscher Revolution*

★

*Wer die Pfade bereitet,
stirbt an der Schwelle.
Doch es neigt sich vor ihm in Ehrfurcht
der Tod.*

★

AN DIE FREUNDE.

Was ist ein Jahr und was ist eine Stunde,
Im Acker Zeit, der brach zu unsern Füßen liegt.

★

„Es kann nichts entsetzlicher sein, als daß die Handlungen eines Menschen unter dem Willen eines andern stehen sollen."

> Kant, Fragmente VIII.

„Trotzdem sie nur von Gesetzen reden: auch das Gesetz ist nicht frei von Menschlichkeit. Das Gesetz ist für uns Menschen nicht dazu gemacht, andern Menschen durch Ekel oder Schmerz das Leben zu nehmen." Kleist.

Geschrieben in den Gefängnissen München (Militärarrestanstalt Leonrodstraße; Polizeigefängnis; Neudeck; Stadelheim), Würzburg, Eichstätt, Neuburg, Niederschönenfeld.
1918—1921

SCHLAFLOSE NACHT

Metallne Schritte in die Nächte fallen,
Die Posten buckeln durch die Höfe ohne Rast.
Oh, jeder Schlag ist Herzschlag ungeheurer Last,
Die uns bedrängt mit immer scharfen Krallen.

Wir lauschen schlaflos in das starre Hallen,
Ein schwarzes Schweigen wächst im schwarzen Glast,
Deß toter Atem fröstelnd uns umfaßt,
Zermartert Blicke an die Eisengitter prallen.

Warum, mein Bruder, feindlich durch die Höfe
schreiten?
Uns alle band ein Schicksal an den gleichen Pfahl,
Uns alle eint der Kreaturen tausendjährge Qual,

Uns alle wirbelt dunkler Zwang durch die Gezeiten.
Oh, Fluch gesetzter Grenzen! Menschen hassen ohne
Wahl!
Du, Bruder Tod, wirst uns vereint geleiten.

DURCHSUCHUNG UND FESSELUNG

(Dem Andenken des erschoßnen Kameraden
Dorfmeister, München)

Den nackten Leib brutalen Blicken preisgegeben,
Betastet uns ein schamlos Greifen feiler Hände,
In Fratzenbündel splittern graue Wände,
Die wie Gepfeil gen unsre Herzen streben.

Pflockt Arm und Fuß in rostige Kette,
Brennt Narben ein den magren Händen,
Ihr könnt, Ihr könnt den Leib nicht schänden,
Wir stehen frei an der verfehmten Stätte!

So standen vor uns all die Namenlosen,
Rebellen wider des Jahrhunderts Tyrannei,
Auf Sklavenschiffen meuternde Matrosen —

Der Promethiden ewig trotziger Schrei!
So standen sie an Mauern der Geweihten.
So starben sie am Rande der verheißnen Zeiten.

WÄLDER

Ihr Wälder fern an Horizonten schwingend,
Vom abendlichen Hauche eingehüllt,
Wie meine Sehnsucht friedlich euch erfüllt,
Minuten Schmerz der Haft bezwingend.

Ich presse meine Stirne an die Eisensäulen,
Die Hände rütteln ihre Unrast wund,
Ich bin viel ärmer als ein armer Hund,
Ich bin des angeschoßnen Tieres hilflos Heulen.

Ihr Buchenwälder, Dome der Bedrückten,
Ihr Kiefern, Melodie der Heimat, tröstet Leid,
Wie wobet ihr geheimnisvoll um den beglückten

Knaben der fernen Landschaft wundersames Kleid ...
Wann werde ich, umarmt vom tiefen Rauschen,
Den hohen Psalmen eurer Seele lauschen?

SPAZIERGANG DER STRÄFLINGE

(Dem Andenken des erschoßnen Kameraden
Wohlmuth, München)

Sie schleppen ihre Zellen mit in stumpfen Blicken
Und stolpern, lichtentwöhnte Pilger, im Quadrat,
Proleten, die im Steinverließ ersticken,
Proleten, die ein Paragraph zertrat.

Im Eck die Wärter träg und tückisch lauern.
Von Sträuchern, halb verkümmert, rinnt ein trübes
 Licht
Und kriecht empor am Panzer starrer Mauern,
Betastet schlaffe Körper und zerbricht.

Vorm Tore starb der Stadt Gewimmel.
„Am Unrathaufen wird im Frühling Grünes sprie-
 ßen ..."
Denkt Einer, endet mühsam die gewohnte Runde,

Verweilt und blinzelt matt zum Himmel:
Er öffnet sich wie bläulich rote Wunde,
Die brennt und brennt und will sich nimmer schließen.

BEGEGNUNG IN DER ZELLE

Die Dinge, die erst feindlich zu dir schauen,
Als wären sie in Späherdienst gezwängte Schergen,
Sie laden dich zu Fahrten ein gleich guten Fergen,
Und hegen dich wie schwesterliche Frauen.

Es nähern sich dir all die kargen Dinge:
Die schmale Pritsche kommt, die blauen Wasserkrüge,
Der Schemel flüstert, daß er gern dich trüge,
Die Wintermücken wiegen sich wie kleine Schmetter-
        linge.

Und auch das Gitterfenster kommt, das du verloren,
Mit Augen, die sich an den schwarzen Stäben stachen,
Anstarrtest, während deine Arme hilflos brachen,

Und Köpfe der Erschoßnen wuchsen aus versperrten
        Toren.
Das Gitterfenster ruft: Nun, Lieber, schaue, schaue,
Wie ich aus Wolken dir ein Paradies erbaue.

LIED DER EINSAMKEIT

Sie wölbt um meine Seele Kathedralen,
Sie schäumt um mich wie brandend Meer,
Der Gosse sperrt sie sich wie eine Wehr,
Und wie ein Wald beschützt sie meine Qualen.

In ihr fühl' ich die Süße abendlicher Stille,
Auf leeren Stunden blüht sie maienliches Feld,
Ihr Schoß gebiert das Wunder der geahnten Welt,
Ein stählern Schwert steilt sich metallner Wille.

Sie schmiegt sich meinem Leib wie schlanker Frauen
                                                               Hände,
In meine Sehnsucht perlt sie aller Märchen Pracht,
Ein sanftes Schwingen wird sie hingeträumter Nacht...

Doch ihre Morgen lodern Brände,
Sie sprengen Tore schwerer Alltagszelle,
Einstürzen Räume, aufwächst eisige Helle.

GEFANGENE MÄDCHEN

Wie kleine arme Dirnen an belebten Straßenecken
Sich schüchtern fast und wieder roh bewegen,
Im Schatten der Laternen sich erst dreister regen
Und den zerfransten Rock kokett verstecken ...

Wie Waisenkinder, die geführt auf Promenaden,
Je zwei und zwei in allzu kurzen grauen
Verschoßnen Kleidern sehr verschämt zu Boden schauen
Und Stiche fühlen in den nackten Waden ...

So schlürfen sie umstellt von hagren Wärterinnen,
Die warmen Hüften wiegend auf asphaltnen Kreisen,
Sie streichen heimlich mit Gebärden, leisen,

Das härne Kleid, als strichen sie plissiertes Linnen,
Und wie sich in gewölbten Händen Brüste runden,
Befällt sie Grauen ob der Last der leeren Stunden ...

FABRIKSCHORNSTEINE AM VORMORGEN

(Dem Andenken des erschoßnen Kameraden
Lohmar, München)

Sie stemmen ihre schwarze Wucht in Dämmerhelle,
Gepanzert recken sie sich drohendsteil,
Sie spalten zarte Nebel wie getriebner Keil,
Daß jeder warme Hauch um sie zerschelle.

Aus ihren Mäulern kriechen schwarze Schlangen
In blasse Fernen, die ein Silberschleier hüllt.
Sie künden lautlos: „Wir sind Burg und Schild!
Die Gluten winden sich, in uns gefangen."

Der Morgen kündet sich mit violettem Lachen,
Den Himmel füllt ein tiefes Blau,
Da gleichen sie verfrornen Posten, überwachen,

Und werden spitz und kahl und grau,
Und stehen hilflos da und wie verloren
Im lichten Äther, den ein Gott geboren.

DIE MAUER DER ERSCHOSSENEN
Pietá
Stadelheim 1919

Wie aus dem Leib des heiligen Sebastian,
Dem tausend Pfeile tausend Wunden schlugen,
So Wunden brachen aus Gestein und Fugen,
Seit in den Sand ihr Blut verlöschend rann.

Vor Schrei und Aufschrei krümmte sich die Wand,
Vor Weibern, die mit angeschoßnen Knien „Herz-
                        schuß!" flehten,
Vor Männern, die getroffen sich wie Kreisel drehten,
Vor Knaben, die um Gnade weinten mit zerbrochner
                        Hand.

Da solches Morden raste durch die Tage,
Da Erde wurde zu bespienem Schoß,
Da trunkenes Gelächter kollerte von Bajonetten,

Da Gott sich blendete und arm ward, nackt und bloß,
Sah man die schmerzensreiche Wand in großer Klage
Die toten Menschenleiber an ihr steinern Herze betten.

DER GEFANGENE UND DER TOD

(Meinem lieben Zellennachbarn Valtin Hartig)

Der Gefangene spricht:

Ich denke deinen Namen, Tod, und um mich bricht
Der Zellenbau in Trümmer, Fundamente liegen bloß,
Aus Pfosten reißen sich die schweren Eisengitter los
Und krümmen sich im maskenlosen starren Licht.

In meiner Seele gellt ein Schrei. Ein Zittern wirft ver-
  schüchterte Gebärde
Ins Blut, darin das Leben pochend schwingt —
Und wie die Kreißende um sich und um ihr Junges
  ringt,
So ringt mein Blut verzweifelt um den Quell der Erde.

Oh, daß ich fliehen könnte! Denn dir hilflos hingegeben,
Heißt hilflos sich zerstören. Wer sich aufgibt,
Wählt dich zum Freund. Ich aber will das Leben!

Ich will das Leben so, daß mich das Leben liebt
Und seinen Rhythmus durch mich strömt, mich Welt-
  erfüllten,
Deß trunkne Erdenlust nicht tausend Jahre stillten.

Der Tod spricht:

Da du das Leben willst, warum Erbleichen,
Wenn meine Melodie in deiner Seele tönt?
Wer mich erträgt, der atmet wie versöhnt,
Sein Herz kann nicht mehr greller Klang erreichen.

Ist tot der Baum im Herbst der Abendweiten?
Ist tot die Blume, deren Blüte fallend sich erfüllt?
Ist tot der schwarze Stein, der glutne Kräfte hüllt?
Ist tot die Erde über Gräbern menschlicher Gezeiten?

Oh, sie belogen dich! Auch ich bin Leben,
Ein Märchen sprachen sie: der Tod sei in der Welt.
Ich bin das Ewige im Spiel der Formen, die Vollendung weben,

Dem Einen nahe, das den Sinn in Händen hält.
Ich bin der Wanderer, der überwand die tiefsten Wunden,
Und wer mich fand, der hat den Schoß der Welt gefunden.

PFADE ZUR WELT

Wir leben fremd den lauten Dingen,
Die um die Menge fiebernd kreisen,
Wir wandern in den stillen Geleisen
Und lauschen dem Verborgnen, dem Geringen.

Wir sind dem letzten Regentropfen hingegeben,
Den Farbentupfen rundgeschliffner Kieselsteine,
Ein guter Blick des Wächters auslöscht das Gemeine,
Wir fühlen noch im rohen Worte brüderliches Leben.

Ein Grashalm offenbart des Kosmos reiche Fülle,
Die welke Blume rührt uns wie ein krankes Kind,
Der bunte Kot der Vögel ist nur eine Hülle

Des namenlosen Alls, dem wir verwoben sind.
Ein Wind weht menschlich Lachen aus der Ferne,
Und uns berauscht die hymnische Musik der Sterne.

SCHWANGERES MÄDCHEN AUF DEM GEFÄNGNISHOF

Du schreitest wunderbar im Glast der mittaglichen
Stunde,
Um deine Brüste rauscht der reife Wind,
Ein Lichtbach über deinen Nacken rinnt!
Oh, Hyazinthen blühen süß auf deinem Munde!

Du bist ein Wunderkelch der gnadenreichen
Empfängnis liebestrunkner Nacht,
Du bist von Lerchenliedern überdacht,
Und deine Last ist köstlich ohnegleichen.

Wer wird die Hand dir halten am verheißnen Tag,
Da Mutterwehen wimmern zitternde Spiralen?
Ich seh dein Auge, das vom rohen Wort erschrak,

Ich seh hinwelken deine Hüften in den fahlen
Jahren der Gefangenschaft. Ich seh die Wärterin, die
ohne Scham
Das heimatlose Kind von deinen vollen Brüsten nahm.

DÄMMERUNG
(Romain Rolland dankbar)

Am frühen Abend lischt das Leuchten deiner Zelle,
Von grauen Wänden gleiten schlanke Schatten,
Wer trotzig schrie, wird träumerisch ermatten,
Die braune Stille schwingt wie eine milde Welle.

Und oft erfüllt den engen Raum opalne Helle,
Gestalten deines Herzens locken dich zu heitrem Reigen,
Da wird ein Tanz im schweren Mantel Schweigen,
Da wird ein bunter Klang im dämmernden Gefälle.

Dein Atem ist ein Ruf, ein einziger Ruf!
Die Wächter schlürfen durch die Gänge, scheele Gäste.
Du bist so reich und lüdst sie ein zum Feste,

Das dir Genosse Abend schuf.
Doch grämlich drücken sie ans Guckloch trockne
                                    Schläfe . . .
Es ist kein Ruf, der ihre Herzen träfe.

VERWEILEN UM MITTERNACHT

Um Mitternacht erwachst du. Glocken fallen
Wie Stürme an die Schwelle deines Traums.
Unendlich schwingt das Leben im Gefäß des Raums,
Ob allen Sternen muß sein Herzschlag hallen.

Es steigen an die Klänge, die sich ründen.
Die alte Stadt fühlt hilflos die gewordne Zeit,
Sie beugt sich tief: sie ist bereit,
In Schoß der Quelle einzumünden.

Hinschwingt ein letzter Klang in ferne Sphären.
Der Wandernde verweilt und lauscht:
Nur tiefer Stille wird Gebären,

Wer in der Erde wurzelt, rauscht.
Aus Stunden formt sich Antlitz gen die Zeiten
Und schwebt im Licht der Ewigkeiten.

NÄCHTE

Die Nächte bergen stilles Weinen,
Es pocht wie schüchtern Kindertritt an deine Wand,
Du lauschst erschreckt: Will jemand deine Hand?
Und weißt: Du reichst sie nur den Steinen.

Die Nächte bergen Trotz und Stöhnen,
Und wilde Sucht nach einer Frau,
Die Not des Blutes bleicht dich grau,
Aus Träumen blecken Fratzen, die dich höhnen.

Die Nächte bergen niegesungne Lieder,
In Nachttau blühn sie, samtne Schmetterlinge,
Sie küssen die verborgnen Dinge,

Du willst sie haschen und sie sind verweht,
Kein Weg ist, der zu ihnen geht.
Nie hörst du ihre Melodien wieder.

NOVEMBER

Wie tote ausgebrannte Augen sind die schwarzen
Fensterhöhlen
Im Dämmerabend der verhangenen Novembertage,
Wie Flüche wider Gott, hilflose Klage
Wider die Zwingherrn der verruchten Höhlen.

Die Städte sind sehr fern, darin die Menschen leben.
Ein Knäuel würgt die Kehle dir, ein Grauen
Betastet deine Glieder. Wer wird Freiheit schauen?
Wenn endlich wird sich dieses müde Sklavenvolk er-
heben?

Oh, niemand löscht die Stunden der Gefängnishöfe, die
in wirren
Träumen uns gleich Fieberlarven schrecken, antlitz-
losen,
Wir sind verdammt von Anbeginn, wir müssen wie
Leprosen,

Unstete, durch die Jahre unsrer Jugend irren.
Was ist das Leben uns? Ein formlos farbenleer Ver-
fließen. . . .
Und gnädig sind die Nächte, die wie Särge uns umschließen.

EIN GEFANGENER REICHT DEM TOD DIE HAND

Erst hörte man den Schrei der armen Kreatur.
Dann poltern Flüche durch die aufgescheuchten Gänge,
Sirenen singen die Alarmgesänge,
In allen Zellen tickt die Totenuhr.

Was trieb dich, Freund, dem Tod die Hand zu reichen?
Das Wimmern der Gepeitschten? Die geschluchzten
Hungerklagen?
Die Jahre, die wie Leichenratten unsern Leib zernagen?
Die ruhelosen Schritte, die zu unsern Häuptern schlei-
chen?

Trieb dich der stumme Hohn der leidverfilzten Wände,
Der wie ein Nachtmahr unsre Brust bedrückt?
Wir wissen's nicht. Wir wissen nur, daß Menschen-
hände

Einander wehe tun. Daß keine Hilfebrücke überbrückt
Die Ströme Ich und Du. Daß wir den Weg verlieren
Im Dunkel dieses Hauses. Daß wir frieren.

BESUCHER

Die Augen sind vom Haßschrei der Gefängnismauern
Verstört gleich Tauben, die ein Marder überfiel,
Und die verschüchtert flattern ohne Ziel,
Erblindet vor den Zähnen, die in Blutdurst lauern.

Dann Mitleid scheu erblüht wie blauer Klang der
                                  Harfen,
Die Herzen klammern sich an des Gefangnen Hand —
Oh, viele bittere Nächte weinten wie verbannt,
Seit Waffenknechte den Empörer ins Gefängnis warfen.

Der aber wuchs aus Last erstarrter Zellen,
Und seine Seele ward entrückt dem Rhythmus kleinen
                                  Lebens,
Er lebt nach innen, lebt an Gottes Quellen —

Und der Besucher friert und fühlt, er kam vergebens.
Ein Pilger, der den Weg zum Freund verloren . . .
Und tiefer noch vereinsamt, weint er vor geschloßnen
                                  Toren.

[3289]

GEMEINSAME HAFT

Sie sind gepfercht in einen schmalen Käfiggang,
Gleich Tieren, die an Gitterstäben wund sich biegen,
Und die von Heimweh krank am Boden liegen
Und fast erschrecken vor der eignen Stimme Klang.

Sie dorren hin und träge wird ihr Blut,
Nur böser Giftstrom bricht aus ihrem Munde,
Der sucht und ätzt des Nachbarn offne Wunde —
Die eingesperrten Menschen sind nicht gut.

Die eingesperrten Menschen sind gleich Kranken,
Sie wurden taub und stumm und blind,
Sie hassen sich, weil sie so ärmlich einsam sind.

Weil sie im Chaos ihres Ichs versanken,
Weil grobe Nähe auch des Freundes Antlitz roh und
                                      häßlich macht,
Weil jeder über jeden zu Gerichte sitzt und hämisch
                                      lacht.

ENTLASSENE STRÄFLINGE
1918
(Meiner Mutter)

Sie träumen, Trunkne, durch vertraute Gassen,
Gefäß, darin ein Lichtmeer brandet,
In tausend Farben schäumt, im Asphalt strandet —
Form kann die Fülle noch nicht fassen.

Wie Auferstandne tasten sie mit durstgen Blicken
Nach Blätterknospen, die im Frühlingsatem schwellen...
Sie streifen von sich modrig Kleid verwester Zellen
Und wachsen flammend auf in irdischem Entzücken.

Doch Stadt erschreckt sie jäh wie fremdgespenstig
                          Land...
Dann wieder sind sie tief in sich verklungen...
Unendlich fern die Zeit, da sie gebannt

In grauen Sarg, und hohle Wände Totenlied gesungen.
Zerbrechlich lächeln sie, als ob sie irgendwo Erloschnes
                          fänden,
Und streichen fremdes Kind mit scheuen, unbeholfnen
                          Händen.

UNSER WEG

Die Klöster sind verdorrt und haben ihren Sinn ver-
loren,
Sirenen der Fabriken überschrillten Vesperklang,
Und der Millionen trotziger Befreiungssang
Verstummt nicht mehr vor klösterlichen Toren.

Wo sind die Mönche, die den Pochenden zur Antwort
geben:
„Erlösung ist Askese weltenferner Stille . . .“ —
Ein Hungerschrei, ein diamantner Wille
Wird an die Tore branden: „Gebt uns Leben!“

Wir foltern nicht die Leiber auf gezähnten Schragen,
Wir haben andern Weg zur Welt gefunden,
Uns sind nicht stammelndes Gebet die Stunden,

Das Reich des Friedens wollen wir zur Erde tragen,
Den Unterdrückten aller Länder Freiheit bringen —
Wir müssen um das Sakrament der Erde
ringen!

FERDINAND HARDEKOPF

———

PRIVATGEDICHTE

KURT WOLFF VERLAG / MÜNCHEN

[3293]

BÜCHEREI „DER JÜNGSTE TAG" BAND 85

COPYRIGHT 1921
BY KURT WOLFF VERLAG A.-G. MÜNCHEN
DRUCK DER SPAMERSCHEN BUCHDRUCKEREI IN LEIPZIG

FÜR W. Ü . . . . . .

> Mais ce retour à la sincérité
> plait surtout chez un artiste
> qui connait tous les raffinements
> Barrès, Le Secret de Tolède.

Desconfiad de nosotros.
                Stefan Wronski.

ZWEIFEL

Darf solcher Traum mir je verblassen?
Das Fieber, das du mir gelassen,
Soll mich in hohe Grade werfen,
Ich will es mit Bewusstsein schärfen.

Wie fraglich, ob ich DICH gehalten:
Die letzte deiner Scheingestalten!
War das (im crême und erdbeer Lichte)
Das wesen-nächste der Gesichte?

Du sprangst aus kirschenroten Hosen —
Als ... purste der Metamorphosen?
Und bildetest, mit kleinem Fächeln,
Ein schmales, rätselhaftes Lächeln.

Wem gibst du (jetzt ...) die tiefste Stunde?
Den wahrsten deiner tausend Munde?
Mir bleibt der Tic, dir nachzutasten —
Mit Händen, die ... dich jemals fassten?

DIE ANTWORT

In allen meinen Scheingestalten
Bin ich nicht Schein: bin ich enthalten!
Ist starr, was strahlt und weht im Lichte?
Wahr ist nur Wandlung der Gesichte.

Es blieb mein Mund bei deinem Munde,
Zutiefst bewahr' ich unsre Stunde,
Und bin geschmiegt in euer Tasten,
O schöne Hände, die mich fassten.

EIN HAND-BUCH?

Ob sich eine Laune fände,
Die mir eure Chronik schriebe,
Sinngetreu, ihr meine Hände:
Nacht- und Tagebuch der Liebe?

Fändest du vielleicht es reizend,
Rechte Hand, mir zu Gefallen,
Stil-ertastend, finger-spreizend,
Einst-Umkralltes zu umkrallen?

Alle liebliche Erfahrung
In ein dichtes Wort zu pressen
Und der wildesten Gebahrung
Knappste Kleidung anzumessen?

... Nein! die Hand-Schrift sei verhindert,
Übersinnlich nichts erbeutet!
Qual verharre ungelindert!
Kein Geheimnis sei gedeutet!

ZERBRECHLICH

O dieses Tollkopfs heller Duft!
O Tulpenleuchten gelben Haares!
O Gnadenblick in Flimmerluft!
O Glücksminute dieses Jahres!

Ich wusste nicht, dass ich besass
Ein Kupferglimmen früh im Lichte,
Ich wusste nicht, dass ich vergass
Dies Dämmerlächeln der Gesichte.

Bin ich, wie einst, so mild bestäubt?
O Glas und Zweifel dünnsten Traumes!
Du junger Kornduft, duftbetäubt,
Besonnter Schein umschäumten Schaumes!

Ich halte, ganz in deinem Hauch,
Dich: Apfelwange, Sommersprossen...
Es ist ein Traum, ein Gift, ein Rauch,
Ein Lügen-Gold und schon zerflossen.

SUBLIMIERUNG

Ich sah dich Grenadine schlürfen,
Dein Wildgeruch ergriff mich schon —
Und hab nur stockend murmeln dürfen:
„Wer ist die ... scharfe Attraktion?"

Ich depeschierte: „Komm, du Dirne!
Man hat gewittert Dunst und Bau.
Du hast die hellste Kinderstirne
Und bist die dunkel-tollste Frau!"

Vergeblich. Doch der Nicht-Genehme
War schon phantastisch angesteckt —
Du hast mich völlig, Unbequeme;
Und ... ich hab dich, als mein Objekt.

O, dein von Mörderhand gekürzter
Chablis-Skalp, du zerwühlter Kopf,
Durchreizt das Dasein mir gewürzter,
Als jüngster Judith Doppelzopf.

Was willst du, Fremde, noch verhindern?
Ich bau dich auf aus Kunst und Schaum.
Du wirst mir Unerhörtes lindern,
Du bist ja mein in jedem Traum.

Wie gern in mystischer Verschwörung
Dein Linien-Tiefstes sich mir gibt!
Lass uns allein! Du ... Erd-Empörung,
Bleib ferne, knäbisch angeliebt!

Ächz' unter Assessoren-Küssen — —
Indes in Spuk- und Geisterwelt
Mit zugespitztesten Genüssen
Dein kluger Schatten mich umstellt.

SICH BESCHÄFTIGEN ...

Es ward zu blass, als Abenteuer,
Aus schönen Augen jenes Feuer.
Man blinzelte ins Weltgewoge
Und nahm die Politik, als Drogue.

Man brauchte aber mehr Gefahr,
Als daraus zu ersaugen war:
Man schlich, mit süss gepresstem Atem,
Cambriolierend, zu Privatem.

ANTONIUS

Nach Valerius Brjussow

Klügster Mann der Weltgeschichte!
Beispiel, dem ich folgen muss!
Lockung meiner Traumgesichte:
Vorbild du, Antonius!

Um die Freiheit kämpften viele,
Viele kämpften um den Ruhm;
Dir als erstem ward zum Ziele
Seligeres Heldentum.

Denn in Blut- und Siegesfeiern
Sahst du kaum noch einen Sinn;
Das Geheimnis zu entschleiern
Galt es der Egypterin.

Dir ward eine Zeitenwende
Anvertraut, Antonius:
Welten-Anfang, Welten-Ende,
Und du wähltest: einen Kuss.

Und in rätselvolle Lande
Lenktest du des Steuers Griff;
Jenseits von Bravour und Schande
Fuhr zum erstenmal ein Schiff.

Sphinx erglomm in Sternennächten,
Bis die Memnonssäule klang:
Neue Zeit mit neuen Rechten,
Alter Formeln Untergang.

Ja, man opfert für Entkleidung
Eines Lächelns vieles hin,
Und die Stunde der Entscheidung
Schlägt bei der Egypterin.

DAS CAFÉ-SONETT

Den Marmortisch umsprühen Manieristen,
Erregt vom Beichtwort Mauds, der Künstlerin:
„Weiss nicht, ob Weib ich, ob ich Knabe bin!"
Sie steigern sich in überhitzte Listen.

Der Dame liegt die letzte Nacht im Sinn.
Dem John, dem dunkelsten der Morphinisten,
Dem Welt-Abbé, dem Décadence-Artisten,
Hält sie die gleiche klare Stirne hin.

Da: Jack, Gorilla, erster Fussball-Preis.
Der Geist bestellt die sechste Schnaps-Karaffe.
Wie Maud, erkannt, ihr süsses Schicksal weiss!

Es fällt die Festung vor dem Bild der Waffe.
Dem Football-Monstrum bringt man Huhn mit Reis,
Maud, sachlich: „Schaufle was du kannst, mein Affe!"

DAS BAR-SONETT

Gazellenscheu im Wüstenbrand der Lüste,
Erzittert sie vor der gesuchten Gier
Und lockert sich dem guten Elixir,
Mit dem sie viel zu übertäuben wüsste.

Dann trägt sie, sehr erfahren, Bar-Manier,
Die Irrlicht-Augen, Muschelglanz der Brüste,
Sich-Praxis, küssende und wundgeküsste,
Geschäftlich zum Geschäftsmann: „Cavalier."

„Wer sind Sie? Opfer oder Henkerin?
Wie lügen Sie? Wie werden Sie belogen?
Was geben Sie? Was gibt man Ihnen hin?"

Aztekisch ist ihr das Profil gebogen.
„Man kennt mich doch. Bestellen Sie mir Gin!"
Sie faltet sich dem Paradies der Droguen.

DIPLOMATIE

Weil er von der süssesten Dame genossen,
Im Kerzensaal hab ich ihn höflich erschossen,
Und verschwand durch die Säle (das war keine Flucht),
Mit Bewusstsein verweilend, in Spannung und Zucht.

Ihr Spiegel: ob ihr dieses Lächeln errafftet?
Ich ward von den Häschern behutsam verhaftet.
Da spielt' ich mich so, wie es Träume gelehrt:
Unschuldig-verwöhnt und phantastisch-verzehrt.

Erforschest du mich, chiromantischer Spürer?
Schon bin ich, geheim, deines Scharfsinns Verführer!
„Sind Mörder so zart? so verkünstelt-zerdacht?"
Befreiten, Gelangweilten hegt mich die Nacht.

SPLENDEURS ET MISÈRES DES COURTISANS

Aus der steilen, transparenten Nudel
Quillt ein Quantum Quitten-Quark empor,
Ballt sich, physisch, zum gewürzten Strudel,
Kreist: ein Duftballon aus einem Rohr.

Wann (und wo?) war Schweben delikater?
In der Spannung wird man blass, wie Chrom.
Lehr- und Schüler folgen dem Theater.
Doch der Stern geniesst sich autonom.

Hohe Hirnkraft wallt zu diesem Gase.
Das bestülpt der sachlichste Adept
Das Gestirn mit einem Stengelglase,
Darin dottrig etwas Ei verebbt.

BALLADE

Die Dämmerung sah ihn, den Anwalt, der sonor
Aus dem Automobil die Freunde noch beschwor.

Er inspizierte dann im Regen Guillotinen.
Wie rostig waren die Partei-Bureau-Maschinen!

Da rief der Anwalt hell: „Wir möchten ungern
                                    schlafen
Vor der Erledigung der Köpfungs-Paragraphen!"

Was weiter dann geschah? Wer kann das Schicksal
                                    ändern?
Ihr findet es erzählt in den Geschichtskalendern.

REGIE

Opernprobe. (Vor-Börse; Schwellung.)
Gold im Gebiss, Gold im Lächeln, der chef d'orchestre.
  Skandiert.
Rhythme der Strasse, der Piazza. Ballet fällt nach links.
Niedliche Disciplin.
Flöten rühren die Probe auf.
Um die Ecke zacken Blitze, lila;
Lila Zig-zags;
Happy zig-zags, vom Brandy-Mond;
Lila Cuben um die Ecke.
Schwefelpfeile surren durchaus.
Strahl in Bündeln, Licht in Schnitten.
Gelbe Garben rasen.
Gell hetzen die Hellen.
Reflektoren zischen prompt. Lichtgüsse knattern.
  O Feststellungen klarer Augen!
Ein Scheinwurf von Mädchenröcken, mäandrisch.
Scheinwerfer im Galopp gebrochner Graden.
Netter Fall nach links, gebräunt.
Diese Oper concipiert Gott als Narkotikum.
Da: Telegramme, réponse payée: spitzere Reisen!
  gehetztere Bahn! frechere Cascaden! plärrenderes
  Rot! Geplärr und Knall in Rot!
Ein Zirpen der Elektro-Mücken, bei Seite, für die
  Rasta-Rastas.
Tk! — wird eingeschaltet Quecksilber, phtisisches
  Lila, Motor-keuchen, fliehende Wellen aus Honig
  und Duft.
Exakt rast diese Oper. Sie spurtet, wie sie will.
Auf dieser Scene, knisternd, schneiden sich die
  Einsamkeiten.
Neuro-Katarakte. Präcisions-Inferno. Höchst dosierter
  Wahnsinn. —

... Blüte der Sessel: „Tausend Aufführungen garantiert!" Kapellmeisters Stirn beperlt Notierungen. Durch etliche Hirne kribbelt eine Serie bezifferter Triumphe.

BAUM

Zerdachter Turm,
Runenfels,
Furchensäule,
Gerieftes Bewusstsein:
Wagst Weite und Wolken, wie du willst,
Dich splitternd in die Nuancen,
In die Scheine deiner Dunkelheit.
Welchem Geiste gelänge solche Verzweigung,
Welcher Weisheit solche Verästelung,
Welchem Raffinement solche Zerblätterung?
Baum!
In zitternde Strahlen zerlegst du
Deine Nervosität.
Aber deine Äste leimt zart
Sphärenblauer Eiter des Mittags, zerschichtet von den
    kupfer-goldnen Telegraphenhaaren der Spinne.
Sehr absichtlich trägst du
Epheu, modernes Moos und die auffallende Lyrik
    einiger Vögel.
... Doch, bitte,
Bäume dich,
Und wehre dem Einkleid,
Zu bedrohen
Deine
Différenciation.

DER DICHTER T*

Ich ward durch meine grosse Angst berühmt.
Mein Kissen tönte sie mir zu.
Ich schrieb sie auf —
Doch alle hatten soviel Angst, wie ich.

O schwankes Wunder, wenn mein Stern aus Abend-
                                             blättern glomm!
Mich Bitternis und Hohn, die feinsten Zungen
                                               priesen mich!
Da gab ich,
Lächelnd,
Allen Glanz der Welt zurück,
Denn alle Welt war so berühmt, wie ich.

HERR SALZMANN-ZWEI,
IN ALEXANDRINERN

Bei Tische wird ein Fisch: Herr Salzmann-Zwei,
verspeist.
Er stellt es sich kaum vor. Dann sagt er, wie er heisst.
Das heisst: er stellt sich vor. Zwar sind die Fische
stumm,
Doch kümmert dieser Snob von Fisch sich nicht
darum.
Bequemten sich denn je die Allerweltsverhöhner
Gesetzen der Natur? Das wäre ja noch schöner!
Visitenkarten sind Herrn Salzmann nicht zur Hand:
So macht er mündlich sich der, der ihn isst, bekannt.
Es nennt die, die ihn isst, sich: Fräulein Grete Chlor.
Das heisst: sie nennt sich nicht! Wer stellt sich
Fischen vor?
Und eine Gräte ist im Munde dieser Dame.
Jedoch in Gretes Mund nennt sich des Fisches Name.
Der Fisch sagt: „Salzmann-Zwei!" War je ein Fisch
correcter?
Und doch: wie incorrect! In Gretes Munde steckt er!
Wie denn? Er ganz? O nein! Von ihm ein kleiner Teil!
Fast eine Gräte nur! Selbst die ist kaum noch heil.
Anstatt der Vorstellung: „Salzmann, durch
Hundertdrei",
Behauptet dies Gerät, dass es noch „Salzmann" sei!
Der Fisch ist stumm. Und dies, ein Fisches-
Hundertdrittel,
In Grete Gräte nur, weist mit dem letzten Mittel
Auf sein Gewesensein! Muss Grete sich verschlucken?
Ach, kaum gelingt es ihr, die Gräte auszuspucken! —
Der Dame blieb seither, wie sehr sie auch von Welt,
Die Vorstellung von Fisch doch irgendwie vergällt.

SIGNALEMENT

Nach dem Russischen

Organismus: glaubt an Gott.
Schlüsselbein: will himmelwärts.
Um die Lippen: etwas Spott.
Und Revolte schlägt das Herz.

Ohne Heimat. Ohne Ziel.
Auch das Alter weiss man nicht.
Höchst verdächtiges Profil.
Geistig blinzelndes Gesicht.

MORGENDÄMMERUNG
Nach Baudelaire

Man blies Reveille auf den Höfen der Kasernen,
Und Morgenwind durchfuhr die klirrenden Laternen.

Das war die Stunde, wo der bösen Träume Schwarm
Den Jüngling anfällt in des letzten Schlummers Arm;
Wo, wie ein Aug voll Blut, das zuckt und sich zersetzt,
Die Lampe einen Fleck rot auf das Frühlicht ätzt;
Und wo der Geist, vom Zwang des Körpers deprimiert,
Den Kampf der Lampe und des Dämmerlichts
kopiert.
Wie Brisen im Gesicht die Tränen schwinden lassen,
So fröstelt es im Raum von Dingen, die verblassen.
Schreibmüde ist der Mann, und liebesmatt die Frau.

Von Häusern hier und da steigt schmaler Rauch
ins Grau.
Die Sklavinnen der Lust, bleifahl das Augenlid,
Mund offen, schlafen nun, und sind im Schlaf stupid.
Die Bettlerin schleppt hin der Brüste Magerkeit,
Haucht auf die kalte Hand und haucht aufs
Feuerscheit.

Das ist die Stunde, wo, zerfroren, ungehegt,
Der Wöchnerinnen Qual sich zu verschlimmern
pflegt.
Als würde ein Geschluchz durch Blutsturz
abgeschnitten,
Zerreisst jetzt Hahnenschrei das Nebelmeer inmitten.
Ein Schleierwogen wird die Bautenpracht umspülen.
Doch Sterbenden entflieht, tief in den Nachtasylen,
Der lezte Röchelhauch, verkrächzt und abgehackt.
Ein Wüstling geht nach Haus, von seinem Tun
zerplackt.

Das Morgenrot steigt auf, in rosa-grünem Flor,
Steigt aus dem leeren Strom, frostzitternd, still, empor,
Und düster greift Paris, noch halb im Traumeskreis,
Zu seinem Handwerkszeug, ein arbeitsamer Greis.

BESESSENHEIT

Nach Baudelaire

Die Sonne ist umflort. Manon, mach es wie sie,
Und mummele dich ganz ins Fell der Apathie.
Schlaf oder rauche viel; bleib still in Qualverbrämung
Und tauche auf den Grund der tiefsten
                                Willenslähmung.
Ich lieb dich wie du bist. Doch: sollte es dir passen,
Die Finsternis, mein Stern, heut Abend zu verlassen
Und aufzuleuchten da, wo bunte Tollheit lacht,
Das wäre hübsch, Manon! Wir bummeln heute
                                Nacht! —
Entzünde deinen Blick am Strahl von tausend
                                Lichtern!
Entzünde die Begier auf schweinischen Gesichtern!
Du ganz bist meine Lust, ob strotzend, ob morbide;
Sei was du immer willst: Zerrüttung oder Friede,
Sei Licht, sei Dunkelheit — lass mir nur eins gelingen:
Mich, Satan-Göttin, DIR als Opfer darzubringen.

[3317]

„ICH BIN DAS WEIB..."

Nach Jules Laforgue

Ihr seid gereizt durch mein Benehmen?
So sagt mir doch, was euch gefällt!
Vor mir braucht man sich nicht zu schämen!
Ich bin . . . das Weib! Mich kennt die Welt.

Die Haare glatt? . . . Nach der Methode?
Wollt ihr mich wild? Wollt ihr mich zart?
Ich hab' Frisuren jeder Mode
Und habe Seelen jeder Art.

Pflückt doch die Blume meines Mundes!
Trinkt meinen Kuss, nicht meinen Sinn,
Und suchet, Narren, nichts Profundes,
Wo ich mir selbst Geheimnis bin.

Ihr dünkt euch überlegne Kenner?
Ach, unsre Waffen sind nicht gleich!
Ihr seid nur giergeplagte Männer:
Ich bin . . . das Weib, mein ist das Reich!

Mein Ziel wird ewig sich erfüllen,
Ich bin die Isis alter Zeit,
Und niemand konnte mich enthüllen,
Doch bin ich eurer Lust bereit.

Und irritiert euch mein Benehmen,
So sagt mir doch, was euch gefällt!
Vor mir braucht man sich nicht zu schämen,
Ich bin . . . das Weib! Mich kennt die Welt.

OFFERTORIUM

Nach Théodore Hannon

Herbst-Nacht. Das Meer, in grosser Trauer, celebriert
Den Tod des Lichts. Ein Chor von starren
Finsternissen
Steigt nieder von dem schwarzen Himmel, der sich
hellt
Mit Sternen, Silberpunkten dieser düstren Kuppel.

Ein dunkler Wind verneigt die aufgeschwellten
Wogen,
Der Ocean verblutet sich in Totensängen,
Die Fluten-Orgel stöhnt ein dumpfes De Profundis,
Und eine Welle scheint ein Schweisstuch zu bewegen.

Da, plötzlich, brennt der Mond und jubelt und ist
rund.
Wie diese Scheibe auf dem schwanken Meere
schwimmt,
Da kommen aus der Ferne große schwarze Vögel
Und schreien sehr und küssen diesen Hostienteller.

WALLONISCHES LIED

Sie töteten drei Mägdelein,
Zu sehen in ihr Herz hinein.

Das erste Herz war voll von Lust,
Und wo sein Blut geflossen war,
Da zischten drei Schlangen drei lange Jahr.

Das zweite Herz war voll von Ruh,
Und wo sein Blut geflossen war,
Da grasten drei Lämmer drei lange Jahr.

Das dritte Herz war voll von Qual,
Und wo sein Blut geflossen war,
Da wachten drei Engel drei lange Jahr.

WALLONISCHES MÄRCHEN

Die Hex sperrt' sie in eine Grott
Und zeichnete das Tor verquer,
Die Maid vergass das Sonnenlicht,
Der Schlüssel, der fiel in das Meer.

Sie wartete die Sommertag,
Sie wartete wohl sieben Jahr,
Vergehend gingen all die Jahr.

Sie wartete die Wintertag,
Und ihre Haare, wartende,
Die dachten an das Licht zurück.

Sie suchten es, sie fanden es,
Sie glitten zwischen Kieseln fein
Und leuchteten auf Felsgestein.

Des Abends geht ein Mann vorbei,
Begreift nicht dieses Schimmerlicht,
Und nah zu kommen wagt er nicht.

Er glaubt, es sei ein Märchenschein,
Er glaubt, es sei ein goldner Quell,
Er glaubt ein Spiel der Engelein
Und wendet sich und wandert schnell.

SPÄT

Der Mittag ist so karg erhellt.
Ein schwarzer See sinkt in sein Grab.
Dies ist das letzte Licht der Welt,
Das bleichste Glimmen, das es gab.

Aus Sümpfen schwankt Gestrüpp und Baum.
Die Birken-Nerven ästeln weh.
Die Zeit erblasst, es krankt der Raum.
Tot steht das Schilf im toten See.

Die Luft strömt grau ins Mündungs-All.
Der Rabe schreit. Der Wald schläft ein.
Mich trennt ein rascher Tränenfall
Vom Ende und der Flammenpein.

GENESUNG

Da Stund um Stunde, selbst die bängste,
Wie silbergraues Plätschern kam,
Da wards ein Tag, wo ich die Ängste
Mit lässig-stillem Lächeln nahm.

Da tropften alle Qualen linder,
Sie perlten kaum auf meiner Hand,
Sodass ich, endlich Überwinder,
Nichts mehr zu überwinden fand.

ABNEIGUNG

Ich presse zu Linien die lästigen Bäche
Und denk' die ent-ölten in ebenen Plan;
Ich hasse den Raum, ich vergöttre die Fläche,
Die Fläche ist heilig, der Raum ist profan.

Ich werde mich listig der Plastik entwinden
Und lass euch gebläht im gedunsenen Raum.
Ich denke die lieblichsten Schatten zu finden
Im gefälligen Teppich, im flächigen Traum.

AUF DER BANK

Ein Vormittag, september-kränklich.
Die Sonne glimmt. Ich liebe sie.
Ich lieb', stilistisch-unbedenklich,
Die janze Villencolonie.

Ergebnis ist sie dunkler Nöte...
Noch pfeffern ja den Milljardär
Die Nacht-Phantome seiner Schlöte
Gewissentlich —: [imaginär].

Der Herbsttag affichiert Platanen.
Schon gilbt das Polizeibureau.
Das Weinlaub hisst Orange-Fahnen.
Das Postamt kreischt geranien-loh.

Ein Fräulein kommt und träumt Amönem
[Es exhibierts] Validen-Dank.
Da: o: verkritzelt mit Obscönem
Ist, lasciviert, die Strassenbank!

Jetzt naht [damit ich recht geniesse]
Ein Reiterpaar in prallem Trab.
Die falbe Wildnis ist Actrice.
... Dies Referat nennstû: „verab....."??!!

XENIEN

Was wir waren,
Dürfen wir nie erfahren;
Wie gütig ist die Lehre:
Quiëta non movere.

Der Fülle des Gegebenen
Entwächst das Schmale, Zarte;
Die Betten sind die Ebenen
Für Smarte und Aparte.

N'est-ce que ça?
Stendhal

Bientôt, se retirant dans un hideux royaume,
La femme aura Gomorrhe, et l'homme aura Sodome,
Et, se jetant de loin un regard irrité,
Les deux sexes mourront chacun de son côté.
Alfred de Vigny

Der Dinge Gutes: Verlassbarkeit.
Frei — das heisst doch wohl: befreit.

MOSES TOD

LEGENDE

VON

RUDOLF KAYSER

MÜNCHEN
KURT WOLFF VERLAG

Bücherei „Der Jüngste Tag", Band 86
Gedruckt bei Poeschel & Trepte in Leipzig

Copyright 1921
by Kurt Wolff Verlag A.-G. München

**Für Werner Schendell
in großer Freundschaft**

Und der Herr sprach zu ihm: Dies ist das Land, das ich Abraham, Isaak und Jakob geschworen habe, und gesagt: Ich will es deinem Samen geben. Du hast es mit deinen Augen gesehen; aber du wirst nicht hinübergehen.

Also starb Mose, der Knecht des Herrn, daselbst im Lande der Moabiter nach dem Worte des Herrn.

5. Mose 34; 4–5.

Als man das Lager aufschlug, war es später Abend. Müdigkeit und die Anstrengungen der letzten Tage warfen das Volk schnell in die gebräunten Zelte. Nur Flüche, Schmerzensschreie der Mütter und kleines Jammern der Kinder gingen noch hin und her, um in der übersternten Nacht dann zu versinken. Der Morgen setzte goldene Spitzen auf die Zelte, die langsam, eins nach dem andern, sich öffneten. Hagere Männer, deren Körper nur Ausdruck von Hunger und Überdruß waren, traten, den Blick zu Boden gesenkt, hervor, sahen nach den Herden und ließen sich aus den wenigen Schläuchen, die noch gefüllt waren, in kleine Holzgefäße Wasser gießen.
Da brach plötzlich durch das sich noch im halben Schlummer dehnende Lager ein Schrei: hell wie der Schofarklang, der vor der Bundeslade daherzog, und innig wie unbesorgtes Kinderlachen. Jobab, der sieb-

zehnjährige Sohn des Priesters Josef vom Stamme Levi, der seinen braunen Körper wie jeden Morgen mit durchsengtem Wüstensande wusch, hatte ihn ausgestoßen. Von allen Seiten eilte man auf ihn zu. Selbst die am Rande des Lagers gelegenen Zelte hatten sich geöffnet. Männer und Frauen stürmten herbei, Greise und Kinder schlürften langsamer nach.

Jobab stand auf einem Stein, jetzt völlig vom Morgen überstrahlt. Sein braunes Auge starrte verzückt in die Ferne. Alles hing an seinem leicht geöffneten Mund, um den ein übermütiges Lachen sich auszubreiten begann. Schließlich wies er nach Osten: auf den hell erglühenden Horizont.

Und da erkannten die schärferen Augen der Jungen, daß dort, wo die Welt durch die Himmelskugel abgeschlossen erschien, die Wüste sich wellig zu heben begann. Als ob ein Schläfer am Morgen, nach einer guten Nacht, die Decke langsam von sich streift und am Fußende des Lagers auftürmt, so hob sich die Erde, und je höher die Sonne in den neuen Tag stieg, desto schwerer, breiter und zackiger empor. Über den Sand strich leiser Wind und trieb die Körner dem fremden Wunder entgegen.

Da warfen Mädchen und Jünglinge ihre schmalen Leiber auf den Boden der Wüste und riefen dreimal, Angst in der Kehle und unterdrücktes Weinen in der Stimme, den Namen Jahve den Erdtürmen zu. Die Älteren aber lächelten. Freudig blickten sie sich an, ergriffen ihre harten Hände und hoben dann sanft die Kinder empor.

Sie wußten, daß jene gewellte Mauer nicht der Thron Gottes sei. Sie dachten zurück an Mizrajim, an die breiten, schweren Gebirge, die das üppige Land vor der Wüste schützten. Und auf ihren Lippen formten sie dies ungewohnte Wort „Gebirg" und sprachen es langsam und feierlich aus.

Das Gebirg aber begann zu wachsen. Die letzten Wolken fielen von seinen Spitzen. Im bräunlichen Licht des vollen Tages dehnte es sich in unendlicher Weite. Jeder begriff: die Wüste war hier zu Ende. Die lange Wanderung, auf der Generationen gestorben und geboren waren, hatte ihr Ziel erreicht. Jenseits dieser Mauer begann Verheißung und Glück, das kanaanitische Paradies, in das Jahve sein Volk zurückzuführen versprochen hatte.

Da brach ein unendlicher Jubel im Lager aus. Schalmeien, Pauken und Schofare ertönten. Alles verließ die Zelte. Selbst die Kranken und Sterbenden schleppten sich von den Lagern, um das Ende von Israels Leidensweg zu schauen. Neue Lieder wuchsen auf Gassen und Plätzen und wurden von allen gesungen. Hier kamen junge Menschen zusammen, rissen die verfallenen Fetzen ihrer Kleider vom Leibe und begannen jauchzende Reigen. Dort fielen Paare in liebende Umarmung. Statt Fluch, Erbitterung und Not standen helle Gebärden und freudige Worte auf.

Man rief sich Belehrungen über das Gebirge zu, die niemand glaubte. Jeder wußte genau, wie hoch und breit es sei und wie lange man noch bis zu seinem Fuß zu gehen hätte. In einigen Gruppen gestikulierender Männer schien sogar Streit hierüber zu entstehen.

Als der Mittag kam, fand sich das Volk den neuen Erwartungen schon zugekehrter. Die Gespräche gingen um die Genüsse und Vorteile des reichen Landes, das sie in wenigen Tagen betreten würden. Von den vierzigjährigen Entbehrungen und Qualen sprach niemand mehr. Aber wie eine Erinnerung strahlte die Wüste ihre schmerzliche Schönheit aus.

In ihrer weiten Monotonie glich sie Gedanken, die ins Unendliche sich dehnten. Da war das große, braune, endlose Meer, durch das als schmales Rinnsal die Spuren eines wandernden Volkes sich zogen. Da war die schwere und tiefe Stille, die nur Schakale und göttliche Verheißung zerreißen konnten. Da war die Schönheit der Weite, Reinigung und Einsamkeit. Über die Landschaft hingen wie Abschiedsworte graue Wolkentücher.

Einige Jünglinge hatten sich von den Zelten entfernt, lagerten sich auf einem erratischen Felsen und blickten schweigend zur Wüste hinab. Sie, die in der Wüste geboren und aufgewachsen waren, ihr junges Leben zwischen Auf- und Abbau der Zelte verbrachten, denen Wandern, stilles, schweres Wandern und der Glaube an Gott und Israels Zukunft einziger Lebensinhalt geworden waren — sie hatten ihre Seele mit der Landschaft so gefüllt, daß Trennung unmöglich schien. Die Stille war in ihnen, wie sie in der Stille waren.

Nur einer von ihnen streckte über die Wüste wie segnend seine Hände aus, um sie dann langsam sinken zu lassen.

Da fingen alle zu beten an. Die schwere, heiße Luft saugte ihre Worte und Empfindungen auf wie der durchglühte Sand die Wasserreste. Ihre hellen Stimmen schwollen an, jubelten, klagten und sehnten sich. Irgend etwas ging in ihnen vor, das sie nicht benennen konnten.

Sie sahen sich schweigend an. Sie wußten, was jetzt geschah, war anderes und größeres als die Trennung zwischen Vergangenheit und Zukunft. Entscheidungen standen bevor, fast zu schwer für ihre schwache und hilflose Jugend. Weltenschicksal wollte sich an ihnen vollziehen. Gefühle standen in ihnen auf, so mächtig, weit und furchtbar, daß ihre Leiber wie unter einem Frost erschauerten. Sie konnten die Vergangenheit nicht von sich stoßen; sie war ihnen mehr als Not und Entbehrung, sie war ihnen Leid, tiefes, verantwortungsvolles, letztes Inneres entblößendes Leid.

Schließlich sprach einer: „Es ist nicht gut zu jubeln, weil wir die Wüste verlassen. Die Wüste ist schön."

„Ja, sie ist schön," riefen sie alle und beugten sich tief über die Landschaft wie über den Körper der Geliebten hin. Sie ahnten, daß das Wandern, das Fehlen jedes Genusses, das Hinziehen der Tage in unendlicher Gleichmäßigkeit sie veredelt hatte; so standen sie fremd jenen gegenüber, die Mizrajims Reichtümer gekannt hatten und in Kanaan sie wiederzufinden hofften. Sie hatten ihr Leben nur Gott geweiht. Heiligkeit brannte in ihrem Blut. Erkenntnis lenkte ihren Willen, der weit über irdische Güter sich sehnte. Glauben verband sie einander zu einer Gemeinschaft, die, gefühlt nur und nie genannt, kein anderes Ziel als dieses eine hatte: Gott.

Als sie ins Lager zurückkehrten, brach man die Zelte ab. Der letzte Teil der großen Wanderung sollte beginnen.

Noch drei Tage und drei Nächte mußte das Volk durch die Wüste ziehen, ehe es den Fuß des Gebirges erreichte. Dort angelangt, lebte man ganz in den Vorstellungen dessen, was jenseits der Berge auf Israel wartete. Alle Herrlichkeiten Mizrajims steigerte man zu einer phantastischen Fülle von Gaben, Freude und Schönheit und preßte die Seelen so voll von ihnen, daß sie müde wie überladene Weinstöcke sich neigten. Begehren glänzte von den Gesichtern und machte sie feindlich und verschlagen. Die Blicke suchten, dem Bruder die Pläne zu rauben, um alle Vorteile des gesegneten Landes auf sich vereinigen zu können. So wurden sie habgierig, zänkisch und klein. Sie riefen sich Schimpfworte und Prahlereien zu.

„Ich werde die größten Weiden am Flusse Jordan haben; Herden von Rindern, Schafen und Ziegen, unzählig wie die Herden des Stammvaters Abraham. Du aber wirst in der Stadt hausen, in einer engen, schmutzigen Kammer und dich kümmerlich nähren von deinem armseligen Handwerk."

„An meiner Tür wirst du betteln, und ich werde dich fortpeitschen lassen wie einen räudigen Hund."

„Ich werde ein Handelshaus haben, das seine Karawanen nach Babylon, Damaskus und Kairo schickt."

„Ich werde Gold aufhäufen, gleißendes, gelbes Gold, zu Bergen, höher als der Libanon, und wenn ich sterben werde, so nehm' ich das Gold und streu' es zuvor in den Jordan, damit niemand nach mir es haben wird."

Die Entbehrungen ihres bisherigen Lebens strömten sich in solchen Wünschen aus. Ihre Herzen waren hart und verschlossen geworden, und wo sonst Hilfe und Güte waren, herrschte Neid und Mißtrauen. So standen sie schon in dem Schatten kommenden Besitzes und waren eitel und schlecht. Sie klagten nicht mehr, aber sie beteten auch nicht mehr; sie träumten und planten, wie Räuber und Eroberer es tun.

Der letzte Abend in der Wüste war gekommen. Die Israeliten ruhten vor ihren Lagerfeuern und sprachen, zankten und ereiferten sich. Plötzlich erschien mitten in ihrem Kreis, steinern und groß, den breiten Körper wie eine Brücke zwischen Himmel und Erde gespannt, den Blick in jede Seele gewandt, Mose, ihr Führer.
Schnell waren die Gespräche verstummt. Man versuchte, die schlechten Worte und Blicke zu verbergen, wie ein Dieb unter seinen Gewändern die gestohlenen Gegenstände verbirgt. Ein großes und ängstliches Schweigen lagerte unter dem nächtlichen Himmel.
„Führer, sprich!"
Mose machte eine Gebärde, aber er sprach noch nicht. Auf seinem Gesicht stand tiefe Klarheit und Feierlichkeit. Er wandte sich Menschen, Bergen und Wüste zu, und jeder sah, daß ein Erlebnis seine Seele schwellte, groß und erschütternd wie einst am Sinai. Da erinnerte sich mancher an Moses Blicke und Worte, als er die Tafeln zerbrach, da das Volk von Gott abgefallen war. Furcht

und Beschämung griffen um sich. Viele empfanden Reue, viele Furcht vor kommenden Vorwürfen, denn Mose kannte jede Sünde.
Sie lagerten sich in einem großen Kreis. Die giftige Besitzgier war schnell verschwunden. Auf den Gesichtern stand Demut und Feierlichkeit. Alle empfanden ihr Auserwähltsein durch Gott, ihre Gemeinschaft und Einsamkeit unter den Völkern.
Mose trat in die Mitte des Kreises. Langsam und träumerisch erklangen die ersten Worte, um dann in mächtiger Steigerung emporzubrausen. Doch kein Wort des Vorwurfs erklang.
„Gesegnet seist du, Volk Israel, da das Ende deiner Wanderung erreicht ist. Zweimal wird die Sonne noch auf- und untergehen, dann schreitet dein Fuß über üppiges Land, das Jahve, dein Gott, dir verheißen hat. Deine Herden weiden auf heimatlichem Boden, Brunnen rauschen in deinen Dörfern, jeder wird seinem Tagewerk nachgehen. So werdet ihr Ruhe und Freuden finden. Auch Gott wird zur Ruhe kommen, und seine Lade

hinter Tempelmauern stehen. Vierzig Jahre habe ich dich durch Wüste und Entbehrung geführt, wie Gott es befahl. Nun sind wir am Ende. Der Segen Jahves wird dich weiter geleiten.

Ich habe das Land eurer Kinder gesehen. Sonne strahlt über Weiden und Seen. Wälder stehen tief und dunkel. Im Westen erglänzt das Meer. Jahreszeiten bescheren Blüte, Frucht und Ernte. Ewiges Werden und Vergehen randet um Israel, und du wirst bleiben, mein seßhaftes Volk.

Doch meine Zeit ist erfüllt. Gottes Hände graben mein Grab in den Bergen. Ihr zieht in das Land der Weiden und grünen Wiesen. Doch Gottes Wort lastet eisern auf euch. Ihr wart auserwählt unter allen Völkern der Erde, den Geist zu erkennen und zu verkünden. Verrat wird dennoch unter euch herrschen, und der Zorn Gottes, entflammt über eure Untreue, euch strafen und in alle Länder vertreiben.

Dich, Josua, Sohn Nuns, hat Gott erwählt, von nun an dieses Volkes Führer zu sein. Einsicht beleuchte deinen Weg. Kummer

und Verzweiflung bleiben dir fern, bis auch an dich das Wort Gottes ergeht, das dich von den schwellenden Jordanufern fortruft in sein ewiges Reich."
Bei diesen Worten zitterte ein Volk. Abschied, Mahnung und Schicksal sprachen, fesselten Mensch an Mensch, gaben ihrem Leben Weite, Ungewißheit und Not.
Bruder, Schwester, Stunde, Land und Gott!
Alle Geheimnisse schwanden, Wünsche starben, Bilder lösten sich ab. Erinnerungen standen auf, Ängste zuckten, Stimmen jammerten, und alles schlug zusammen in dieser einen Erkenntnis, unwahrscheinlicher als Weltuntergänge und Wundertaten: der Führer stirbt!
Da ist nicht Raum für ein anderes Gefühl, da ist nicht Zeit für andere Gedanken, da ist nur Augenblick, weit, dumpf und gefährlich, und in seiner Mitte die eine Gestalt: schwer, gereckt, einsam, tausende Blicke tragend, Turm über der Wüste, Mensch über dem Volk.
Ein Schweigen griff um sich, das Blut und Atem stocken ließ. In diesem Kauern, Lie-

gen, Warten der Tausende geschah noch einmal Heiligkeit, Demut und Leid.

Ist das unser Ziel?

Wir Wanderer, Armen, Gott-Träger am Tore des Paradieses. Wir braunen Wüstentiere, hager, von Jahve getrieben und geführt, auserkoren unter allen Völkern der Erde. Früchte warten unser, Weide, Milch, Honig, ein gesegnetes Land. Aber der Führer schreitet nicht mehr voran, ebnet nicht Wege, läßt Jahves Wort nicht steigen durch Gebirg, Täler und Feinde. Wir sind die Verlassenen, die rissigen Tafeln der Verkündung, blökende Herde, beschwert und zerdrückt von der blutigen Last unseres Gottes.

Roter schwerer Abend an der Grenze Afrikas und Asiens. Dumpf fegte ein westlicher Wind Steine und Geräusche in das Lager, knatterte über die Zeltbahnen und lagerte sich dann, kosend und gesänftigt, Mose zu Füßen.

Da geschah aus dem Gebirge Pisga dumpfes, schweres Dröhnen. Staubwolken stoben empor, Sterne verdunkelnd und die Atmo-

sphäre zusammenpressend. Unter Blitz und Donner senkte eine helle Lichtsäule sich zwischen die Berge. Ein großer, glänzender Arm griff, eine mächtige Schaufel, in den Boden, hob eine Scholle nach der andern empor und türmte in unendlichen Pyramiden sie zu neuen Gebirgen auf.
So schaufelte Jahve dem Mose das Grab.
Alle sahen empor, von blassem Grausen erfüllt. Als ob jeden Tod, Krankheit oder Fluch treffen sollten, so zitterten sie und wurden klein und still vor der Furchtbarkeit Gottes. In ihren Blicken leuchtete Schrecken und Nichtbegreifenkönnen.
Als die ersten Schollen stiegen und sanken, ging ein Zittern über den Leib Moses. Ein grelles Heulen der ihm am nächsten Liegenden antwortete drauf und setzte als dumpfes, geschütteltes Weinen bis zu den äußersten Rändern des Lagers sich fort. Dann kamen wieder Sicherheit und Glaube in Mose, richteten den Körper empor, machten sein Gesicht lächeln und froh, einen hellen Schein weißer Locken um es gespannt.
Plötzlich stürzte eine Schar von Jungen auf

ihn zu, umfaßte sein Knie, küßte sein Gewand und lagerte sich um ihn als leuchtender Glanz. Suchend und verharrend, waren sie Kreis zu dieser gewaltigen Mitte. Ein Schweigen, wartend auf Zeichen oder Wort, das die Unerträglichkeit des Augenblicks aufheben würde, umspannte das Lager. Vom Gebirge dröhnte immer noch Gottes Hand.
Da sprang Jobab, der zu Moses Füßen lagerte, empor, richtete sich an ihm auf, zitternd und schmal, griff seine Hand und sprach: „Bleib bei uns, Führer. Stirb nicht. Kehren wir in die Wüste zurück, damit du leben kannst."
Mose schüttelte ein Sturm. Wie fiebernd warf er seinen Körper herum, streckte die zitternden Arme, nunmehr ein Greis, den Kindern zu, die weißen Locken ihnen windig entgegen. Dann faßte er Jobabs Hände, sah ihm suchend ins Auge, legte ihm schließlich die Rechte aufs braune Haar.
Ganz leise waren seine Worte, so daß nur Jobab sie hören konnte, so sehr das Volk sich auch um beide drängte.
„Knabe, wozu hat Gott dich ausersehn, daß du um das Geheimnis meines Todes weißt?

Woher kennst du und nur du den Sinn unsrer Wandrung? – Dies Volk betritt Kanaan, wie es Mizrajim verließ: eitel nach äußerem Gut; gierig nach Besitz und Genuß; fremd Jahve und seinem Wort.
Israel sollte herrlich vor allen sein. Geist und Dienen waren Sinn von Entbehrungen und Sterben, von langem Wandern durch Sinais Sand. Kanaan sollte Ziel sein, nicht als Paradies, Glück, Weide, Reichtum, sondern als Einkehr und Heimat.
Gott hat mein Gebet nicht erhört. Sie wurden nicht frei und gütig. Gottes Hoffnung ist zerstört, und ich ward ausgehöhlt und schal. Drum führte mich Gott auf den Berg Nebo, zeigte mir die Länder Gilead, Ephraim, Manasse und Juda und sprach: Dies ist das Land, das ich Abraham, Isaak und Jakob geschworen habe, und gesagt: Ich will es deinem Samen geben. Du hast es mit deinen Augen gesehen; aber du sollst nicht hinübergehen.
So laß mir meinen Tod, da mein Leben verloren ist. Bleibe Gott treu und deinem Volk. Sinai kehret zurück."

Jobab sank klein zusammen. Tränen traten ihm in die Augen. Schmerzen gingen auf ihn zu, sinnlos, unfaßbar, alles Schwere des Lebens in einen Augenblick voranstellend. Sein Körper ward ihm so müd, daß er sich niederlegen mußte, nackt auf nackten Boden. Erinnerungen, Hoffnungen, Weinen und Weh trieben durch seine Seele. Als Brausen aus weiter Ferne umschlangen ihn Stimmen der Männer und Frauen, die ihn bekümmert betrachteten. Wie ein Erwachender trübe seufzend, reckte er seine Glieder, hob den Blick, stieß seine Finger in den Sand, den Staub leise zerreibend. Dann sprang er bestürzt empor, wandte sein Gesicht wieder dem Führer zu.

„Ich will nicht nach Kanaan. Ich hasse das Land. Ich will in der Wüste sterben..."

Böse Blicke drangen auf ihn ein. Wut und Entsetzen sprachen heftige Worte über den Gotteslästrer. Doch es gelang keinem, die geballte Faust fallen zu lassen oder Jahves Fluch herabzurufen.

Denn Jobab war aufgesprungen. Schmal stand er vor allen auf einem Stein. In seinem

Auge glühte der Osten und machte sein Gesicht klar und tief. Dann sprach er mit heller Stimme:

„Brüder und Schwestern, blickt auf die Wüste. Seht ihre Bräune. Mimosen und Disteln gedeihen auf ihr. Mit flinken Sohlen jagen Antilopen über sie hin, den Staub aufzuckend wie Blitze. Sandsäulen eilen den Stürmen voran.

In dieser Wüste wurden wir Volk. Wunder geschahen, wie kein andres Volk sie je erfahren. Süß wurden die bittren Wasser von Mara. In Sin regnete es Wachteln und Manna, und in Raphidim tranken wir durstig aus Felsen. Vom Sinai erscholl das Gesetz, ließ uns wachsen über Tier und jede Art Mensch; wir sahen die Tafeln Jahves und Moses glänzendes Angesicht. Dort in der Wüste, in Not und Stille bauten wir Jahves Haus: aus Akazienholz, Widderfellen und Purpur, wie das Gesetz es befahl.

Das alles soll hinter uns liegen wie ein zu Ende gesungener Psalm? Nie mehr werden uns Wunder geschehen? Nie mehr werden wir Volk sein, Gott hingegeben und irdischer

Eitelkeit abgewandt? Ich glaube, wir verlassen das Paradies, da wir es betreten.
Freunde, wir sind wie die Wüste, still und einsam, Unendlichkeit um uns und in uns. Wollt ihr die Stille durch Lärm beleben? Sollen Marktbuden vor Gottes Lade stehen und Feilschen die Gebete der Priester überschrein? Wollen wir prassen an irdischem Gut, aber den Geist abschwören? Hört mich!
Wir werden Gott verlieren.
Wir waren Dienst und werden Herrschaft, genügsam mit Reichtum und Genuß, eine schmatzende, lärmende Menge.
Wir wanderten und sollen nun seßhaft sein? Wir wollten Jahve suchen und finden gefüllte Scheuern, Weiden und beschauliche Abende an den Ufern des Jordans.
Wir hatten die Not und triefen nunmehr von Glück.
Volk, laß uns zurückkehren zur Wüste. Geben wir uns hin der Weite und Demut. Nehmen wir Abschied vom Glück, das wir noch nicht genossen.
Pest ist Kanaan, Unrat und Schmutz. Seine

Äcker und Wiesen sind Kloaken und Fieber-
herde. Seine sanften Jordanufer wogen geil
wie Dirnenbrüste, und allenthalben starrt
Dreck und niedrige Lust.
Das ist das Paradies!"
Die Menge hatte mit Schaudern gehorcht.
Stürzten die Berge nicht über dem Lästrer
zusammen? Verschlang der Boden ihn nicht
wie Korah und seine Rotte?
Doch nichts geschah. Auch Mose sagte nichts,
sondern blickte lange den Jüngling an. Aus
seinen Blicken sprachen weder Strafe noch
Haß. Das Volk aber murrte und verlangte
den Tod des Gottesleugners.
„Ausgeburt der Wüste, von Schakalen ge-
zeugt, du bist kein Sohn Israels."
„Steinigt ihn."
„Steinigt ihn."
So rief es und drängte immer mehr auf Jo-
bab zu, der neben Mose stand. Da erhob
Mose die Hand. Schon zuckten in tausend
Fäusten die Steine empor, den Knaben so
zu zerschmettern. Aber ein Blick voller
Schmerz und Zorn traf sie. Dann sagte Mose
langsam und klar: „Tötet ihn nicht. Denn

dies Kind ist heilig und von Gottes Geist erfüllt."

Grauen brannte auf allen Gesichtern. Maßloses Staunen verschüttete jeden Laut und jede Bewegung. Verwirrung bedrohte aller Denken und Glauben.

Es brach aus der Mitte des Volks ein gellendes Lachen hervor, das erst schwieg, als Moses Blick den alten Spötter und Verächter traf.

Jobab hatte sich an Mose geschmiegt und begann jetzt mit ihm das Lager zu verlassen. Sie stiegen zu den Bergen empor; ihr Umriß ging langsam im zackigen Gestein verloren. Auf einer Terrasse blieben sie stehen und blickten zurück auf das betende Volk. Da erhob Mose noch einmal die Hände und sprach mit einer Stimme, die grollend wie Donner über die Wüste zog, die alten Segensworte über Israel aus.

Jobab gab er den Befehl, ihn nunmehr zu verlassen; denn die Stelle sei nah, wo Gott ihm sein Grab gegraben. Dann trat er in eine Felsenspalte, den menschlichen Augen für immer verloren.

Jobab, geschüttelt von unendlichem Weh, trat zögernd den Rückweg an. Von einem Vorsprung aus sah er das israelitische Lager, aus dem laute Stimmen und Flüche ihm entgegenschollen. Auf der andern Seite, weiß von Sternen beglänzt, ruhte die Wüste.
Da schwang Jobab die Arme empor, schrie einen jauchzenden Ruf und lief, das Geröll mit den Füßen vor sich treibend, atemlos, von Heimkehrfreude erfüllt, zur Wüste hinab.

Am nächsten Morgen brachen die Israeliten die Zelte ab, stiegen zu den Bergen hinauf und jenseits wieder herab und nahmen Besitz vom kanaanitischen Lande.